新媒体系列丛书

总主编 周茂君

全媒体新闻报道
OMNIMEDIA NEWS REPORTING

马二伟 编著

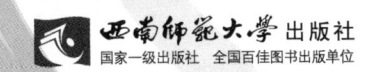

西南师范大学出版社
国家一级出版社 全国百佳图书出版单位

图书在版编目(CIP)数据

全媒体新闻报道/马二伟编著.—重庆：西南师范大学出版社，2018.3
ISBN 978-7-5621-9210-7

Ⅰ.①全… Ⅱ.①马… Ⅲ.①新闻报道－高等学校－教材 Ⅳ.①G212

中国版本图书馆CIP数据核字(2018)第024005号

内容简介

本书针对媒介融合的发展现实，首先对全媒体新闻报道的基本问题进行了阐述，并分析了全媒体新闻报道的基础条件；然后探讨了全媒体新闻报道对记者的要求；最后从新闻报道的流程——选题、采访、写作、编辑、管理等方面对全媒体新闻报道进行详细解读。充分吸纳新闻传播学领域最新理论研究成果与行业实践案例，注重理论联系实际，是一本网络与新媒体、新闻学、广播电视新闻学等专业在校本科生、研究生使用的教材，也可以作为从事新媒体工作的专业人士使用的参考书。

全媒体新闻报道
QUANMEITI XINWEN BAODAO

马二伟　编著

责任编辑：秦　俭
装帧设计：尚品视觉 CASTALY　周　娟　刘　玲
排　　版：王兴
出版发行：西南师范大学出版社
　　　　　地址：重庆市北碚区天生路2号　邮编：400715
　　　　　网址：http://www.xscbs.com
　　　　　市场营销部电话：023—68868624
印　　刷：重庆市正前方彩色印刷有限公司
开　　本：787 mm×1092 mm　1/16
印　　张：11
字　　数：275千字
版　　次：2018年3月第1版
印　　次：2021年7月第2次
书　　号：ISBN 978-7-5621-9210-7
定　　价：29.00元

新媒体系列丛书编委会

主　编：周茂君
副主编：李明海　洪杰文
编　委：洪杰文　何明贵　侯晓艳　李明海　刘友芝
　　　　　马二伟　杨　嫚　张　玲　周丽玲　周茂君
策　划：李远毅　杨景罡

序

　　媒介技术的发展将我们带到了一个众语喧哗、瞬息万变的新媒体时代。在这里，人们都在放声疾呼，也都被这个由媒介构建的全新世界所迷醉。然而，伴随着新媒体时代的到来，思想观念、生活方式乃至行为举措的急剧改变，也常常让人们有些不知所措和无所适从。新媒体到底是什么？新媒体时代到来又意味着什么？人们如何正确处理好与新媒体的关系？这些问题看似简单，却又真真切切地摆在人们面前，需要我们去面对，去解决。因此，理解新媒体在当下显得尤为重要。

　　人类社会发展的每一阶段都会有一些新型的媒体出现，它们都会给人们的社会生活带来巨大的改变。这种改变在今天这个新媒体时代表现得尤其明显：受众这一角色转变成了"网众"或"用户"，成了传播的主动参与者，而非此前的被动信息接受者；传播过程不再是单向的，而是双向互动的；传播模式的核心在于数字化和互动性。这一系列改变的背后是网络技术、数字技术和移动通信技术的发展，并由此衍生出多种新媒体形态——以网络媒体、互动性电视媒体、移动媒体为代表的新兴媒体和以楼宇电视、车载移动电视等为代表的户外新型媒体。

　　由周茂君教授主编的这套新媒体系列丛书，就是在移动互联、数字营销、大数据和社会化网络等热点问题层出不穷的背景下，沿着技术、传播、运营和管理的逻辑，对新媒体进行的梳理和把握。从技术层面上看，新媒体是用网络技术、数字技术和移动通信技术搭建起来，进行信息传递与接收的信息交流平台，包括固定终端与移动终端。它具备以新技术为载体、以互动性为核心、以平台化为特色、以人性化为导向等基本特征。从传播层面看，新媒体从四个方面改变着传统媒体固有的传播定位与流程，即传播参与者由过去的受众成了网众，传播内容由过去的组织生产成了用户生产，传播过程由过去的一对多传播成了病毒式扩散传播,传播效果由过去能预期目标成了无法预估的未知数。这种改变从某种程度上可以说是颠覆性的,传统的"5W""魔弹论"和"受众"等经典理论已经成为明日黄花。从运营层面看,在新媒体技术构筑的运营平台之上,进行各类新媒体的经营活动,包括网络媒体经营、手机媒体经营、数字电视与户外新媒体经营和企业的新媒体营销。这就在很大程度上打破了报刊、广播和电视等传统媒体过分倚重广告的单一经营模式,实现了盈利模式的多元化。从管理层面看,新媒体管理主要从三个方面着手,即新媒体的政府规制、新媒体伦理和新媒体用户的媒介素养。这样,政府规制对新媒体形成一种外在规范,新媒体伦理从内在方面对从业者形成约束,而媒介素养则对新媒体用户提出要求。

这套新媒体系列丛书既有对新媒体的发展轨迹和运行规律的理论归纳,又有对新媒体运营实务的探讨,还有对大量鲜活新媒体案例的点评,真正做到了理论与实务结合、运行与案例相佐,展现出丛书作者良好的学术旨趣与功力。希望以这套丛书为起点,国内涌现出更多的作者和更多的研究著作,早日迎来新媒体教育与研究的新时代。

是为序。

前言

关于新媒体,从概念到特征,有很多说法,也有各种各样的表述。我们认为,新媒体是指采用网络技术、数字技术和移动通信技术进行信息传递与接收的信息交流平台,包括固定终端与移动终端。它具备以下基本特征——以新技术为载体,以互动性为核心,以平台化为特色,以人性化为导向。

以新技术为载体,是指新媒体的应用与运营以新技术为基础。网络技术、数字技术、移动通信技术的发明与普及,不仅为新媒体的诞生提供了技术支持,同时也为新媒体的运作提供了信息载体,使得信息能以超时空、多媒体、高保真的形式传播出去。可以说,新媒体的所有特征,都是建立在新技术提供的技术可能性的基础之上。

双向互动是新媒体的本质特征。传统媒体一个很大的弊端在于信息的单向流动,而新媒体的出现突破了这一局限。它从根本上改变了信息传播的模式,也从根本上改变了传播者与受传者之间的关系。传播参与者在一个相对平等的地位进行信息交流,媒体以往的告知功能变成如今的沟通功能。这种沟通不仅体现在媒体与用户之间,还体现在用户与用户之间。可以说,新媒体的这一特征,不仅对传统媒体,而且对整个社会都将产生深远的影响。

新媒体搭建起一个综合性信息平台,传统媒体与新媒体在这个平台之上逐渐走向融合。新媒体的出现并不会导致传统媒体的消亡,二者会相互补充、共同发展。而新媒体以其包容性的技术优势,接纳与汇聚了传统媒体的媒介属性。报刊、广播、电视等传统媒体只有在适应新媒体环境、与新媒体的新技术形式相互渗透之后,才能获得二次发展。如今数字化报纸、网络广播、手机电视等融合性媒体如雨后春笋般出现便是明证。而新媒体脱胎于旧的媒介形态的特征,为新旧媒体的相互融合提供了可能。

人性化是所有媒介的发展方向：口语媒介转瞬即逝、不易储存，于是有了文字媒介；文字媒介无法大规模复制，于是出现了印刷媒介；印刷媒介难以克服时空的障碍，电子媒介便应运而生。可以说，每一种新型媒介的出现，必然是对以前媒介功能的补充与完善。新技术是其出现的基础，而人性化导向意味着技术围绕人们的需求而展开。新媒体的出现，满足了人们渴望发声、渴望分享的需求；满足了人们渴望交流、渴望互动的需求；满足了人们渴望以一个更快更便捷的方式，获取与传播更多的个性化信息的需求。而在不远的将来，新媒体将带来真正的去中介化——人们在经历了部落社会的无中介、脱部落社会的中介化之后，正在迎来人与人之间交流的去中介化。届时，人们将欢欣鼓舞地迎接一个所有人都与其他人紧密相连的"地球村"时代。

编写这套新媒体系列丛书，我们希望达到如下目标：

1.在指导思想上，本套丛书的编写着眼于新世纪合格的新媒体应用型人才培养，适应人才培养逐步由知识型向能力型转变的需要。因此，它在编写组成员的构成、编写大纲的拟定、资料的取舍、内容的写作，乃至行文等方面都围绕着这个中心目标而展开。这是本套丛书编写的基本方针，也是编写的基础和前提。

2.本套新媒体丛书将"技术""传播""运营"和"管理"四个层面作为着力点，将网络技术、数字技术和移动通信技术发展带来的多种新媒体形态——以网络媒体、移动媒体、数字广播电视媒体为代表的新兴媒体和以楼宇电视、车载移动电视等为代表的户外新型媒体作为主要研究对象。丛书中的每本书在研究内容上既相互关联，又厘清彼此间的研究边界而不至于重复。

3.本套新媒体丛书瞄准高等学校网络传播或相关专业的专业主干课,因而丛书的编写内容,除了具备普通高等学校网络传播或相关专业在校本科生、研究生必须掌握的新媒体传播、营销实务的基本知识和技能外,还必须具备开阔的思路和国际化的视野,有利于完善学生的知识结构,有利于培养其适应新媒体发展需要的网络传播能力,有利于保证其毕业后能胜任新媒体经营与管理工作,即有利于使其成为合格的新媒体编辑和经营管理人才。

4.本套丛书既关注理论前沿问题,吸收和借鉴国内外新媒体研究的最新成果,又注重这些基本理论的实际应用。在具体编写过程中,本套丛书将基本理论、实际应用和案例点评相结合,展现出独具的特色:

其一,基本理论部分。对新媒体涉及的网络技术、数字技术和移动通信技术等,只作概括性的叙述,不进行全面性的描述,对其基本原理,力争深入浅出,易学易懂。

其二,实际应用部分。新媒体基本理论的实际应用是本套丛书的写作重点。无论技术层面,还是传播层面,抑或是营销层面,新媒体基本理论的实际应用都是重点,这个思路将贯穿于每本书的编写之中。

其三,案例点评部分。每本书的大部分章节都要求安排与本章内容相关联的案例点评,点评的篇幅可短可长,从数十字到数百字均可,用具体的案例点评,来回应前面的基本理论和实际应用。这样,就在很大程度上避免了同类新媒体图书编写中存在的问题——要么全是枯燥的理论表述,要么全是一个个的案例堆砌,缺少理论与案例的结合,也缺少精到的点评。

5.本套丛书在编写过程中尽力做到有思想、有创见、有全新体系,观点新颖,持论公允,丛书整体风格力求简洁、明了、畅达,并在此基础上使行文生动、活泼、风趣。

"理想很丰满,现实很骨感。"上述设想在编写过程中是否实现了,还有待学界和业界专家、学者,以及广大读者的检验,为此我们祈盼着!

本套丛书首批十本书的编著者,既有来自武汉大学新闻与传播学院的刘友芝女士、周丽玲女士、杨嫚女士、侯晓艳女士和洪杰文先生、何明贵先生、周茂君先生,又有来自重庆师范大学新媒体学院的李明海先生和来自重庆工商大学文学与新闻学院的马二伟先生,还有来自国家开放大学传媒学院的张玲女士。作者队伍虽很年轻,但绝大多数都拥有博士学位和在国外留学的经历,因此他们能够站在学术研究前沿,感受新媒体的新发展,研究新问题,并在书中奉献自己的独到见解,进而提升丛书的质量。

在本套丛书付梓之际,需要感谢和铭记的人很多。首先要感谢武汉大学新闻与传播学院的老院长罗以澄先生,他不仅为本套丛书的编写提出了许多建设性意见,还亲自为丛书写了序言,老一辈学者对年轻后辈的爱护与提携之情溢于言表。其次要感谢西南师范大学出版社的李远毅先生、杨景罡先生和李玲女士等,是你们的辛勤付出和宽大包容才使本套丛书得以顺利面世,感激之情无以言表。

周茂君
于武昌珞珈山

目录

第一章 全媒体新闻报道概述 ·· 001
    第一节 传统媒体新闻报道的困局 ·································· 002
    第二节 媒体融合与全媒体新闻报道 ································ 004
    第三节 全媒体新闻报道的特点 ···································· 010
    第四节 全媒体新闻报道的优势 ···································· 013

第二章 全媒体新闻报道的基础 ·· 018
    第一节 全媒体新闻报道的硬件设备 ································ 019
    第二节 全媒体新闻报道的软件工具 ································ 022
    第三节 全媒体新闻报道的生产平台 ································ 031

第三章 全媒体新闻报道的记者 ·· 036
    第一节 全媒体新闻报道对记者的要求 ······························ 037
    第二节 全媒体新闻报道的全能记者 ································ 043
    第三节 全媒体新闻报道的记者工作模式 ···························· 047

第四章 全媒体新闻报道的选题 ·· 052
    第一节 全媒体新闻报道的选题来源 ································ 053
    第二节 全媒体新闻报道的选题原则与标准 ·························· 056
    第三节 全媒体新闻报道的选题策划 ································ 062

第五章 全媒体新闻报道的采访 ·· 068
    第一节 全媒体新闻报道的采访技术 ································ 069
    第二节 全媒体新闻报道的采访原则 ································ 075
    第三节 全媒体新闻报道的采访提问 ································ 078
    第四节 全媒体新闻报道的采访记录 ································ 083

第六章 全媒体新闻报道的写作 ····· 087
第一节 全媒体新闻报道的写作技术 ····· 087
第二节 全媒体新闻报道的写作形式 ····· 091
第三节 全媒体新闻报道写作中背景资料的运用 ····· 108

第七章 全媒体新闻报道的编辑 ····· 112
第一节 全媒体新闻报道的编辑技术 ····· 113
第二节 全媒体新闻报道的编辑原则 ····· 116
第三节 全媒体新闻报道编辑的特征与技巧 ····· 119
第四节 全媒体新闻报道编辑的素材处理 ····· 122
第五节 全媒体新闻报道的可视化呈现 ····· 125

第八章 全媒体新闻报道的管理 ····· 130
第一节 全媒体时代新闻报道生产的变革 ····· 131
第二节 全媒体新闻报道的生产流程管理 ····· 135
第三节 全媒体新闻报道的规约与伦理 ····· 141

参考文献 ····· 154

后　　记 ····· 159

第一章
全媒体新闻报道概述

🔍【知识目标】

☆全媒体新闻报道发展的背景
☆全媒体新闻报道的概念
☆全媒体新闻报道的特点
☆全媒体新闻报道的优势

🔍【能力目标】

1. 掌握全媒体新闻报道的基本情况
2. 能够把握全媒体新闻报道的特点
3. 能够运用全媒体新闻报道解决现实问题

🔍【案例导入】

烟台日报传媒集团是一家地市级报业集团,旗下现有《烟台日报》《烟台晚报》《今晨6点》《华夏酒报》《阅读文摘》《新闻人物》《e媒界》、水母网站等媒体。日出报纸版数最高时超过100个版,系列报刊日发行总量近60万份,占据了烟台报刊市场90%以上的份额。

烟台日报传媒集团是较早实行"全媒体"战略的报业集团。2007年10月,烟台日报传媒集团启动了"全媒体数字复合出版系统"的研发。2008年7月,烟台日报传媒集团宣布其全媒体采编系统正式运营,由此开始了"全媒体"战略的探索。实行"全媒体"战略以来,烟台日报传媒集团在"4·28"胶济铁路事故、"5·12"汶川地震等重大新闻事件的报道上试行全媒体新闻报道,积累了丰富的经验。

作为一家地市级的报业集团,烟台日报传媒集团既面临省级报业集团和中央级报业集团的竞争,又受到电台、电视台、新媒体的多方冲击,在这种情况下,烟台日报传媒集团顺应媒介融合的趋势,实施了"全媒体"战略。

烟台日报传媒集团在实施"全媒体"报道战略之前,其下面的子媒体都是独立的采编部门,而重复建设的采编机构不仅难以保证新闻资源的共享,也造成了新闻、人力、财务等资源的浪费。而烟台日报传媒集团在成立全媒体新闻中心之后,不仅优化了原有的报纸生产流程,集中精力来抓好报纸的内容,而且还减少了资源浪费与机构的重复设置。

全媒体是在传统媒体实现数字化转型的过程中基于媒介融合提出的一个概念。传统媒体的数字化转型,使得新闻报道在流程、方式、组织上都面临着深刻的变革。由于全媒体要求多种媒体形态的复合,因此新闻报道必须适合在多种介质上刊登或播出,必须能够应用于多种形态的传媒产品,必须能够通过多种渠道进行传播。这一切都要求传统媒体积极调整外部的发展战略和内部的组织机构、新闻报道的流程,从而适应全媒体新闻报道的要求。

第一节　传统媒体新闻报道的困局

随着互联网的深入发展,特别是移动互联网的快速崛起,以报纸、电视为代表的传统媒体面临巨大的挑战。网络媒体、手机、数字电视等新兴的新闻媒体纷纷涌现,大有取代传统新闻媒体之势。在新兴媒体的冲击下,新闻报道无论是形式还是内容都在发生着明显的变化,同时,受众的媒体接触方式和行为也与以前大相径庭,年轻的受众越来越依赖于手机、iPad 等智能终端来获取新闻。传统媒体的优势与核心竞争力遭到冲击与消解,传统新闻报道陷入前所未有的生存困境。

一、传统媒体的衰落与新兴媒体的崛起

技术变革推动媒体发展,随着数字传播技术的发展,新兴媒体层出不穷,传统媒体的生存压力不断增加,受众流失、广告收入下降等已是不争的事实。最近两年,各类纸媒停刊的消息不绝于耳,传统媒体往日的辉煌难以为继,衰落成了必然的趋势。与之相反,新兴媒体的发展势头如火如荼。

(一)传统媒体的衰落

进入新世纪,以报纸为代表的传统媒体出现了颓势,市场出现一片唱衰之声,最近几年,传统媒体的生存境况更是日益严峻。2016 年 5 月 6 日,清华大学"传媒蓝皮书"课题组发布了《中国传媒产业发展报告(2016)》,报告显示:2015 年传统报业的"断崖式"下跌仍在持续,全国各类报纸的零售总量与 2014 年相比下滑了 41.14%,其中都市报类下滑幅度最大,已达到 50.8%;相对稳定的订阅市场在 2015 年也出现了加速下滑的趋势;传统报业在报纸发行量与广告量方面正经历着持续下滑的境况;传统媒体在 2015 年面临着市场萎缩和人才流失等现实的严峻考验,电视媒体增长乏力,马太效应凸显。[1]

随着新兴媒体的发展,传统媒体受到的最直接的冲击就是,信息的传播者从专业的新闻从业者和新闻机构向普通网民和网络意见领袖等的转变。传统媒体时代,受众获取外界信息的渠道主要是以报纸、电视为代表的新闻媒体。新兴媒体的出现使传统媒体的话语权逐步减弱,"我在现场"的全民围观式新闻生产模式逐渐取代"记者在现场"的独家新闻报道方式。一方面,这种转变使受众可以自己参与到新闻报道中,不再单纯地依赖传统媒体来获得新闻,大大缩短了获取新闻信息的时间。另一方面,数字传播技术日益发达,受众可以采用视频、音频等多种方式来报道新闻,这在一定程度上又冲击与消解了传统媒体的新闻报道模式。

---

[1] 2016 年"传媒蓝皮书"发布中国传媒产业仍持续增长[EB/OL].(2016−05−09).http://yuqing.people.com.cn/n1/2016/0509/c209043−28335433−2.html.

传统媒体的信息内容也遭受到新兴媒体的冲击。传统媒体信息来源单一,相较于新兴媒体,传播内容不够全面与广泛。同时,在内容选择方面,由于传统媒体的信息在最终呈现给受众之前,会不可避免地经过层层筛选,这就导致传统媒体在新闻报道时效性、全面性等方面都落后于新兴媒体。

(二)新兴媒体的崛起

新兴媒体是指在报纸、广播、电视之后出现的以数字传播技术为支撑的媒体形态,例如互联网、移动电视、智能手机等等。新兴媒体凭借自身的优势,在数字传播时代迅速崛起,微博、微信等新社交媒体深入影响着人们的生活。中国互联网络信息中心发布的第40次《中国互联网络发展状况统计报告》显示:截至2017年6月,中国网民规模达到了7.51亿,互联网普及率达到54.3%,其中手机网民规模达到7.24亿。网民中使用手机上网的比例由2016年底的95.1%提升至96.3%。新兴媒体凭借着庞大的用户规模已经超越了传统媒体的发展步伐。

新兴媒体可以利用技术优势,24小时不间断地向全球传播信息,传播速度快。这种传播的快捷性使得新兴媒体在新闻报道方面比传统媒体更及时。在传播内容上,新兴媒体传播的内容更为丰富多彩。在这样的媒体传播环境下,受众可以获取多方声音、不同意见,有助于全面、准确地了解新闻事件。同时,新兴媒体还突破了空间限制,可以让受众随时随地获取新闻信息,拓展了受众接触信息的途径。举例来说,现在受众如果想了解某一新闻,只要通过智能手机打开微博、微信或者新闻客户端,就可以方便、快捷地获取,但是在传统媒体时代,受众只能够通过购买报纸或者打开电视等方式才能够了解新闻资讯。

新兴媒体还拓展了受众的互动空间,使得受众可以随时参与讨论社会热点事件。比如2016年发生的"罗一笑事件",引起人们的极大关注,网民纷纷在各种社交平台上讨论该事件。新兴媒体具备的"个性化、分众化"的传播特性还使其具有提供个性化服务的功能,受众可以利用服务商所提供的不同内容的服务代码来获取自己所需要的新闻资讯,从而拥有充分的自主权。例如,现在十分普遍的手机报,受众可以根据自身的情况来定制所需内容,还可以通过删除、储存等功能来设置自己所喜欢的信息栏目,随时随地查找新闻资讯。

二、传统新闻报道面临的困境

传统新闻报道的流程一般是发生新闻事件后,各媒体派出由文字记者、摄影记者组成的报道团队去搜集资料和进行现场采访,记者完成新闻稿件的初步写作后,交给报社编辑进行稿件修改、标题制作和安排版面位置,完成这一系列任务之后,在报纸、电视等媒介上刊登播出,让受众了解这个新闻事件。

传统新闻报道存在着明显的缺陷。第一,传统媒体各自为政,难以实现对人力资源、信息资源和新闻资源的整合共享。例如,每一家媒体集团都拥有自己独立的记者和编辑人员,在新闻事件发生之后,各家媒体集团分别派人去采访,而最终采集回来的信息大多都相似,这就大量浪费了采访成本。另外,各家媒体的数据库、新闻线索和背景资料等信息资源都是相对独立的,不能实现资源整合及共享,造成信息资源的利用率低。当前,我国组建报业集团和广电集团的目的,就是通过集团化实现传媒产业的集约化和规模化经营,实现资源的整合和共享,从而实现经济效益和社会效益的最大化。

第二,传统媒体难以实现传播者与受众的互动与沟通。由于报纸、电视等传统媒体受其物理性质的局限,读者难以与记者、编辑进行互动。尽管读者可以通过写信、打电话等方式参与互动,但是时效性不强,互动的范围也不广泛。从某种程度上说,正是这种互动性的缺失,导致越来越多的受众放弃传统媒体,开始转向具有明显互动特征的新兴媒体。

第三,传统新闻报道难以实现及时、有效的传播。传统报纸、电视等信息载体的传播特性,决定了它们无法及时、有效地传播信息,以致在与新兴媒体的竞争中处于劣势。以"天"为单位进行出版的报纸在时效性方面远远赶不上以"小时"或者"分"为单位进行传播的电视媒体,更远远赶不上以"秒"为单位进行传播的新兴媒体,因此,加剧了受众群体的流失。

第四,传统新闻报道的多重信息生产环节造成制作成本过高。从传统新闻报道的生产流程来看,一条新闻最终到达读者手中,要经过采访、撰稿、编辑、印刷等多个环节,不但影响新闻报道的速度,而且每一个环节都要产生一定的费用,增加新闻报道的运行成本。在媒体日益丰富、传播渠道多元化的今天,传统新闻报道所存在的种种弊端,使其对受众的吸引力逐渐减弱。

第二节 媒体融合与全媒体新闻报道

媒体融合是近几年最为火热的一个概念。中共中央全面深化改革领导小组专门就媒体融合工作进行研究部署,并通过了《关于推动传统媒体和新兴媒体融合发展的指导意见》,随后,众多媒体纷纷进行媒体融合的尝试。在媒体融合的背景下,从中央到地方,各级传统媒体相继制定全媒体转型战略目标,全媒体新闻报道开始兴起。

一、媒体融合与全媒体概念的提出

媒体融合通过把不同的媒体形式有效结合起来,实现资源整合与技术共享,成为媒体发展的趋势。在媒体融合的发展背景下,全媒体概念应运而生。近年来我国媒体集团纷纷制定全媒体发展的目标,并积极实施全媒体转型战略,以融合新闻或者融合报道为代表的全媒体新闻报道开始盛行。

(一)媒体融合的概念及其发展

媒体融合建立在技术融合的基础上,技术融合促使媒介边界消失,多种媒体形态共同发展。媒体融合的起源可以追溯到"三网融合"的概念。三网融合是指电信网、广播电视网和互联网按照同一的技术标准相互渗透、相互兼容,使其功能趋于一致、业务趋同。三网融合为媒体融合提供了技术基础。

1.媒体融合概念的出现

媒体融合(media convergence)的概念最早由尼古拉斯·尼葛洛庞蒂提出,是指将不同的媒介形态融合在一起,形成一种新的媒介形态。随着技术的发展,媒体融合的范围更加广泛,不仅包括媒介形态的融合,还包括媒介功能、传播手段、所有权、组织结构等要素的融合。今天所谓的媒体融合是指把报纸、广播、电视等传统媒体,与互联网、手机、智能终端等新兴媒体交织结合在一起,形成资源共享的信息传播平台。

技术融合是媒体融合的基础。中国人民大学新闻学院的蔡雯教授在2006年发表的论文《媒介融合前景下的新闻传播变革——试论"融合新闻"及其挑战》中,明确指出媒体融合即是在网络传播与数字技术等因素的共同推动之下,各类型媒介通过新介质所真正实现的集合与汇聚。① 从这一论述中可以看出,蔡雯教授充分强调了技术对于媒体融合的重要作用。

清华大学新闻与传播学院的熊澄宇教授也是从技术角度来看待媒体融合的,他认为媒体融合就是所有的媒介借助数字技术与网络技术的推动,向数字化和电子化这一形式靠拢。正是得益于网络技术和数字技术的推动,报业才可以推出手机报、网络版和移动新闻客户端,才得以形成报网之间的互动融合,电视才可以实现数字化传播。从这个层面上来说,是技术助推了媒体融合的进程。传统媒体和新兴媒体融合发展,要坚持以先进技术为支撑、内容建设为根本,推动传统媒体和新兴媒体在内容、渠道、平台、经营、管理等方面的深度融合。②

2.媒体融合概念的发展

媒体融合概念的提出引起了众多学者的关注,很多人就此展开研究。香港树仁大学新闻传播系宋昭勋教授就媒体融合中的融合型记者做出了相关定义。宋昭勋教授指出,所谓融合型记者,就是在采写新闻稿件的时候能够做到综合利用文字、图片、音频和视频这几种新闻报道形式,使得一篇新闻稿件能够适用于报纸、电视、网络、手机终端等不同的媒体平台。可以说,媒体融合要求记者成为拥有专业技术的新闻工作者。之后,又有学者们对于媒体融合的形式进行了概括。这些都是从微观的角度来释义媒体融合。

2006年,中国传媒大学媒体管理学院昝廷全教授在《传媒产业的产业融合及组织创新趋势》一文中,从媒体产业的宏观角度定义了媒体融合,他认为传媒产业融合基本上要经历技术融合、业务融合、市场融合三个阶段。其中,技术融合的实现是基于技术革新,让媒体现有四大产业——互联网、电信、广播电视、多种类出版打破行业之间的准入壁垒,并逐步走向融合与统一。

在数字传播背景下,传统媒体不能够故步自封,一成不变,只有选择媒体融合发展这条道路,才能够为自己分得传媒市场的"一杯羹"。从现实来看,传统媒体未来的发展方向必须要和数字传播、网络传播相融合,建立网络、数字及移动平台,这样才能在全媒体时代背景下谋求发展。③

(二)全媒体与全媒体新闻报道

全媒体是传统媒体在数字化转型中衍生出来的具备鲜明实践性色彩的概念,作为媒

---

① 蔡雯.媒介融合前景下的新闻传播变革——试论"融合新闻"及其挑战[J].国际新闻界,2006(5).
② 人民网.中央深改小组第四次会议关注媒体融合[EB/OL].http://media.people.com.cn/GB/22114/387950/.
③ 郑瑜.媒介融合:新媒体时代的发展观[J].当代传播,2007(3).

介融合的中国化概念,其也被解读为传媒变革的十年热词之一。[①] 从 2007 年开始,全媒体这一概念正式被传媒业界提出并且受到广泛关注,新闻出版总署(现国家新闻出版广电总局)也于这一年开始实施 2006 年启动的首批"中国数字报业实验室计划"。据统计,一共有十八家地方性与全国性的报业媒体参与此项计划,以项目的形式来推动报业媒体建构网络化、数字化与一体化的经营模式,形成新型报纸出版形态,从而开始探索数字报业实践。

全媒体作为媒介形态大变革中一种崭新的传播形态,是在信息通信技术和数字传播技术发展的背景下各种媒介实现深度融合的结果。在表现形式上,全媒体指的是将视频、音频、文字、图像、动画等进行融合;在表现载体上,全媒体指的是不同媒体形态包括电视媒体、网络媒体、手机媒体、广播媒体以及报纸媒体之间进行融合。因此,全媒体新闻报道是通过多种不同的传播形态和传播方式来满足受众的需要,使受众获得更加及时、全面的新闻信息。

"全媒体"作为一个开放性概念,不仅不排斥传统媒体,反而积极吸纳和融合各种传播媒体和传播形态。正是在这种背景下,从 2008 年开始,新闻从业者纷纷提出"全媒体新闻传播""全媒体战略""全媒体定位"等一系列概念,"全媒体"概念深入人心,传统媒体纷纷启动全媒体发展战略。

著名传播学者沃尔特·李普曼(Walter Lippman)曾说过,我们所见到的事实取决于我们所站的位置和眼睛的习惯。新闻报道作为一种人类信息传播活动,是新闻工作者通过某一特定的视角,把客观存在或发生的事实反映和提供给受众。在传统媒体时代,新闻媒体提供给受众的信息是有限的,视角是单一的,内容是片面的。随着数字传播技术的进步以及社交平台的崛起,媒体对新闻事件进行全方位、多视角以及动态化的报道已经成为可能。媒体可以通过新兴的社会化媒体平台给受众提供新闻事件的综合视角,使受众可以随时随地获取任何想要的、接近事实的信息。在这样的背景下,作为一种新的报道形态——全媒体新闻报道随之出现。

全媒体新闻报道这一说法最早由新闻业界提出,后来逐渐受到新闻学界的重视并开始进行理论研究。关于全媒体新闻报道的概念,目前有多种多样的提法,综合来看,全媒体新闻报道是指运用不同媒介形态,从时间维度和空间维度对新闻事件进行动态化、全方位的展示,从整体上立体式把握新闻事件,对其本质进行透视的一种新闻报道形态。

全媒体新闻报道概念得以提出并受到广泛认可,首先是因为新兴媒体的出现给传统新闻媒体带来了严重挑战,在这种形势下,受众的媒介接触行为与方式产生了变化,同时也是传统媒体为了顺应传媒行业的"全媒体"转型而做出的选择。在媒体融合的条件下,新闻信息的传播者与接受者之间的界线日益模糊,新兴媒体与传统媒体共同营造了整个传媒环境,新闻报道形式从过去自上而下的单一线性传播开始向立体化、全方位传播转变,全媒体新闻报道实现了新兴媒体与传统媒体的整合。

全媒体新闻报道的兴起与发展改变了传统的新闻报道模式,实现了一次生产、多形态展示、多渠道发行、多介质阅读,在一定程度上改变了新闻生产流程,提高了新闻报道的品牌影响力,从而提高了媒体的集团化作战水平,实现了集约化生产和规模化经营的目标。

---

①周志懿.传媒这十年[J].传媒,2011(1).

二、全媒体新闻报道兴起的背景

全媒体新闻报道是媒体融合发展的产物。随着传统媒体与新兴媒体的融合,传媒行业的产业环境、政策环境、技术环境都发生着重大的变化,媒体新闻报道必然要随着环境的变化而变化。

(一)转型期的产业环境

当前,传统媒体面临着严峻考验,受众大量流失,同时广告市场也在被新兴媒体所蚕食,传统媒体要走出这种困境,必须要实现产业转型。一份来自中国人民大学舆论研究所的相关数据调查显示:中国内地读报人群占全体居民比例从 2003 年的 28% 下降到 2007 年的 22%。[1] 同时,相关的调查也发现,报纸的日到达率、读者读报时间、报纸订阅和零售数量都出现了一定的下滑。传统媒体的广告空间不断被新媒体分割和蚕食。

改革开放以来,中国广告市场重开,以报纸、杂志、广播和电视为代表的四大传统媒体的广告收入一直占据全国广告经营总额的一半以上。但是近几年来这种状况发生了明显的变化,以报纸为代表的传统媒体广告收入不断减少,加大了传统媒体的经营难度,以互联网为代表的大量新兴媒体的冲击加剧了传统媒体广告收入的下滑。随着新兴媒体的快速崛起,以网络广告为代表的新媒体广告快速增长。艾瑞咨询的统计数字显示,中国网络广告的市场规模不断攀升,2014 年达到 1540 亿元,比去年同比增长 40%。从有统计数字的 2001 年到 2014 年,我国网络广告市场规模平均增幅达到了 58%,增长势头强劲。[2]

传统媒体在受众市场和广告市场上的不利局面说明,由于传统媒体的新闻报道方式和广告传播方式的缺陷,使得传统媒体在与新媒体的竞争中处于劣势。传统媒体只能提供给受众文字与图片信息,并且时效性差,传播单一,无法满足受众多元化的信息需求,受众自然而然地会转向即时传播、双向互动、多媒体传播、海量存储的新兴媒体。而传统媒体为了重新获取受众群体,赢得广告收入,必须要进行数字化转型。这样的产业环境,促使全媒体新闻报道方式逐渐兴起。

(二)融合的技术环境

从技术环境来看,全媒体新闻报道的兴起与传统媒体数字化转型的技术条件日趋成熟有关。一方面,快速发展的数字传播技术使得全媒体新闻报道的物质载体日趋丰富,从手机、电脑到户外 LED 液晶屏,新闻报道的物质载体与技术都非常成熟。物质载体技术的快速发展使受众可以使用多种不同终端接收信息,及时便捷地参与到全媒体新闻报道的过程中。

另一方面,互联网,尤其是移动互联网的普及与应用,给全媒体新闻报道提供了很好的支持。电信网、有线电视网和互联网这三大网络的"三网合一"工作正在积极开展,这些网络技术的发展,为全媒体新闻报道提供了很好的支持。在这样的技术支持下,新闻工作者完成对新闻事件的采访后,可以把材料及时上传到数据库,网络编辑可以实现记者与受

---

[1] 喻国明.20%,一个应该严重关注的数字[J].新闻与写作,2009(2).
[2] 马二伟.大数据时代广告产业发展研究:基于技术与市场的双重逻辑分析[M].郑州:河南人民出版社,2016.

众之间的双向互动,并且及时广泛地传播新闻信息。

此外,当前全媒体新闻报道的兴起还有赖于全媒体资源库、内容制作以及客户管理等系统软件开发获得了很大的突破。举例来说,作为系统平台的数字出版系统的成功创建,为全媒体新闻报道提供了很好的载体支撑。2008年8月26日,在报业全媒体数字采编发布系统项目发布会暨中国报业全媒体流程再造和技术支撑研讨会上,广州日报报业集团、解放日报报业集团、宁波日报报业集团、南方报业传媒集团、烟台日报传媒集团5家报业集团联合倡议建立报业技术标准。之后,国家对宁波日报报业集团、解放日报报业集团以及烟台日报传媒集团的全媒体转型项目进行了验收。除此之外,方正公司所设计的全媒体资源库系统也可以实现报社现有采编平台和新媒体业务系统的结合,为新闻报道提供整体支撑。

(三)宽松的政策环境

从国家层面来看,政府在积极实施一系列的方针政策来推动全媒体新闻报道的兴起与发展。国家制定了传统媒体与新兴媒体融合的战略方针,从政策、资金等多方面推动传统媒体向新媒体转型,新兴媒体发展遇到了不可多得的机遇。

一是政策上鼓励传统媒体的数字化转型。2006年颁布的《全国报纸出版业"十一五"发展纲要(2006—2010年)》中,新闻出版总署(现国家新闻出版广电总局)就指出,大力发展数字报业是报纸出版业发展的主要目标。因此,要让传统的纸媒实现向数字网络出版的平稳过渡,需要加大对新型内容显示技术与适合数字报业发展需要的传播技术的探索。此外,还要推动"数字报业实验室"计划的实施,加大探索网络化、数字化的新型报纸的监管方式、出版形态与运营环境。因此,在2008年的全国报业年会上,为了加快推进"数字报业"发展战略,新闻出版总署(现国家新闻出版广电总局)通过了《落实"十一五"规划的发展措施》,旨在促进传统媒体的产业升级与整体变革,进一步深入开展"数字报业实验室"计划,为传统媒体的数字化发展指明了方向。

二是资金上推动传统媒体集团利用资本市场做大做强。我国充分利用资本市场这一融资渠道,支持文化传媒企业通过公开发行股票,上市募集资金做大做强。2007年,国家新闻出版总署(现国家新闻出版广电总局)署长柳斌杰在接受国内外新闻媒体采访时表示,中国政府不再要求将媒介行业的编辑业务与经营业务分开,而是鼓励整体上市。这标志着传统媒体参与资本市场的空间进一步拓展,我国已有一些传媒集团运用各种方式实现直接或间接上市融资。资金保障是传统媒体数字化转型的重要保证,因此,传统媒体集团参与到资本市场,为传统媒体实行"全媒体"战略提供了资金保障。

三是管理上打破跨媒体经营之间的障碍。全媒体新闻报道方式要求新闻信息的采写与发布都不局限于传统媒体平台,要同时在新媒体平台上进行运作。在过去的几十年间,我国媒体行业一直实行的都是条块分割、部门所有、行业所属、多头管理的四级办报办台体制,这种传媒管理体制不利于传统媒体的跨媒体、跨行业和跨地区经营。从目前的政策导向来说,这种现状正在发生很大的改观。2009年3月1日,新华社向现代通讯社多媒体业态全面转型踏出了重要一步,标志性事件就是新华社开通了我国第一条视频新闻专线。

三、全媒体新闻报道发展中的问题

全媒体新闻报道凭借视频、文字、图像等多种不同的传播形式,让受众近距离地接触新闻事件,更加客观准确地认清新闻事实,给受众带来全方位、动态式的体验。而全媒体新闻报道给受众带来全新的新闻体验和给新闻业带来全新气象的同时,相应地也带来一些新的问题和挑战。我们只有认清这些问题与挑战,才能使全媒体新闻报道实现更好的发展。

(一)全媒体新闻报道造成监管困难

由于网络传播的时效性与无边界性,全媒体新闻传播的跨地域、跨国界特征给当前新闻传播管理带来了不少挑战。从理论上来说,全媒体新闻报道的新闻信息流动性可突破地域限制,新闻信息可以在不同国家和地区进行交互式流动,打破了传统的地域性、国界性和行政性分割;全媒体新闻报道传播渠道多样化,涉及互联网、社交平台、移动客户端等新型媒体,新闻报道局面日益复杂,这些都给新闻报道监管带来了极大的难度。面对日新月异的全媒体新闻报道环境,传统新闻报道的监管手段存在一定的局限性,需要出台相应的政策来应对。

(二)全媒体新闻报道带来传播活动失范

在移动互联网和大数据技术的支持下,全媒体新闻传播范围、速度、效果都发生了翻天覆地的改变,而移动互联网、各类社交平台、移动终端等大大降低了新闻传播门槛,使新闻传播形成了去中心化的传播形态。全媒体新闻传播的环境变得更为复杂、开放与交互,在这样多层次的传播生态环境中,相应地也出现了部分不规范现象,主要表现在以下几个方面。

第一,抢占时效性。凭借数字传播技术的发展和全媒体新闻平台的建立,全媒体新闻报道新闻信息传播速度更为迅速。为了抢占时效性,赢得点击量,"秒发"成为新闻工作者追求的目标,媒体行业的竞争因素逐渐转移到速度上来。为了抢占新闻时效性,很多新闻从业者倾向于缩短新闻流程,减少甚至删除求证与把关环节。例如,记者直接采用社交平台上未经审核的用户作品,编辑人员在网络平台直接转发未经求证的新闻信息等,这种不经审核与求证的抢发新闻会对新闻真实性造成极大伤害,因为这会给虚假新闻和谣言创造生存空间。

第二,盲目转发新闻。新闻工作者在转发新闻时,不经过考证直接搬运,这与追求新闻时效性是紧密相关的。随着全媒体新闻报道的兴起与快速发展,网络平台为盲目转发新闻提供了便利的条件。虽然这种复制粘贴的转发功能可以省掉多种环节,提高资源利用率,实现传播效果的最大化,但是也给全媒体新闻报道带来了极大的安全隐患。一方面,一旦某个媒体出错,就会造成下游媒体出错,从而造成巨大的负面效应;另一方面,这也会带来新闻版权的侵权问题。

第三,媒介伦理问题。全媒体新闻传播追求的是多层次、立体化的新闻报道,传播主体的多元化以及媒介素养水平的不等,可能会造成媒介伦理问题。例如,现在的新闻反转现象屡见不鲜,比如"罗一笑事件""江苏女教师监考中猝死事件"等,都在后来的新闻报道中出现逆转。全媒体新闻报道打破了传统媒体自上而下的单一传播方式,极大地激发了受众猎奇、吐槽的心理。为了迎合这种心理,获得眼球经济,一些媒体会在新闻报道中挖掘娱乐性因素,通过炒作渲染的方式来满足受众猎奇的心理。但是这种做法往往会降低新闻事件的核心价值,遮蔽事件原有的议题,淡化人们对事件的判断与思考。还有一些媒体记者在搜集和传播新闻事件时,会有意或无意地侵犯他人隐私,在一定程度上丧失了社会责任感,影响了传媒的公信力。新闻行业在今后不得不面对如何解决全媒体新闻报道中的传播失范和媒介伦理问题。

(三)全媒体新闻报道影响信息安全

信息安全属于国家安全的重要组成部分,而当前全媒体新闻传播的安全性问题日益突出。信息安全包括信息源安全、信息内容安全、信息渠道安全。信息源安全主要是指信息采集安全,新闻信息采集主要依赖于具有资质的新闻采编记者。信息内容一般涉及经济、政治、文化、军事、民生等方方面面,产生的作用与影响也涉及以上这些方面。例如军事信息,一旦报道方式不恰当造成泄密,就会威胁到国防安全。而关系到民生方面的政策信息,报道不恰当或者断章取义,则会引起民众恐慌,影响国家稳定和安全。新闻信息在传输系统中遭到干扰、泄露或者失窃,也会威胁到国家安全。所以,在全媒体新闻报道条件下,新闻信息采集、新闻报道内容以及新闻信息传输等环节均存在安全性问题。

大众传媒作为一种宣传工具,具有舆论监督的重要功能,对整个社会结构的正常运转与安全起着保障作用。媒体往往通过对新闻事件的报道与评价来引导舆论,达到维护国家利益的目的,所以,新闻信息安全从媒体的政治属性来考虑,还涉及舆论导向的安全。全媒体新闻报道形成了一个错综复杂的舆论场,探索如何坚持正确的舆论导向,传播社会正能量的管理机制是新闻传媒行业需要解决的问题。

第三节　全媒体新闻报道的特点

全媒体新闻报道适应多媒体传播的需要,呈现出鲜明的时代特点:全媒体时代新闻报道的信息来源多样化,人们可以从多种渠道获取新闻;全媒体时代新闻报道的表现形式丰富多样,除了传统的文字、图片、视频以外,还有动画、数据、H5(HTML5)等多种表现形式;全媒体时代新闻报道的内容滚动播出,动态呈现;全媒体新闻报道传受双方地位平等,强调受众的体验性,传播过程具有明显的互动性。

一、新闻来源的多元化

在当前的媒体环境下,作为一种新兴的信息传播形态,全媒体新闻报道不断深入发展,新闻信息来源的多样化趋势就是其显著的特点之一。在新兴媒体的影响下,新闻报道过程中"传播者"和"受传者"之间的界限日趋模糊,传统媒体与新兴媒体相互融合,共同营造了当前的"全媒体"环境。全媒体时代,新闻信息传播速度更快,传播渠道更加多样化,人们获取新闻信息更为便捷。全媒体新闻报道的信息来源具有多样性,可以做到对新闻素材一次开发,多次生成,整合及共享新闻资源,提高新闻资源的利用效率。

全媒体时代,社会化媒体平台的兴起为新闻报道来源提供了众多的渠道,尤其在一些灾情、事故等重大突发性事件报道中,新兴社会化媒体的表现尤为突出。例如在2015年8月发生的"天津滨海新区爆炸事件"中,住在附近的居民在事故发生后第一时间获得信息,出于对安全问题的考虑,这些居民不断关注事件进展,将与爆炸相关的新闻信息通过微博、微信等社会化媒体平台传播出去,这些信息就成了很重要的信息源。在经过编辑把关审核之后,这些来自于网民的素材就可以成为新闻报道的内容,这些素材也是对记者现场报道的有力补充。又如,2011年的"温州动车追尾事故"中,受伤人员第一时间用微博向外界发出求救信息,在时间上,比传统媒体报道早了一个多小时,此外,在事故之后的整个救援与善后过程中,事故亲历者在社会化媒体平台上所发出的信息,都成了传统媒体新闻报道的重要信息源。

近年来,新兴的社会化媒体在国内重大新闻事件的信息传播中所扮演的角色越来越突出,为受众提供了可以发声的平台,特别是在一些突发性社会事件中,受众的反馈更为及时与准确,在这种环境下,受众从被动的接受者变成积极的传播者。在微博、微信上引起网民热议的"罗一笑事件"和"聂树斌经最高法院再审改判无罪"的新闻报道中,新兴的社会化媒体平台汇集了来自不同利益主体与社会阶层的声音,形成了强大的"舆论场"。

在全媒体新闻报道中,新闻信息来源的多样性不仅带来了不同视角的新闻报道,而且还让网民实现了"人人都有麦克风",为"观点的自由市场"创造了现实的土壤。全媒体新闻报道正是通过信息来源与新闻视角的多样性,颠覆了传统媒体的新闻生产理念,拓展了新闻报道的理论与实践。

二、报道形式的丰富性

在全媒体环境下,新兴的社会化媒体极大地扩展了新闻信息的传播形式,为全媒体新闻传播拓展了发展空间。在数字传播技术的助推下,全媒体新闻报道不仅丰富了新闻的表现形式,而且还增强了新闻的吸引力与可读性。

全媒体新闻报道的实现需要物质载体的支撑。当前,全媒体新闻报道载体除了原有的报纸、电视媒体外,还包括建立在互联网平台上面的各种新兴媒体,比如新闻门户网站、微博、微信、手机新闻APP,还有虚拟现实(VR)技术、3D视频等,几乎包括了所有的信息传播方式,形成了传统媒体与新兴媒体多元并存的局面。虚拟现实技术这两年已经在中央电视台春节联欢晚会与省级卫视的一些节目中得到运用,在2012年的欧洲杯期间,中央电视台推出的欧洲杯专题报道就使用了最新的三维成像技术和虚拟互动技术,让欧洲杯期间出现的球星在演播大厅与观众进行互动,让成千上万的观众在看赛事的同时,还可以享受到一场虚拟互动的视觉与听觉盛宴。

新闻网站作为新兴媒体的主力军,首先成长与发展起来,改变了报纸、广播、电视三分天下的传统传播格局,无论是在传播速度还是传播深度方面,都领先于传统媒体。作为网民最常用的了解新闻事件的媒体工具之一,新闻网站在全媒体新闻报道中的最大优势就是其平台的综合性,不仅可以发布视频新闻、音频新闻,还可以发布传统报纸上关于新闻事件的文字与图片。例如,新华网就有"新华广播""视频""图片"等频道。此外,新闻网站还将一些热门的社交平台(如微博、微信平台等)引用进来,实现网站与网民之间的及时便捷互动。这些优势都是全媒体新闻报道中所必需展现的部分。

作为大众传播载体,户外大屏幕也是全媒体新闻报道形式的重要补充,它具有"短、频、快"的特点,适合放在人流量大、相对显眼的位置,如市区街口、广场等,极具视觉冲击力,可以很容易地抓住路人的眼球。

手机新闻客户端,又称手机新闻APP,是提供、传播新闻信息,在手机终端运行的一种应用程序,主要有滚动新闻、消息推送、组图浏览、视频播报等功能。用户通过在手机上下载的新闻客户端,例如"今日头条""网易新闻"等,可以随时随地获取自己需要的新闻资讯。手机新闻客户端具备的跟帖、评论、转发等功能,能让受众方便地参与新闻资讯互动。此外,手机新闻客户端还与其他互联网应用融合,用户可以将新闻内容直接推送到微博、微信等社交平台进行信息共享,以满足用户表达诉求和进行社会交往的需要。

全媒体新闻报道兴起的原因之一,在于全媒体新闻报道载体种类众多,受众不仅可以打破地域、时间限制来满足自己的阅读需求,还可以通过各种互联网应用来主动选择自己所需要的新闻资讯,这在传统媒体新闻报道时代是根本不能想象的。在全媒体新闻报道中,记者可以根据编辑意图或者是新闻特征,选择视频、音频、图片、文本等多种形式,组成最适合的报道模式,极大地拓展了新闻的表现形式。在许多重大紧急突发事件中,例如自然灾害或者是事故现场,由于事发突然或者环境恶劣,无法拍摄到事件发生的瞬间场景,新闻媒体就会采取动画模拟的方式来报道灾难发生的过程和情况。随着计算机技术的发展,这种用动画模拟的传播方式逐渐成熟并为大众所接受,不仅丰富了新闻内容报道,也提高了新闻传播效率。

三、新闻内容的动态性

任何新闻事件都有一个发展过程,要做到真实、全面、完整地反映出事件的原貌,新闻报道必须要在时空的横向与纵向上进行延伸。新闻报道的动态性要求,就是新闻媒体不仅要报道最近发生的新闻,还需要报道正在发生的重大新闻及最新进展情况。

由于受众不断提高对新闻时效性的追求,衡量新闻媒体专业性的一项重要指标就是新闻报道是否及时迅速。全媒体时代,在新闻报道时效性与完整性方面的竞争使报道新闻由"最近发生的事实"变为"正在发生的事实",由现在的动态采写、实时更新代替过去的一次性采集完成。在这样的传播环境下,新闻媒体不断升级报道设备,改进新闻报道条件,各类数字信息平台应运而生。目前,各大媒体集团所使用的融合各种数字、音频、视频设备的"数字信息平台",虽然是由过去卫星新闻采集系统(SNG)和电子新闻采集系统(ENG)等大型新闻采集设备改进而来,但却有所不同。因此,全媒体新闻报道技术的不断发展对新闻工作人员的技术水平和素质提出了新的要求。

在数字传播技术的支持下,全媒体新闻报道实时动态的鲜明特点在重大新闻事件的报道中尤为明显。在2011年发生的"温州动车追尾事故"中,央视记者在事故发生后,第一时间赶到现场,并发布了第一则新闻报道。随后,记者在现场每隔一个小时就向外界汇报一次事故救援的最新进展情况,这场汇报一直维持到第二天早上六点。全媒体新闻报道的实时动态特点对新闻工作人员提出了极高的要求,新闻工作人员必须对新闻事件有极高的敏感度，获取实时的新闻线索，才能为受众及时提供动态性的新闻报道。而对于受众来说，通过动态性的新闻报道，可以把握整个新闻事件的进程。

新闻报道实时动态的特点迫使传统媒体加快与新兴媒体融合的脚步，微博、微信、论坛等社会化媒体凭借即时、迅速的传播特点成为全媒体新闻报道中不可忽视的力量。微博、微信及新闻客户端（以下简称"两微一端"）作为众多新闻媒体的标配，是新闻来源与传播的重要渠道。全媒体时代，传统媒体除了加强自身的信息采集能力之外，也开始注重发挥新兴的社会化媒体在新闻采集过程中的作用，通过与新兴媒体融合来提升新闻报道的动态性。

四、传播受众的参与性

全媒体新闻报道注重受众参与，在新闻报道的各个环节都能看到受众的身影。一方面，随着新兴媒体的大量涌现，受众主动参与新闻生产的意识不断加强，一改过去被动接受新闻信息的局面，开始主动参与新闻报道。另一方面，传统媒体为了加强传播效果，吸引受众注意力，也在积极寻求与新媒体之间的合作，为受众搭建更多交流的平台。

在全媒体传播环境下，传统媒体通过门户网站、"两微一端"等平台实现与新兴媒体的融合发展，同时也为受众参与新闻报道提供了便利的条件。目前全国几乎所有的媒体都开通了官方微博和微信公众号，利用微博、微信平台加强与受众之间的交流，吸引受众参与到新闻生产与传播过程中。除了媒体组织之外，许多新闻工作人员，上到总编，下到记者和编辑，几乎都开通了个人微博或者微信公众号。例如，成都地区的所有传统媒体以及新闻从业者的个人微博都加入了腾讯大成网的"我们都是蒲公英——成都主流媒体微博圈"，充分利用微博加强与受众之间的交流与沟通。

在2015年"天津滨海新区爆炸事件"发生之后，就有网民迅速在微博、微信上面发布了爆炸事件的相关视频，随后，许多网民在网上发布了不同视角的爆炸视频。这为爆炸事件的报道提供了第一手的资料，甚至被中央电视台所采用。在之后的新闻报道中，网民不断在微博、微信平台采取留言、讨论、发帖等方式参与到该事件的讨论之中，在某种程度上促成了新闻事件的生产与传播。

此外，在全媒体新闻报道中，受众参与度的提高也离不开技术的支持。还是以"天津滨海新区爆炸事件"为例，事故发生之后，澎湃新闻、腾讯、新浪、搜狐等都通过各种技术手段，推出可视化、3D动画、360全景等各种新闻报道，立体化、多角度呈现事故发生的原貌。在全媒体新闻报道中，运用这些高科技手段，可鼓励或者推动受众参与到新闻报道中，从而推动新闻报道内容的生产与传播。

第四节 全媒体新闻报道的优势

与报纸等传统媒体的新闻报道相比，全媒体新闻报道具备许多优势和亮点。在全媒体新闻报道的整个流程中，采访、编辑、反馈等各个环节都被重新定义，并被赋予新的功能。全媒体新闻采写，无论是记者的装备，还是采访的过程和形式，都在传统新闻报道采写基础上有了很大的改进。全媒体新闻报道从策划、协调采访团队,到加工制作以及发布新闻,也有了很大的改变。全媒体新闻报道的互动性更强,从受众留言反馈,到贴吧讨论,再到评论转发,媒体与受众的互动形式不断创新。毫无疑问,与受众沟通正在成为全媒体新闻报道的关键组成部分。总体来看,全媒体新闻报道的优势可以大体概括为三个特点:时效性更强、内容更全面、互动性更高。

一、时效性更强

美国新闻界曾有这样的说法:"不管新闻事件多么著名,不管是否与知名人士相关,新闻价值最终都会伴随着时间的推移而衰减。"可见,时效性是新闻的"生命",是新闻业长久延续的基因。全媒体时代对新闻报道实效性的追求不但不会过时,反而会进一步凸显。

时效性是衡量新闻价值的一项重要标准,对新闻采访的意义影响重大。报道的时间距离事件发生的时间越近,这条新闻就越具有新闻价值。有人说,在传统媒体时代,"昨日"发生的事件就是新闻,而在数字传播时代,对正在发生的事件进行同步报道才叫新闻。可见,相对于传统报道而言,全媒体新闻报道的时效性更强,时效性已经被重新定义,甚至是以秒计算。

在一些突发性事故中,时间显得十分重要。媒体为了获取资料,争抢新闻发布时间,总是把时效性作为第一诉求。由于传统媒体在报道新闻时要进行文字撰写,图片扫描,版式编辑和音、视频处理,印刷发行等工作,新闻的时效性受到很大影响,信息传到受众那里时,新闻的价值已大打折扣。而全媒体时代,新兴媒体通过先进的传播技术,便捷的采编程序,及时的新闻发布,在突发性新闻报道中抢尽先机。如卫星通信使信息输送更快,使突发新闻的发布有了技术保障,新闻采编、上传、发布不受时间影响,可以二十四小时发稿,即时、快速传播的特点,使数字媒体在突发事件的报道中具有时间和空间优势。

时效性至关重要,提升时效性,既需要新闻工作者具有很高的新闻敏感度,更需要有快速的跟进执行能力。当新闻事件发生后,新闻媒体能否第一时间跟进报道,一方面与新闻工作者的新闻敏感度有关。由于各个媒体的定位与编辑方针不同,可能会对新闻事件的价值及重要性有不同的看法,甚至会产生误判。但是这方面的因素正在逐渐减弱,随着新闻工作者的素养不断提升,他们对于新闻价值的判断亦趋于一致。另一方面影响新闻时效性的重要因素就是记者团队的快速响应和执行能力。全媒体新闻报道可以整合各媒体资源优势,进行协同作战,大大改变了单一媒体记者单兵作战的状况。因此,全媒体新闻报道可以极大提高新闻报道的实效性。

二、内容更全面

以报刊、广播、电视为代表的传统媒体的新闻报道内容较为单一,只能通过一种或几种媒介形式来传递新闻信息。纸质媒体通过图文传递信息,广播采用声音传递信息,其单一的平面符号传递或声音传播不够形象。即使电视具有视听、声画及文字等综合传播特点,但因其节目播放时间固定、不易保存等原因也无法完全满足受众需要。

全媒体跟传统媒体相比,涵盖了新兴媒体这一活力源泉。基于数字传播技术的各种新兴媒体信息来源广、传播速度快、覆盖人数众多、呈现形式多样化,这些特点使得数字新兴媒体有很大的综合性和包容性，尤其是在呈现形式方面，新兴媒体包含文字、图片、视频、动画、语音等各种信息，可以充分满足不同受众的需要。同时，新兴媒体还具有传统媒体所不具备的可更新、可保存和可检索的属性，这些属性不仅极大地满足了用户的差异化、个性化需求，还有助于全面地展现新闻的全过程和背景资料，具有极强的现场感和冲击力。

全媒体新闻报道中，报道形式的多样性和报道内容的全面性得以完美体现。从形式上讲，全媒体新闻报道既有门户网站滚动文字播报，又有现场图文视频，还有报纸深度解析。此外，微博转发、微信分享、论坛社区互动等新形式也被主流媒体的新闻报道所采用。从内容上讲，全媒体新闻报道可使报道团队多元发力，事前关注现场自媒体信息，事中实时发回现场最新动态，事后进行深度访谈和持续追踪。同时，在报道过程中应用新的技术，不断推出视野开阔、角度新颖、主旨清晰的新闻专栏，还原新闻事件的全过程，帮助受众全面了解和认识新闻事实。

我们以荆楚网"东方之星号沉船事故"报道为例来看全媒体新闻报道的优势。2015年6月1日21时30分许，载有454人的"东方之星号"轮船在长江监利段航行途中翻沉。闻讯后，荆楚网凭借一如既往的新闻敏感性，充分认识到该新闻事件的重要性，迅速做出响应，立即启动突发新闻报道机制，组织一支10人的前方报道组前往现场。前方记者不辞辛苦，抢先发回全媒体报道内容，后方迅速成立编辑专班，对记者收集的资料进行整理、编辑，同时通过新闻网站、微信、微博、新闻客户端以及户外媒体等平台，对该突发事件进行了全面报道，在读者和新闻业界中引起强烈反响。

事发当日，荆楚网策划了"'东方之星'客轮翻沉事件救援"专题，把前方记者的采访与后方编辑的图解、漫画等内容一起呈现，全方位地报道了此次事件。之后，荆楚网又迅速推出了"善后工作"和"沉痛悼念"两个专题性报道，仅仅在七八天之内，这两个专题性报道的留言超过几百条，点击量逼近30万。与此同时，荆楚网还不断利用新技术报道该事件。后来根据官方数据统计显示，在此次事件中，荆楚网官方微博一共发布120多条微博，参与此事件的评论、转发与浏览量都接近一万条。而在其运营的官方微博上，话题"东方之星客轮倾覆"是本地热门话题榜第一名，共有上万名网民参与讨论，浏览量达千万，成为当时国内外媒体和网友了解事情进展的焦点。①

三、互动性更高

传统媒体在过去具有绝对优势，但随着全媒体时代的到来，媒体与用户之间的传受关系被打破，交互性成为数字媒体的显著亮点之一。媒体、受众可以利用微博、微信等社交媒体进行网上信息互动，这是传统媒体所无法实现的。

互动性是数字媒体的一个显著特点。互动性强调了受众的参与和反馈，受众在接收信息的同时，可以对媒体发布的内容进行选择和评论，有时甚至可以对其进行重新加工，形成新闻信息的二次传播，这是传统媒体新闻报道所没有的功能。在传统媒体新闻报道中，受众是被动的信息接收者，他们对推送到面前的新闻只能选择接受和不接受，也无法

---

① 余宽宏.全媒体在突发新闻报道中的优势——以荆楚网为例[J].新闻前哨，2015(8)

表达自己的看法和主张。传统媒体的新闻互动形式有限,在新闻节目播出后通过读者来信、热线电话、与节目相关的手机短信留言等方式与受众进行互动,这种互动行为的范围与参与人数都受到明显的限制,而且这种新闻互动模式还具有明显的滞后性。

数字新兴媒体的出现,给受众参与新闻事件互动提供了有效的平台,一改受众消极、被动接受的局面,让受众与媒体的互动不受时间空间的限制。以网络论坛、博客、微博为代表的实时新闻互动模式具有完全的实时性,中间也没有把关人,通常新闻网页最下端有回帖和网友留言区,受众读了新闻后就可开始留言等互动传播行为。

互联网与生俱来的交互性大大增加了受众发言的机会,并为其创造了便利的发言平台,受众可以利用这些发言平台,自由且清晰地表达自己的想法和观点。作为全媒体的一部分,数字新兴媒体充分发挥了这一便利,通过提升新闻的互动性来了解受众的兴趣和爱好。比如在一些影响范围大、涉及面广的重大民生新闻事件中,通过受众对新闻信息的有效互动和反馈,新闻媒体可以清晰地了解受众的主要观点和社会的舆论导向,便于根据受众意见,在舆论的重大关切处重点发声,重点投放新闻作品,从而最大限度吸引用户的关注,提升点击量和浏览量。与此同时,也可围绕大众普遍认可的一个价值观发力,形成强大的社会舆论压力,进而引起政府部门和社会人士的关心与重视,这有助于新闻事件所暴露问题的妥善解决,最终形成媒体发掘、舆论施压、问题解决的良性媒体舆论监督循环体系。

在 2016 年全国两会报道中,各路媒体非常注重与受众的互动交流。人民日报的全媒体新闻报道中心——"中央厨房"运用 H5 技术设置了一个微信群组聊天的界面,群名为"人大新闻发布群 傅莹邀请您加入群聊"。当傅莹在人大会议上发言的时候,受众使用微信点击人大新闻发布群的链接,就可以像与好友聊天一般获取会议相关信息,而且这些信息自带微表情,通俗易懂、言简意赅,受众可积极参与其中。华龙网 2016 年的全国两会报道也值得称赞,不但"两微一端"全媒体齐上阵,而且也非常注重互动性。华龙网微信公众号首页设有《聚焦两会》专栏,在两会图片上方滚动显示网友评论,极具互动体验感。《两会答题抢红包》栏目的两会知识相关问题竞答,答对三道题即可参与华龙网抢红包活动,极大地提升了受众互动参与度。

在全媒体新闻报道中,新的技术手段帮助传者和受者之间建立实时的互动传播模式,而这种互动传播模式不仅提高了新闻信息的反馈时效性,也很好地调动了受众参与的积极性。今天,受众在传播过程中的地位越来越突出,只有准确把握受众需求,提高受众参与度,新闻报道才能对受众产生深深的吸引力。

【知识回顾】

全媒体新闻报道是在传统媒体衰落与新媒体崛起的背景下兴起的,这意味着媒体在新闻生产与传播过程中,从过去追求"短、频、快"的模式转向对新闻事件进行动态的、立体式的以及全方位的传播。在全媒体新闻报道中,媒体利用数字传播技术,通过微博、微信、新闻客户端等各种媒体终端,采取视频、音频、图像、数据等多种新闻呈现形式给受众带来立体式、全方位体验,人们可以近距离、多视角、全面客观地了解新闻事件。全媒体新闻报道方式拉近了媒体与受众之间的距离,可以使受众与媒体之间及时快速进行互动。全媒体新闻报道的特点突出、优势明显。在全媒体环境下，传者与受众之间的界线已日趋模糊，海量信息让受众往往难以辨别真假。为了确保新闻信息真实、多元、客观，媒体要坚守新闻专业主义，对信息进行把关审核，传播真正为受众所需要的信息。全媒体时代，受众信息需求的多元化与信息接触行为的变化，要求新闻工作者对某些新闻事件有更深刻的见解与更广阔的报道视角，因此，在内容生产方面，不仅要增加新闻报道的数量，还要提升新闻报道的质量，增强新闻报道的互动性，满足受众日益增长的新闻信息需求。

【思考题】

1. 全媒体时代，传统媒体应如何应对全媒体时代的挑战？
2. 结合我国的实际情况，分析全媒体新闻报道中可能会出现哪些问题。
3. 全媒体新闻报道的特点有哪些？
4. 全媒体新闻报道的优势体现在什么地方？

第二章
全媒体新闻报道的基础

【知识目标】

☆ 全媒体新闻报道的技术条件

☆ 全媒体新闻报道的硬件与软件

☆ 全媒体新闻报道的生产平台

【能力目标】

1. 全面掌握全媒体新闻报道的技术
2. 熟练运用全媒体新闻报道的硬件与软件
3. 能够运用全媒体新闻报道的生产平台

【案例导入】

2016年3月,全国两会在北京开幕。有关此次会议的新闻报道,最吸引眼球的当属人民日报制作与发布的《人大新闻发布群 傅莹邀请您加入群聊》的系列报道。报道首次采用"微信群聊"的形式来展示新闻发布会,受众在报道H5页面能够身临其境地感受到对答场景,听现场语音,进行交流互动,操作界面也很简单。目前,人民日报的全媒体报道平台可以称为最成熟与完善的全媒体报道平台,被业界誉为"中央厨房"。人民日报的"中央厨房"全媒体技术平台包括内部用户管理系统、互联网用户管理系统、传播效果评估系统、可视化产品制作工具、新媒体内容发布管理系统、报纸版面智能化设计系统。这样一套技术体系,经过扩充、优化,为全媒体平台的业务运行提供了强有力的技术支撑,打通了人民日报社体系内的所有媒体和终端,可以实现各类媒体的稿件共享和在网页、客户端、微博、微信平台的同步发布。

在硬件设备方面,人民日报社的全媒体新闻报道平台设于建筑面积3200多平方米的全媒体新闻大厅,是新闻采编运营的保障。人民日报社的领导可以在此调控与指挥旗下的所有媒体。同时,各种终端的工作人员可以利用双平台合作,实现全媒体产品的采集、制作与发布。2016年的两会报道,"中央厨房"引进VR设备,利用全景视频技术制作新闻,使受众身临其境地感受新闻现场。除此之外,"中央厨房"的软件设备同样进行了升级。人民日报设立了数据新闻及可视化报道团队,团队中包括采编经验丰富的编辑记者、美工设计、前端工程师、数据分析师等。技术团队开发面向用户及其他新闻机构的舆情监测、传播效果评估、内容生产、用户行为分析及推荐、移动采编助手、选题策划系统等一系列工具,全面提升新闻生产力和传播力。

第一节　全媒体新闻报道的硬件设备

新闻报道在媒介技术的发展下经历了前所未有的变化,数字传播技术赋予新闻报道更加强大的生命力。较之以往单一的新闻报道形式,全媒体新闻报道对于技术有更高的要求。随着全媒体新闻报道生产模式的改变,新闻素材的采集、新闻报道的生产与发布都有了新手段和新方法。全媒体新闻报道不是多种媒介报道形式的堆砌,而是立足于新闻事件本身的时空特点、新闻价值,采用最适宜的媒介手段,融合多种技术形态进行新闻报道。全媒体新闻报道与传统新闻报道相比较而言,在报道类型上可分为静态新闻报道与动态新闻报道两大类。全媒体新闻报道中,图片报道与视频报道可以合二为一,也可分别向受众展示。从硬件设备方面来看,全媒体新闻报道采用的设备类型更加丰富。

一、静态新闻报道的硬件设备

一则静态新闻的构成要素包括新闻图片与文字报道两部分。全媒体新闻报道图片运用的摄影器材有数字单反相机,还有搭载 VR 技术的全景相机。下面仅介绍数字单反相机。

数字单反相机有多种不同的镜头,每一种镜头拍出的新闻照片的景深、特点、成像都有所不同。在全媒体新闻报道中,由于拍摄对象的不同以及需要呈现给受众的新闻事实不同,在摄影时需要变换不同的镜头,常用的摄影镜头有变焦镜头、长焦镜头、标准镜头以及广角镜头。

全媒体新闻报道的报道形式多样,新闻报道的速度要求更快。使用数字单反照相机可以即时查看所拍摄的图像,可以对图像进行裁剪与编辑,对不满意的作品可及时重拍,减少事后补拍的时间。拍摄完成后可即时传送,减少报道制作的时间,同时能够真实地还原新闻事件现场,保证新闻的真实性。

数字单反相机的镜头有标准镜头、长焦镜头、广角镜头三种类型。标准镜头的特点是它的成像视角接近人眼,拍摄的图像富有真实性。标准镜头的有效口径大,使其在光线不足的环境下也拥有出色的拍摄能力。变焦镜头的特点是通过透镜组的伸缩来调节与改变镜头的焦距。通过改变镜头的焦距,给受众呈现不同的画面,比如大型舞台表演、球类比赛等。变焦镜头善于抓拍,从而能够增强新闻图片的表现力。长焦镜头的视角小于标准镜头,但焦距却比标准镜头长。在长焦镜头中,焦距为 80mm－200mm 的镜头应用最多。长焦镜头可以将远景拉近,把远景中的细节扩大,不会对拍摄对象造成干扰,在拍摄的过程中可对拍摄画面进行裁剪,可使新闻图片的拍摄对象清晰,表情自然,从而使影像更真实自然。但长焦镜头一般较重,因此在使用时常需要三脚架的支撑。广角镜头的景深长,个体成像小,一般用于新闻会议、建筑、旅游风光宣传等的拍摄。一般而言,标准的广角镜头为 35mm 和 28mm,超广角镜头大于 15mm、小于 20mm,小于 15mm 的叫鱼眼镜头。

鱼眼镜头是一种极端的广角镜头,拍摄角度可以达到 180 度,拍摄的画面夸张。使用鱼眼镜头可将视域内的景物变形为弧形,拍出的画面除了中心部位以外,其他所有的直线都会变成弯曲的弧线。鱼眼镜头较常使用在对大型会议的图片采集中,在呈现某些新闻场景时会取得很好的效果。鱼眼镜头的视角宽广,能够全方位地展现会议现场,适合拍摄大型会议现场、比赛或演出现场的全景,不适合拍摄人像。

二、动态新闻报道的硬件设备

动态新闻报道的主要类型是视频新闻与 Flash 新闻。制作 Flash 新闻报道只要安装有 Adobe Flash 软件的电脑即可。在全媒体新闻报道出现之前,传统动态新闻报道主要是 Flash 新闻。全媒体新闻报道技术出现并发展后,动态新闻除了原有的视频新闻与 Flash 新闻,还出现了 VR 新闻。

视频新闻报道一般采用彩色数字摄像机,以前采用的设备是磁带摄像机,随着技术的发展,磁带摄像机被数字摄像机取代。彩色数字摄像机分为录像单元与摄像单元两部分。彩色数字摄像机利用光学原理,把彩色的景物分解为红、蓝、绿三种基色,由摄影设备将采集到的三基色光电信号进行转换,随后对信号进行编码,最终形成彩色全电视信号。彩色数字摄像机的录像单元一般由一台录像机(Video Cassette Recorder,简称 VCR)将一系列的图像、声音信号记录在磁带上。彩色数字摄像机的 VCR 有的与摄像单元相分离,有的则是单独的便携式录像单元。拍摄好的新闻素材视频往往需要添加字幕以便受众理解,这个时候就需要使用字幕机。

字幕机由电脑加专业的字幕叠加卡以及相关软件构成。字幕机的用途是在视频信号上增叠图文字幕。比如在电视台播出的节目上增加台标,广告片的右标、角标等。字幕软件用来对电脑进行操控,字幕经过编辑后从字幕叠加卡中输出。字幕软件的系统方式有旁通方式与编码方式两种。旁通方式下的字幕叠加卡是不工作的,而编码方式则与之相反。字幕叠加卡运转时,字幕层与背景层各自独立运行。在新的媒介技术环境下,字幕叠加卡正在由传统的字幕叠加卡向数字字幕叠加卡转变。

全媒体时代下,多种形式的新闻报道拉近了受众与新闻的距离。在新技术的推动下,全媒体新闻报道在形式上除了以往的图片、文字、视频、音频、Flash 动画等之外,还出现了 VR 报道、可视化报道等新形式。

VR(Virtual Reality)即虚拟现实。VR 技术就是利用计算机图形系统与多种现实接口设备,生成可交互的三维立体环境,通过佩戴 VR 设备,如 VR 眼镜,在特定的屏幕前,受众可以身临其境地感受某种环境。搭载 VR 技术的硬件有全方位摄像机与全景相机。VR 拍摄一般适用于突发事件、体育赛事、宏伟的建筑或风景等新闻报道。辩论、竞选等需要凸显当事人表情与态度的新闻现场不宜从全景的角度进行拍摄。

全景相机可以拍摄全景图片,也可以拍摄全景视频。一般全景相机拍摄视频的应用比较多,所以这里将全景相机归类于动态新闻报道所需的硬件设备里。全景相机能够在极大程度上还原新闻场景,增加受众对新闻报道的参与感与真实感。全球首款一体式 4K 全景相机为"Insta360"。Insta360 拥有两个超广角鱼眼镜头,使用索尼 CMOS 传感器等高质量配件,保证录制画面的质量。Insta360 是全球首台实时拼接相机,两个镜头采集的画面进行实时拼接,手机实时预览全景画面,支持全景直播,全平台播放。除了 4K 全景相机,Insta360 还有一款产品 Nano,可直接安装在 iPhone 上,拍摄的照片与视频能够即刻分享到各个社交网站,大大提高新闻报道的时效性。

在2016年3月3日下午的全国政协会议开幕式报道中,人民日报的记者们利用Insta360全景相机带大家亲临人民大会堂全国政协十二届四次会议的一层全景现场,该全景报道从各个角度真实地重现了会议现场的情况,观看该新闻报道的受众可以根据自己的喜好查看台上台下的现场情况,体验亲临现场的感觉。

VR报道所采用的摄像机一般为全景式摄像机,观看者需要佩戴VR眼镜,在配套VR设备的荧幕前进行观看。在拍摄运动画面时,表现比较出色的有GoPro全景摄像机。GoPro摄像机是美国著名运动相机品牌,适用人群为冲浪、滑雪、跳伞等极限运动团体。因其在运动过程中能够出色地拍摄景物,所以被运用于搭载无人机进行拍摄。据报道,法国无人机公司Drone Volt推出一款无人机Janus 360,可搭载10部GoPro Hero4相机,拍摄360度全景图像。[1] Hero4 Black能够以每秒240帧的速率拍摄慢速画面,可以拍摄出令受众身临其境般的连续镜头。Hero4 Black摄像机不仅在捕捉运动镜头方面较为出色,同时它的防水性能也较强。在夜景拍摄方面,Hero4 Black摄像机的夜间延迟模式为延时拍摄提供可自定义的曝光设置,最长能够曝光30秒。在音频处理方面,Hero4 Black的全新音频系统可以捕捉到无杂音、高保真的声音。除此之外,VR行业摄像机做得比较好的还有Nokia的产品OZO。OZO是一款全景虚拟现实(VR)相机,根据好莱坞电影制片人的想法来设计。其目标受众是创意专业人士和电影工作室。OZO配备八个相机传感器和一个麦克风匹配数据,使用户能够真实地沉浸在虚拟现实中。

部分VR视频以及新闻报道需要佩戴VR眼镜才可以达到最好的观看效果。谷歌公司研发出了适用于观看VR新闻的3D眼镜。2015年5月29日,谷歌公司在美国旧金山举办了谷歌I/O开发者大会,Cardboard在此次大会上正式面世。Cardboard是谷歌推出的廉价3D眼镜,旨在将智能手机变成一个VR的原型设备。Cardboard纸板的凸透镜前部留有放手机的空间,半圆形的凹槽适用于脸和鼻子的轮廓。谷歌在Cardboard网站上列出了该眼镜详细的零部件与组装介绍,用户通过阅读,即可自己组装出Cardboard 3D眼镜。国内暴风科技也推出了自己的VR设备,但目前尚未得到广泛应用。

VR报道在全媒体新闻报道中是一种新兴报道形式,但是VR报道的实践仍存在障碍。首先,观看VR报道的硬件设备并未普及,并且距离普及还有一段时间;其次,传统的新闻报道可以进行编辑与剪辑,有经验的编辑会针对一条主线对新闻素材进行编辑,凸显新闻报道主题,但是VR全景式的新闻报道很难进行编辑与裁剪,传统的编辑与剪辑会打破VR报道空间上的延续感,因此,VR报道不利于引导受众;最后,从受众的媒介素养的层面来看,受众还没有完全习惯VR新闻报道的模式,同时VR硬件设备本身也需要更新,比如提高直播的清晰度与流畅度等。

在新闻报道生产方面,"网站+两微一端"模式已经成了媒体融合环境下全媒体战略转型的标准配置。以往的新闻生产硬件向智能化转变,出现了更多的智能化硬件。智能设备的普及降低了新闻报道的门槛,使信息发布更加便捷。在新闻生产的过程中,各个部门之间传送数据的速度加快。苹果手表、双肩包式的4G设备的出现,使新闻素材的采集

---

[1] 安宇.Drone Volt推无人机:搭载10部GoPro Hero相机[EB/OL].(2016-06-17).http://tech.huanqiu.com/original/2016-06/9051478.html.

更加方便。通过可穿戴设备，新闻记者可以快速浏览新闻素材，进行新闻素材的筛选与编辑。这些技术设备的普及对新闻记者的技术能力提出了更高的要求。

第二节　全媒体新闻报道的软件工具

全媒体新闻报道除了需要使用大量的硬件设备以外，也需要大量的软件工具与技术支持。全媒体新闻报道与传统的新闻报道相比，最大的突破就是新闻素材数据库的建设与新闻报道的可视化呈现。数据库的建设与发展为传统新闻报道注入了新的生命力，可视化呈现为新闻报道提供了崭新的面貌。

一、图片新闻报道的软件工具

图片新闻报道经常需要使用图片编辑工具。常用的图片处理软件有 Adobe Photoshop（简称 PS）、Adobe Illustrator（简称 AI）、Adobe Photoshop Lightroom（简称 Lightroom）三种。这三种软件都可对图片进行编辑，功能相近但各有侧重。在全媒体新闻报道中，Adobe Photoshop 能够有效地处理拍摄的新闻图片，也可对报道中所需的宣传 Logo 标志进行后期制作，同时还可处理网页图像等。AI 的功能与 PS 大致相同，相比于 PS，AI 的操作界面更清楚简洁。AI 适用的系统有 Windows、Mac OS。AI 具有丰富的像素描绘、矢量图编辑等功能，最大的特征在于贝赛尔曲线的使用。Lightroom 主要用于数码相片的浏览、整理、编辑等。Lightroom 能够快速导入及处理、管理照片，从而提高摄影师的工作效率。通过 Lightroom，用户可以在高清视频幻灯片上插入静态影像、音乐等元素，同时可以在任何电脑或设备上播放。这为多种媒介形态融合的新闻报道提供了便利。

图片编辑软件能够在多媒体报道中起到润色的作用，但如若使用不当，很容易走入制作假新闻的误区。图片后期软件必须要在保证新闻真实性的前提下进行使用，否则会使新闻媒体的公信力下降。比如 2013 年的四川内江领导视察悬浮照的披露，是舆论反响较大的一次利用 PS 制作虚假新闻图片的例子。早在两年前就出现过类似的情况，2011 年 6 月 16 日，四川凉山自治州会理县政府网站在首页发布了一条题为《会理县高标准建设通乡公路》的新闻报道。在该新闻报道的新闻图片中，三位县领导"飘浮"在公路的上方，图片说明称这几位领导在"视察新建成的通乡公路"。

二、视频新闻报道的软件工具

与新闻图片相同，拍摄的新闻视频素材同样需要剪辑制作。常用的视频后期制作软件有 Adobe Premiere、Edius、Sony Vegas Pro、Avid Xpress Pro 与 Final Cut Pro。其中 Adobe Premiere、Edius、Sony Vegas Pro 属于比较大众的、容易操作的视频后期制作软件。相比于这三种，Avid Xpress Pro 与 Final Cut Pro 更高质与专业，但 Avid Xpress Pro 与 Final Cut Pro 的售价也相对较高。

Adobe Premiere 是 Adobe 公司推出的一款视频编辑软件。Adobe Premiere 有较好的兼容性，可以与 Adobe 公司的其他软件互相配合使用。Adobe Premiere 可同时进行视频剪辑、音频处理以及增加特效等多项操作,提高了视频制作的效率,同时减少了时间与人力的浪费。使用者可通过"音频剪辑混合器"监视并调整序列中剪辑的音量和声像,同时还具有云同步功能。

Edius是一款非线性编辑软件,适用人群为新闻记者、平面设计工作者等。当不同格式的视频文件在时间线上进行混编时,不需要转码即可编辑。一般的视频新闻都可用Edius剪辑完成,Edius易上手、易操作,输出新闻素材的速度较快。

Sony Vegas Pro是PC端入门级专业影像编辑软件,其开发者为索尼公司。Sony Vegas Pro能够对视频素材进行剪辑合成、添加特效、调整颜色、编辑字幕等操作,还能够对视频素材进行录制声音、添加音效、处理噪声等音频处理。除此之外,Sony Vegas Pro还可以将编辑好的视频输出为各种格式的影片并且直接发布于网络或刻录成光盘以及保存在磁带中。Sony Vegas Pro与Adobe Premiere相似,都属于入门级视频编辑软件,适用于全媒体新闻报道的一般剪辑。比如自媒体的视频新闻,利用这两种软件快捷又方便。同时,Sony Vegas Pro还能够跨越多窗口与显示器,以保存不同的界面,方便同时进行不同工作要求的视频编辑。

Avid Xpress Pro是Avid公司开发的工作站软件系统,最早仅适用于苹果电脑,之后Avid公司又开发了PC版,但一般都搭载于苹果系统。PC电脑需要能支持ASIO驱动的音频卡才可正常运行,苹果电脑则使用板载声卡即可运行。在视频剪辑方面,Avid Xpress Pro一般用于格式较大的视频文件,比如影视节目、电视连续剧等。在全媒体新闻报道中,它适合篇幅较长的视频资料的编辑与剪辑,因其价格昂贵,一般适合大型的专业新闻机构。

与Avid Xpress Pro相同,Final Cut Pro同样为苹果电脑专有的软件。Final Cut Pro操作界面简洁,功能专业而强大。在视频剪辑的过程中,Final Cut Pro能够在后台对视频原始素材进行分析,提升视频素材文件的准备速度。Final Cut Pro的内容自动分析功能可以按照剪辑师的喜好来扫描脚本素材并创建原始数据,包括视频标签、摄像机数据、镜头类型等等。剪辑师可以根据这些标签对视频素材进行分类、过滤和搜索。

不同的新闻报道主题需运用不同的编辑制作软件,如上文提到的各种编辑软件适用于不同的编辑范围,在全媒体新闻报道的生产过程中,需要根据新闻事件的主题与特性有选择地加以应用。

三、动画新闻报道的软件工具

动画新闻同样是全媒体新闻报道形式中十分重要的一种。Flash报道是融合动画、视频、音频等多种媒介形式为一体的新闻报道形式。其中Flash动画的制作对于增强新闻报道的表现力起着重要的作用。Flash动画的制作软件比较常用的有Adobe Flash、3D Studio Max、Maya、Adobe After Effects、Macromedia Flash8五种。

Adobe Flash,是美国Macromedia公司(现在已被Adobe公司收购)推出的动画软件。Adobe Flash包括两种软件,一种为Adobe Flash,用于设计、编辑Flash文档;另一种是Adobe Flash Player,用来播放Flash文档。Adobe Flash现已更名为Adobe Animate CC,目前最新的软件版本为Adobe Flash CC以及Adobe Flash6,二者在功能上有互通之处。

3D Studio Max,简称 3D Max,是 Discreet 公司(后被 Autodesk 公司合并)所开发的软件。3D Max 一开始用于电脑游戏中的动画制作,随后又用于影视片的特效制作。3D Max 拥有强大的角色(character)动画制作能力,同时可堆叠建模步骤,增大了制作模型的弹性。目前,3D Max 的最新版本是 3D Max 2017。

Maya 是 Autodesk 旗下的三维建模和动画软件。相比中端软件 3D Max 而言,Maya 更加高端。Maya 在某些功能方面比 3D Max 强大,比如角色动画、运动学模拟等方面。Maya 软件主要应用于电影制作、动画片制作、游戏动画制作、电视栏目包装、电视广告等领域;3D Max 软件主要应用在建筑效果图、建筑动画、动画片制作、游戏动画制作等领域。Maya 的 CG 功能全面,包括粒子系统、建模、毛发生成、植物创建、衣料仿真等等。在全媒体新闻报道中,如若需要仿真动画的制作,Maya 是最常使用的软件。

Adobe After Effects,简称 AE。同样是 Adobe 公司旗下的图形视频处理软件。AE 软件一般被从事设计和视频特技的机构所采用,比如动画制作公司、电视台、个人后期制作工作室以及多媒体工作室等。AE 拥有数百种的预设效果与动画,利用 AE 可以将 2D 与 3D 图像进行合成。

Macromedia Flash8 是 Macromedia 公司开发的一款集图形效果工具、动画制作工具、文本、音频和视频工具为一体的软件工具。Macromedia Flash8 的用户体验不仅仅局限于电脑桌面,还可以同步于移动客户端进行视觉体验。使用 Macromedia Flash8 可创建编辑演示文稿、互动式营销、娱乐、电子教学、媒体广告、商业应用、互动视频体验等内容。Macromedia Flash Player8 几乎能够适用于所有主要平台和 Web 浏览器上的应用程序。

目前,一档完整的新闻节目大部分会采用 Flash 动画形式加以润色。一方面,Flash 动画能够使整个节目更加生动;另一方面,Flash 动画也能够凸显整个节目的调性。比如 CCTV 新闻联播的开场动画,成为 CCTV 新闻联播节目的标志。Flash 动画能够加强与调节新闻报道的风格,从而达到吸引受众的目的。同时,在对严肃话题进行新闻报道时,运用 Flash 动画进行解读,会使报道内容更易理解与接收。例如:东方卫视的一档新闻节目《千眼看一周》的开场动画,生动活泼,增强了节目的感染力。

四、数据新闻报道的软件工具

全媒体新闻报道离不开数据的支持。2013 年被业界称为"大数据元年",但是阿里云大数据事业部资深总监徐常亮认为,2016 年才是万亿大数据产业元年。[①] 大数据技术的发展使数据新闻成为新闻报道创新的热点话题,运用大数据可以使新闻报道更加详细生动。目前最具代表性的数据新闻实践有搜狐数字之道、网易数读与腾讯数据控三家。数据新闻,又叫数据驱动新闻。数据新闻的报道形式是指基于数据的抓取、挖掘、统计、分析,产生图标、动态图等可视化的新闻报道。面对数据量的增多,在全媒体新闻报道的生产中,新闻记者需要在海量的数据中筛选并应用对新闻报道有价值的数据。

---

① 陈纪英.2016 年,为何是万亿大数据产业元年[EB/OL].(2016-01-22).http://www.d1net.com/bigdata/news/394487.html.

(一)数据挖掘的软件工具

我们处在海量数据的包围中,每天来自人们生产、生活各个方面的数据源源不断地涌现,但是新闻数据就好像埋在地下的金矿,需要我们去发现它的价值,加以利用。数据挖掘需要专门的技术和工具,目前有关数据挖掘的软件工具种类繁多,针对全媒体新闻报道的数据挖掘工具主要有以下几种。

1.Scrapy

Scrapy是用于抓取Web站点并从页面中提取结构化的数据的快速、高层次的屏幕抓取和Web抓取框架软件。Scrapy软件只是抓取框架,可以根据使用者的需要进行修改与编辑,这也是Scrapy软件最吸引人的地方。Scrapy在安装与设置方面的难度较高,但一旦投付运行,使用者就能够充分利用它的多种便利功能。Scrapy用途广泛,可以用于数据监测、数据挖掘与自动化测试。

Scrapy软件对于网页数据的抓取一般有4个基本步骤。首先,使用者需要创建一个Scrapy项目。进入准备存储代码的目录中,运行命令:scrapy startproject tutorial,Scrapy会生成数据存储的目录与文件夹。第二,定义Item。Item是用于保存爬取到的数据的容器。第三,编写爬虫Spider,Spider是用户编写用于从单个网站(或者一些网站)爬取数据的类。第四,进入项目的根目录,执行命令 scrapy crawl dmoz 启动 spider。到此,爬取数据就基本完成。最后使用Selectors选择器提取Item,对数据进行提取,再使用Feed Exports对提取的数据进行保存。[①] Scrapy软件对于网页数据的有效抓取便于多媒体报道中引用数据或以数据图表的形式展现新闻事实。

2.DocHive

目前网络上很多数据资料都以PDF的形式进行传播与储存,但是对于提取数据来说,PDF文档格式的文件难于处理与提取。DocHive数据处理软件能够对PDF文档文件进行有效的数据处理。

DocHive是专门用于从PDF文档中提取数据的软件工具。DocHive能够将PDF的现有内容生成扫描文档然后进行分析,将PDF文档划分成多个细小片段,接着利用光学字符识别技术读取其中的内容,再将文本信息整理为CSV文件。运行DocHive一般需要经历5个步骤:第一,打开Virtual Machine,Virtual Machine是用于浏览与存储PDF的工具;第二,载入信息到DocHive;第三,双击开始菜单,开始查找与准备数据;第四,创建账户;最后,开始下载数据。运行DocHive需要具备的条件包括下载并安装Oracle's VirtualBox,在运行过程中需要有网络连接,DocHive能够与Google Charts相连接等。[②]

3.Tabula

Tabula与DocHive类似,也是帮助用户对PDF文件里的数据进行提取使用的软件工具。Tabula软件由Jason Das设计,通过Tabula可以获取PDF当中的表格信息并将内

[①] Scrapy入门教程[EB/OL]. http://scrapy—chs.readthedocs.io/zh_CN/0.24/intro/tutorial.html.
[②] Edward Brian Duncan. Test out DocHive for data geeks and journalists[EB/OL]. https://opensource.com/life/15/5/dochive—testing.

容转化为 CSV 文件或者微软 Excel 电子表格。用户下载安装 Tabula 后,即可通过浏览器提取 PDF 文件内的数据,然后保存为 CSV 格式,Tabula 的速度与效率都比较高。支持 Tabula 软件工具的系统有 Windows 系统、Linux 系统和 MAC 系统。如用 Windows 系统则需要安装 Java 控件才可运行 Tabula 软件。Tabula 可以处理没有明确界限的、多行或无行分离的图表信息,适用于调查性报道,为数据收集提供便利与帮助。

4.Import.io

使用 Import.io 不需要写任何代码,此软件可以自动识别网页结构,进行内容的抓取,最后生成表格供使用者下载,适用于内容格式统一、数据量大的网站。Import.io 在自动识别网页结构后,将内容转化成表格。表格中同类型的内容能够自动归类排列。如果 Import.io 抓取了不需要的资料,可以将之删除。将转化后的数据表格导入 Microsoft Excel,可以进行更进一步的数据整理与分析。①

2014 年 3 月 24 日,美国西雅图的地区广播电台 KEXP 的官方网站发布了一篇名为《Pop Viz: What Music Matters Most to KEXP?》的报道,在这篇新闻报道中,数据分析家同时也是音乐爱好者的 Jewel Loree 对 2013 年 KEXP 所有播放过的音乐进行了统计。Jewel Loree 利用 Import.io 对该网站的数据进行抓取,从不同角度进行分析,例如统计不同时期电台的音乐总播放率等,最后通过 Tableau 制作成可视化图表,展示给受众。新闻报道通过这样的数据整理,简洁易懂,受众可以清楚地看出该报道的重点以及所有数据,更容易接受。

(二) 数据整理的软件工具

数据大多是以无序、混乱的状态存在的,我们需要对数据进行清洗、整理,去掉冗杂和无效的数据。数据整理是根据一定的目的对数据进行归类、编排的过程,是数据统计分析的基础。为了使数据整理更加高效、便捷,往往需要借助一些特定的软件。

1.LibreOffice Calc

在对数据进行提取时,可能出现部分数据拼写与格式错误或者字符编码有误的问题,这将直接导致数据信息不一致并且无法正常使用。因此,Libreoffice Calc 就是解决此类问题的数据整理工具。

LibreOffice Calc 是一种包含 LibreOffice Software 的表格工具,LibreOffice Calc 可打开与储存表格文件,可打开的表格有 OpenDocument(ODF)、Excel(XLS)、CSV 等多种格式,也能够将表格文件存储为 PDF 格式。LibreOffice Calc 支持一百万行的数据表,适用于大型的科学、金融等领域的数据表。截至 2015 年 8 月 5 日,LibreOffice Calc 已经历了 10 次更新。新版的软件工具增加了多种格式的输入等功能,提高了 XLSX 表格的录入与输出速度②,方便使用者对大量数据进行录入与整理。

2.OpenRefine

杂乱无章并且充斥着错误信息的数据会使新闻报道缺乏真实性,同时也不利于新闻

---

① 鹿鸣.数据新闻可视化入门工具[EB/OL].http://www.rinterest.cn/topic/138.
② LibreOffice Calc[EB/OL].https://en.wikipedia.org/wiki/LibreOffice_Calc.

工作者对数据图表的呈现。OpenRefine 是一款数据清洗工具,它能够对数据进行排序、自动查找重复条目并完成数据记录等工作,进行数据内容的修正与整理。OpenRefine 可以对数据进行剖析与清洗,摒弃无用的数据,并且将有用的数据转换成需要的格式以供备查。关于 OpenRefine 软件的使用在 *Using OpenRefine* 一书中有详细介绍,主要内容包括:(1)各种格式数据的录入;(2)几秒钟挖掘数据;(3)基础和高级的数据转化应用;(4)处理包含多种价值的数据;(5)创建数据间的即时联系;(6)用规律的数字表达过滤、分割数据;(7)利用实体命名字段自动识别主题;(8)标准语言化执行数据操作。

全媒体新闻报道是集群化的,各个部门之间相互配合,需要强大的信息数据处理系统。全媒体新闻报道需要采集的数据是海量性的,在抓取与分析数据时需要运用大数据的处理手段。较之以往的数据处理技术,全媒体新闻报道的数据处理系统一般以"云"架构为核心,支持对大数据的索引能力。全媒体的数据库将原有的数据库以及采编系统进行整合,编辑可在同一个数字平台上选择、编辑、修改和发布稿件,同时数据库还需支持回传以及效果监测的功能。

五、可视化新闻报道的软件工具

在全媒体报道中,数据新闻可视化的形式能够更为直观地向受众传达新闻事实,以数据图表的方式避免记者个人主观处理新闻事实情况的出现。数据新闻最为重要的部分就是数据可视化,数据新闻的特点就是让数据以可视化的方式展示给受众。数据可视化在全媒体新闻报道中能够清楚明了地告知受众新闻事实,并且使新闻报道以一种生动的方式呈现,增强新闻报道的表现效果。下面将从互动式可视化新闻报道与地图式可视化新闻报道两个方面,就数据可视化所运用的软件工具逐一介绍。

(一)互动式可视化新闻报道

全媒体时代,受众在信息的海洋中快速地浏览,"碎片化"阅读成为趋势。如何在海量的信息中抽丝剥茧、条分缕析,对信息进行高度凝练,让读者一目了然地获取需要的新闻信息,是新闻工作者最为重要的任务。互动式可视化新闻报道通过图表的方式,可以清晰地将新闻信息、背景资料和相关内容呈现给受众,成为全媒体新闻报道的主要方式。

1.DataWrapper

DataWrapper 是一款交互式的图表应用,可嵌入新闻报道中。使用 DataWrapper 有 6 个步骤。

第一步,寻找数据。预算表格可以先在谷歌 Doc 中免费下载,然后利用 DataWrapper 寻找报道需要的相关数据。

第二步,利用 Twitter 账户或电子邮件地址登录 DataWrapper。

第三步,在 Microsoft Excel 中进行数据的复制粘贴,或者上传 CSV 文件。

第四步,DataWrapper 将数据转化成表格,并展示给你。你可以添加数据来源或链接。如果表格看起来还不错,你可以点击"可视化"按钮。

第五步,你将会看到"可视化"选项卡,该选项卡显示了你可以使用的数据图表类型。

第六步，你可以复制粘贴代码，并发布图表。（如果你之后需要更正图表，需要重新嵌入代码并发布。）①

2.Satellite Imagery

Satellite Imagery 软件包括卫星采集的地球及其他行星的图像，广泛应用于政府部门及商业机构。美国的一家非赢利深度报道网站 ProPublica 就曾利用 NASA 卫星图像数据，以视觉化的形式，对路易斯安那海岸线陆地的变化进行报道。Satellite Imagery 应用非常广泛，气象、海洋、渔业、农业、生物多样性保护、林业、园林、地质制图、城市规划、教育、情报和电子战等领域都需要使用 Satellite Imagery 采集的图像。Satellite Imagery 在遥感方面有四种类型：空间、频谱、时间和辐射。

Satellite Imagery 还可以向受众展示某一街区的俯瞰图，受众可以清楚地在图片上看到该街区的整体情况。在新闻报道中使用卫星图会增强新闻的真实感与说服力。但 Satellite Imagery 也有它的缺点。由于拍摄的土地面积较大或分辨率较高，所以创建巨大的卫星数据库和有用的图像数据（原始数据）比较耗费时间。另外，数据如若使用不当，可能涉及泄露隐私等问题。

3.Tableau Public

Tableau Public 是一款免费视觉化工具，被广泛应用于构建交互式地图。用户可以通过嵌入报道或博客文章在网络上进行分享。Tableau Public 的用户群体主要为企业，Tableau Public 向用户提供数据可视化服务。

Tableau 目前有三大软件产品：Tableau Desktop、Tableau Server 以及 Tableau Public。其中 Tableau Desktop 是一款 PC 桌面操作系统（只支持 Windows 系统）上的数据可视化分析软件，分个人版和专业版（个人版只能导入 Excel，专业版可以导入各种数据库），用户可以根据自己的需求选择不同的版本，当然价格也不一样。Tableau Server 则是完全面向企业的商业智能应用平台，基于企业服务器和 Web 网页，用户使用浏览器进行分析和操作，还可以将数据发布到 Tableau Server 与同事进行协作，实现可视化的数据交互，其根据企业中用户数的多少或企业服务器 CPU 的数量来确定收费标准。而 Tableau Public 是完全免费的，不过用户只能将自己运用 Tableau Public 制作的可视化作品发布到网络上，即 Tableau Public 社区，而不能保存在电脑上。每个 Tableau Public 用户都可以查看和分享，但 Tableau Public 所能支持的接入数据源的类型和大小都有所限制，所以 Tableau Public 更像是 Tableau Desktop 的功能阉割版和公共网络版，重在体验和分享。②

全媒体新闻报道中可以使用 Tableau Public 进行可视化的报道，尤其是关于自然灾害的报道，比如地震数据的展现，以更直观的形式向受众提供新闻事实。利用 Tableau Public 进行可视化的报道还可增强媒体与受众的互动。比如 Info We Trust 所做的 Endangered Safari 的可视化图表，这个报道展示了非洲大型哺乳动物中濒危动物的情况，受众通过点击某一种动物，可以了解该种动物的物种数量状况、分布情况等相关数据。受众

---

① Oluseun Onigbinde.使用 DataWrapper 制作图表的几个简单步骤[EB/OL].http://ijnet.org/zh-hans/blog/256941.

② 大数据时代的凡·高：数据可视化专家 Tableau Software[EB/OL].https://xueqiu.com/4055187312/24003471.

在点击某一动物后,其余动物的图标隐去,被点击的动物的详细信息弹出。这种形式不仅直观,同时增强了与受众的互动,使受众的印象更深刻。

(二)地图式可视化新闻报道

空间地理数据是大数据的一个重要组成部分,人们的生产生活是在一定的空间内进行的,每时每刻都会产生海量的地理空间数据。新闻报道经常会出现空间地理方面的信息,地图式可视化报道越来越多地出现在全媒体新闻报道中。

1.CartoDB

CartoDB 是一种提供 Web GIS 和制图工具的 SaaS 的云计算平台,该平台的数据显示在 Web 浏览器中。CartoDB 的用户可以使用该公司的免费平台或者部署他们自己的开源软件。CartoDB 建立在开源软件的基础上,比如 PostGIS 和 PostgreSQL。CartoDB 的第一项应用是在 Web 浏览器中,用户可以管理数据并且创建自定义的地图。但初级用户仅仅能够凭直觉进行地图绘制,而高级用户可以使用相似于 CSS(层叠样式表)的 SQL(结构查询语言)进行地图的绘制。

CartoDB 的免费版可以和 CSV 格式文件、Excel 兼容,支持大多数可能用到的数据工具。CartoDB 能从 Google Drive 和 Dropbox 中导入数据。使用 CartoDB 数据表时,对数据表的数量没有限制,但只有在使用者订阅购买的情况下,数据才能被公开访问。使用 CartoDB 创建的地图能够基于数据表实时更新,还能够制作成动态效果图或是订制 RSS(简易信息聚合)。CartoDB 的应用领域广泛,包括银行与金融业、BI(商务智能)与数据分析、政府部门、房地产、网站开发、新闻业、非营利组织、地球观测、教育业等。新闻传媒行业能够在其他领域中抓取数据,进行可视化数据新闻报道。

CartoDB 的可视化地图比 Tableau 更加动态化,同时在表现形式上更具吸引力。比如 Journalism and New Media 利用 CartoDB 在 2014 年制作的《2014 年印度大选如何在 Twitter 上发展》(India Elections On Twitter)的可视化报道。该报道清楚地显示了平民党(AAP)的 Arvind Kejriwal、印度人民党(BJP)的 Narendra Modi 和印度国大党(INC)的 Rahul Gandhi 三大候选人,2014 年 1 月 1 日在 Twitter 中被提及的地域分布图。数据图可以随受众的意愿放大或缩小,右下角有各个候选人的颜色备注图。在地域分布上采用动态化的显示模式,既能使报道内容清晰明白,又能吸引受众的注意力。

2.BatchGeo

BatchGeo 是一个移动性的地图制作软件,它有适用于 iOS 系统的原生 APP,同时这款 APP 也能适用于 Android 设备以及黑莓手机、Windows Phone 等。在使用 BatchGeo 时,用户需要将位置数据复制粘贴进一个地图生成器,然后建立一个带有标记的谷歌地图。这些标记可以按照类别分组,以突显位置或事件之间的连接。它也被当作一个移动应用,用来创建旅行中的地图。[①]

BatchGeo 在官网上给出了使用 BatchGeo 工具的步骤,总共有三步。

[①]记者视觉化报道可用的 9 个免费地图工具[EB/OL].http://www.jzwcom.com/jzw/3d/7826.html.

第一步，无论电子表格还是数据库中，用户都可以把想要展现的数据粘贴到BatchGeo。

第二步，BatchGeo会根据用户录入的数据预判用户的意图地址、城市、州、邮政编码或经纬度。如果用户的数据里没有包含经纬度信息，BatchGeo会根据邮政编码或街道地址获取位置信息并生成地图。

第三步，生成地图。用户可将BatchGeo生成的图片储存在Web页面上。

由于BatchGeo可以在移动端进行操作，因此非常适合突发性新闻报道。新闻记者只需一个手机客户端就可以即时发送地理位置地图给受众，增强了新闻的时效性。

3.ZeeMaps

ZeeMaps是Zee Source公司的产品。其功能与BatchGeo相似，都需要输入位置数据以生成地图。不过ZeeMaps可以导入Google或Excel表格的数据。ZeeMaps允许用户添加多媒体到地图标记上，因此使用ZeeMaps生成的地图能够展示不同位置的照片、视频或声音。每张地图有三种级别的人员可进入，即观众、成员以及管理者。ZeeMaps会将用户输入的数据展示在谷歌地图上，地图图像为PNG或PDF格式。生成的地图上会有不同颜色强调国家、州、城市、邮政编码等。

4.Google Fusion Tables

Google Fusion Tables长期以来就是数据新闻的主要处理工具。Google Fusion Tables可以用于收集、可视化和共享数据表，能够通过位置数据将数据集中体现在地图上。同时Google Fusion Tables允许用户合并具有共同数据区的表格，并且在地图中体现相关信息。创建好地图后，用户对地图上的标志可随时进行编辑。Google Fusion Tables能够创建可视化数据的柱状图、饼状图、散点、地图、时间轴等。用户可以从自己的计算机中向Google Fusion Tables导入电子表格，即从Google Spreadsheets选择或打开一个已有文件，导入Google Fusion Tables中。在全媒体报道中，Google Fusion Tables也是一个经常被应用的软件工具。新闻工作者可以将新闻报道所需的数据导入到Google Fusion Tables中，从而生成折线图，生成的图表可直接插入到新闻报道中，非常方便。

5.Google Tour Builder

Google Tour Builder与ZeeMaps类似，其主要卖点在于用户可以利用该软件工具进行旅途中的可视化数据分享。Google Tour Builder能够创造更具现场感的阅读体验。使用Google Tour Builder需要配合谷歌地球插件。Google Tour Builder允许用户添加文本和多媒体元素，也可自定义顺序连接不同的地点。但Google Tour Builder只能通过网页链接访问有限的共享选项，不可被嵌入网页。

Google Tour Builder可用来宣传旅游景点或旅游城市。通过人们的分享，给受众直观的新闻体验。在Google Tour Builder的地图中，用户可以通过拖动想去的城市，进行360度的街道实景体验，既增强了互动性又有极强的真实感。同时，在一些人物专访报道中，也可以将该人物的生活工作履历路线通过Google Tour Builder进行展现。比如一名美国海军曾使用Google Tour Builder显示他在1963—1967年服役期间曾去过的地点。

第三节 全媒体新闻报道的生产平台

在快速发展的媒介环境下,传统媒体的生产平台基本都向全媒体融合平台的方向发展。全媒体融合平台发展的重要趋势就是新闻报道生产的一体化协同配合,采编人员的交融配合以及资源的整合运用等。全媒体报道不仅仅是多种载体相结合的报道形式,同时包括生产平台与报道思路的融合重构。

一、全媒体时代新闻报道的平台化

传统媒体新闻报道的生产各自孤立,全媒体新闻报道的生产平台改变了这样的状态。全媒体新闻报道的生产平台将各个新闻媒体端口连接起来,将记者采集的新闻素材针对不同的端口进行加工,以适应不同的受众与传播载体。全媒体新闻报道的生产平台将这些端口整合在一起,对采编人员实行集群式管理,能够快速便捷地传递素材,编辑新闻。全媒体时代新闻报道呈现出平台化的特征和趋势。

目前,各大新闻媒体除了传统的媒体终端以外,几乎都拥有微博、微信与新闻客户端(简称"两微一端")。在新闻报道中,各媒体终端齐上阵。以近年来的全国两会报道为例,微博和微信两大平台为两会报道发挥了作用,并成为融合新闻报道的新宠。2014年全国政协十二届二次会议开幕时,就有232名人大代表在人民网、新浪、腾讯、搜狐、网易等平台上开通实名认证微博,与网友互动。2014年的全国两会报道中,"央视新闻"微信公众号利用自己得天独厚的优势,及时发布两会相关信息,成为网友了解两会相关信息的主要来源之一。[①] 2014年两会期间,"秒拍"首次进入央视等主流媒体。观众可以通过央视新闻、中文国际等频道浏览利用"秒拍"进行播放的两会新闻直播报道。如今央视新闻官方微博发布的视频新闻仍以"秒拍"为主。从2014年开始实行"两微一端"起,到2016年,秒拍已经是新闻媒体常用的报道手段之一。

由于新闻报道媒体终端的多样化,全媒体新闻报道平台建设成为媒体转型的首要任务。全媒体新闻报道平台建设包括两个方面:一是硬件层面,生产平台需要物理空间与技术的支持。二是软件层面,采编人员以及新闻记者需要在新的媒体环境下迅速转型,适应新的新闻生产方式。从新闻报道实践的角度来看,全媒体新闻报道平台的建设着重在生产平台、发布平台以及数据库三个层面进行建设。

全媒体新闻报道的生产平台需要数据处理的硬件支持,同时采编人员与新闻记者能够在生产平台进行快速的信息传输与配合。生产平台的硬件运转速度要跟上各个工作人员进行信息交流的速度,最大程度实现新闻的时效性。仍以人民日报的"中央厨房"为例,人民日报的"中央厨房"全媒体平台生产人员主要包括指挥员、采集员、加工员、技术员、信息员、推销员等几个组成部分,这些人员可在平台上充分协作和沟通。

[①] 王雪.媒介融合背景下的融合新闻报道[J].西部学刊,2016(5).

二、全媒体新闻报道平台的作用

全媒体时代,新闻报道的平台化促使各个媒体集团全力搭建自己的全媒体新闻报道生产平台,以满足全媒体转型的需要。全媒体新闻报道的生产平台整合了媒体各方面的资源,实现了规模化生产和集约化经营,有效地提高了新闻报道的生产速度,增强了新闻报道的真实性和互动性。

(一)提高新闻报道生产的速率

全媒体新闻报道平台的信息采集、整理、制作与发布的时间都远远快于传统的新闻生产。新闻报道突破了过去的"采写—编辑—审核—发布"模式,可以实现在线即时审核与发布,省去了传统的逐级审核的烦琐步骤与所花费的时间。这样的生产模式增强了新闻的时效性,尤其是对突发事件的报道。传统媒体新闻报道模式下的记者不可能在短时间内完成新闻信息的采集、制作与发布。但通过全媒体新闻报道平台,记者可以快速地将现场的资料通过多种渠道传回,平台内的新闻工作者可以在短时间内完成新闻报道的制作与发布。并且,记者还可采取现场直播的方式,在第一时间将新闻现场的情况呈现给受众。同时,全媒体新闻报道表现形式的多样化也迎合了新媒体时代下受众"分众化""小众化"的趋势,使新闻报道以更精准的形态到达受众面前。

(二)增强新闻报道的真实性

全媒体新闻报道平台的信息筛选渠道增多,多方信息的融合能够避免"一家之言"的情况出现。同时,大量数据的收集与储存增加了新闻报道的真实性与可信度。可信度一向是新闻媒体进行新闻报道时需要注意的重要指标,虚假新闻在引起受众恐慌的同时还会降低新闻媒体的公信力,新闻媒体公信力的下降给谣言的产生提供了条件。全媒体新闻报道平台的信息渠道增多,受众可以多方求证,虚假新闻报道很快会被识破。同时全媒体新闻报道平台可生产多种形式的新闻报道,在多个层面上解答受众的疑惑,满足受众知情权的需求,在极大程度上避免谣言的产生与扩散。

(三)提升新闻报道的互动性

全媒体新闻报道平台能够运用信息抓取的方式及时收集受众对新闻报道或者媒体的反馈,并且根据受众的反馈对新闻报道的内容进行调整,这在传统媒体时代是无法做到的。一些形式新颖的新闻报道,利用可视化新闻,能够让受众参与到新闻报道中去。受众在参与报道内容的过程中,可加强对新闻报道内容的理解,拉近与新闻媒体的距离。同时,通过可视化报道,受众能够容易地接受比较枯燥或专业性较强的新闻报道,这在一定程度上提高了受众的媒介素养。比如《引领技术变革》一文是路透社官网上的回答板块对于技术变革的答案整理,在报道的开始通过动态示意图引导受众进行选择,同时辅以明显的数据以方便受众理解。

三、全媒体新闻报道平台的组成

全媒体新闻报道的发展要求媒体对信息的采集、制作、发布都必须具有较高的速度与效率。全媒体新闻报道平台有别于以往传统的新闻平台,最大区别就是打破了原有新闻生产的"孤岛"模式。以往的新闻生产,不管是信息采集还是新闻发布,都处于相互隔离的状态,新闻生产效率低、传播速度慢。全媒体新闻报道平台整合了新闻采集与发布平台,同时,在信息处理方面更加快速。从新闻生产环节的角度来看,全媒体新闻报道平台由新闻素材采集平台、新闻信息处理平台、信息发布平台构成。

(一)全媒体新闻报道的新闻素材采集平台

全媒体新闻报道平台不仅在传统媒体的基础上增加了对多媒体内容的管理和支持,还增强了全媒体新闻报道的服务能力,它包括三个方面:一是同一种媒体报道需要来自多个业务系统(如电视新闻、广播新闻、报纸新闻等),二是同一个内容需要服务于多种媒体报道,三是新兴的媒体渠道需要有跨越渠道、实现跨越空间的立体报道服务。[1] 这就意味着全媒体新闻报道平台促成了新闻报道生产的集群化模式,全媒体新闻报道无论在内容还是形式上都实现了跨媒体的融合发展。全媒体新闻报道平台的生产集群化体现在在新闻报道的生产流程上,一般由信息采集人员进行信息采集,接着信息处理人员对采集人员发送的材料进行整理与加工,加工好的信息材料由技术人员比如美工、网站技术人员等处理与发布。整套新闻报道的生产流程表现为相互配合且集中式生产。

人民日报的"中央厨房"就是一个集群化的全媒体生产平台,它由6个功能模块组成:报纸版面智能化设计系统提供具有即时版面规划、内容编排、审核批阅、信息查阅等功能为一体的智能化设计工具;新媒体内容发布管理系统实现内容一站式管理、一键式发布;可视化产品制作平台支持编辑在线制作与发布可视化产品,如H5;传播效果评估系统监测传播效果,进行统计分析与定向监测、跟踪反馈等;此外,还有内部用户管理系统、互联网用户管理系统为全媒体平台的业务运行提供技术支撑。[2] 记者除了撰写成品稿件外,还需要提供丰富的新闻素材给后台,生产平台的加工员收到记者传来的素材后,对内容进行深度加工,结合信息处理平台,最后实现新闻作品的推送。

在新闻素材的采集方面,新闻素材的收集形式更加多样。比如针对灾难性报道的信息采集,无人机航拍技术起到了巨大作用。2016年9月17日,云南省元谋县黄瓜园镇因持续强降雨引发泥石流,导致成昆铁路损毁停运,受灾严重。灾害发生后,云南省测绘地理信息局即刻采用无人机对受灾的区域进行航拍,共获取影像1420张,航拍面积达85平方千米。云南省测绘地理信息局将无人机拍摄影像与卫星影像对比后,制作出报告,为灾区的救援工作提供了宝贵的数据资料。

(二)全媒体新闻报道的新闻信息处理平台

全媒体新闻报道的新闻信息处理平台以"云战略"为核心,新闻信息由线上传送到各

---

[1]李斐等.全媒体内容服务平台的运营探索与实践[J].广播电视信息,2015(1).
[2]人民日报全媒体平台正式上线[J].新闻战线,2016(5).

个处理部门,经处理后再通过"云平台"进行信息传送或直接发布。同时,全媒体新闻报道信息处理平台可以从多个渠道采集受众的反馈信息,比如利用网页信息爬取软件。例如北京电视台的全媒体生产平台的信息处理平台就是以"云架构"为核心进行建设的生产平台。该平台支持对大数据的索引能力,具有开放的平台接口层,支持完善的权限控制和流程控制。[1]

在信息处理方面,北京电视台构建了统一的线索汇聚平台。该平台汇总了互联网爬取信息、台外记者站回传信息、用户报料信息、3G回传文件及国际台收录的素材。其中互联网爬取信息包括从各大门户网站、论坛、数字报、微博等获取的信息,系统可以根据内容进行自动分类,通过门户进行统一展现、集中审查,并通过与台内制播网络系统的打通,实现外部线索的网内灵活使用。[2]

基于"云架构"构建的全媒体新闻报道生产平台的信息处理中心的生产运作,较之以往更加集群化。集群化的信息采集分析能力使全媒体新闻报道生产平台的内容生产变得集中与高效。全媒体新闻报道生产平台的信息处理能力更强,通过"云技术"能够实现信息的快速抓取与回传,信息储存在数据库中,方便检索与浏览。

(三)全媒体新闻报道的信息发布平台

全媒体新闻报道平台新闻生产最后的步骤是信息发布。信息经过采集、编辑、制作后进行发布。在采集、编辑、制作的过程中,各个部门相互配合,通过"云平台"的线上交流,共同完成新闻报道的制作。最后,制作成型的新闻报道在发布平台上进行发布。

信息发布平台连接着新闻发送的各个端口,全媒体新闻报道信息发布平台的建设要实现内容一站式管理、一键式发布。要实现内容多元化生产,可根据不同的新闻端口或社交软件更改新闻报道的叙事方式,与合作媒体进行推广传播。

网络时代最典型的特征之一是信息的海量性。因此,全媒体新闻报道的生产平台需要有力的数据库来支撑新闻报道的生产与发布。媒体机构的全媒体新闻报道平台数据库根据新闻报道生产的流程建设,从采集到发布的每一个过程都需要相应的数据库支持。数据库的建设标准为能够支持结构化、半结构化与非结构化大数据的储存与管理。全媒体新闻报道平台的信息发布流程分工明确且联系紧密,更加整合化。

全媒体时代的新闻生产与传统新闻生产有很大区别,传统的新闻生产流程是以"天"为周期,以报纸为单位。而全媒体是融合了报纸、杂志、网站、电视、手机客户端、微博、微信等多种类别与终端载体的整体,因此生产新闻时就不能够按照以往的编排技术来操作。全媒体的新闻编排系统需要整合多种路径与资源,针对不同的发布端口,快速编排适合该端口的新闻报道。比如人民日报"中央厨房"技术平台1.0版本的报纸版面智能化设计系统,就可以提高报纸版面整体编排效率。

---

[1] 柴焱,李玥.北京电视台基于云架构的全媒体节目生产平台[C].中国新闻技术工作者联合会第六次会员代表大会、2014年学术年会暨第七届《王选新闻科学技术奖》和优秀论文奖颁奖大会论文集.贵阳:贵州日报报业集团,2014.

[2] 柴焱,李玥.北京电视台基于云架构的全媒体节目生产平台[C].中国新闻技术工作者联合会第六次会员代表大会、2014年学术年会暨第七届《王选新闻科学技术奖》和优秀论文奖颁奖大会论文集.贵阳:贵州日报报业集团,2014.

【知识回顾】

全媒体新闻报道离不开技术的支持，本章分别从硬件设备和软件工具介绍了开展全媒体新闻报道需要的条件。数字相机是最常用的新闻报道设备，除此之外，全景相机、VR技术、无人机等设备也广泛应用到全媒体新闻报道中。在软件方面，为了适应全媒体新闻报道的需要，一些视频、动画编辑制作软件、数据处理软件和数据可视化软件成为全媒体新闻报道不可缺少的工具。全媒体时代新闻报道生产趋向于平台化，全媒体新闻生产平台可以提高新闻生产的速率，增强新闻报道的真实性和互动性，因此，我们需要构建全媒体新闻报道生产平台以适应媒体融合条件下多终端呈现的需求。全媒体新闻报道平台的建设需要着重在生产平台、发布平台以及数据库三个层面进行。

【思考题】

1. 全媒体新闻报道需要哪些主要的硬件设备？
2. 全媒体新闻报道需要哪些软件工具？
3. 全媒体新闻报道生产平台由哪几个部分组成？
4. 全媒体新闻报道生产平台的价值体现在什么地方？

第三章
全媒体新闻报道的记者

【知识目标】
☆ 熟悉全媒体时代对记者的新要求
☆ 掌握全媒体新闻报道中全能记者的概念
☆ 了解全媒体新闻报道中记者的工作方式

【能力目标】
1. 掌握全媒体新闻报道对全能记者的要求
2. 掌握全媒体新闻报道中记者的工作方式和工作流程

【案例导入】

央视记者韩冰通过自己在2016年两会报道中为新媒体平台供稿的实践感受向我们揭示了全能记者转型的一些经验和感悟：

大型事件报道前准备充分。首先举办2016两会报道的内部策划会，同时建立新媒体发稿团队，负责将报道内容在微博、微信、客户端上进行筛选、整合、推送。由新媒体团队为去现场采访的全能记者做培训，编写操作手册，练习如何在现场使用手机进行多功能多角度拍摄，如何在最短时间内制作一条微视频，如何按照规定路径完成新闻上传等内容。

重视用户选择又能随机应变。用户选择是新媒体的核心，哪些新闻更有话题性，哪个委员的发言更新锐、更有冲击力，更适合在网络"发酵"，这就需要全能记者具备强烈的用户意识和新闻敏感性。即便是在摄像机关机之后，仍然要"敏感"地抓拍现场鲜活的瞬间，保持手机随时待命。有时现场不经意的一个细节，就可以制作成一条生动的微视频。

同一内容也要有不同的呈现。了解不同传播平台的用户阅读习惯与需求，从而提供符合各传播平台用户需求的新闻素材，尽可能地通过新媒体平台更快、更准确地提炼、放大可能引发广泛传播效应的观点和言论。比如，除了最基本的文字，还需要更有视觉冲击力的照片与视频；要找到与普通用户相关联的切入口并用接地气的方式对新闻进行解读，要善于运用可视化手段把晦涩难懂的信息抽丝剥茧，让大家一目了然。

为了效率和品质，重视流程与协作。全媒体时代分工配合才能提升效率，比较理想的工作方式是前方记者先多样化采集内容，第一时间利用官方微博展示新闻现场，并随时更新，不间断地发回最新图文和视频信息，后台编辑在网站和微信公众号上推送，最后新闻直播间形成深度新闻报道，在电视平台播出，真正做到一次生产，多元发布。

第一节　全媒体新闻报道对记者的要求

21世纪以来，新闻的生产方式已经从单一的新闻采写向多媒体制作转变，为适应包含互联网、移动互联网在内的多媒体传播趋势，同时也为了减少新闻重复采编的资源浪费，"中央厨房"式的新闻采编流程重组在业界悄然拉开帷幕，而与此相适应的"全能记者"概念也逐渐进入人们的视野。随着互联网的深入发展、各种新兴的社会化媒体平台的产生以及受众媒介接触行为与习惯的改变，传统媒体都在积极进行全媒体转型探索，以烟台日报集团为代表的全媒体转型之路逐渐得到全国各大媒体的认同，掌握核心资源的央媒如新华网、人民网也在积极转型，并初具成效。全媒体新闻报道对记者提出新的要求，全能记者的新型工作方式逐步形成。

一、理念要求：树立强烈的受众意识

传统新闻报道是以传播者为中心的，在新闻生产中较少考虑受众的需求。随着数字传播技术的发展与新兴媒体的兴起，受众在新闻生产中的作用越来越明显。全媒体时代，受众获取新闻的方式急剧增多，受众的主动性大为增强，因此，新闻工作者在新闻报道中要树立强烈的受众意识，准确把握受众的信息需求。

（一）传受双方地位趋于平等化

当前是一个社会化媒体时代，时代的不同导致传播环境的改变，进而引发传播模式的变化。论坛、博客、微博的兴起和智能手机的应用，使受众能方便地利用论坛发帖，利用微博、微信发声等。这些社会化媒体平台大大增加了受众的话语权，使受众能够打破媒体的议程设置，关心自己感兴趣的事情，勇于表达自己的声音，乐于分享周围的新鲜事，这也改变了原有新闻传播模式中接受者的被动地位，使传受双方的地位趋于平等。

长期以来，媒体记者只为自己所在的媒体服务，习惯了用文字、图片、视频等手段去表达现场或叙事说理的思维方式。但在传播环境极速变革的背景下，媒体要想吸引受众，留住受众，现在比任何时候都更需要树立强烈的受众意识，全心全意地为受众着想，真正了解受众新的需求，熟悉受众新的接收习惯，通过多种渠道提供形式丰富、内容优质的新闻产品，从而稳固媒体在受众心目中的地位。

（二）受众接受信息的渠道多元化

全媒体时代，立体传播成为主流传播方式，社会化媒体的兴起使得时效性和独家报道已经不能再成为新闻媒体的核心优势，新闻媒体必须要更多地在新闻报道的广度和深度上下功夫，增强报道的系统性和全面性，这对记者的新闻报道水平提出了更高的要求。对于同一新闻事件，要尽可能多地通过报纸、广播、电视、网络、手机等多种平台进行传播，才能更有效地覆盖受众，提升传播的覆盖面。同时，要充分考虑受众的兴趣和各种媒体平台对新闻的差异化传播需求，才能做好全媒体传播。

受众可能会通过早上看报纸，工作中上网浏览新闻，晚上看电视等多种途径了解同一新闻事件。全媒体新闻报道的核心内涵之一在于了解受众，新媒体平台与传统媒体的传

播规律存在很大差异,同一条新闻在不同的传播载体上需要以不同的形态呈现。用好各种媒体平台进行立体传播,并且各种媒体的报道各有侧重,从不同的角度对事件进行报道和解读,则可以相互证实、相互补充,使受众短时间内全方位地了解新闻事件,增强受众对某一事件的认知和关注度,提升传播效果。

(三)以受众为中心变得更加紧迫而重要

全媒体时代,伴随着传媒技术的发展,受众在获取和接收信息方面与之前相比都发生了巨大变化,他们在信息传播过程中发挥出越来越重要的作用,其主动性、参与意识都逐渐增强。在这样的背景下,以受众为中心的商业变革席卷整个传媒业,只有多站在受众的角度去思考,深入了解受众,明白他们的特征、喜好、阅读习惯,重视受众的参与感和协同创意的需求,才能更好地优化传播方式,满足受众的需求,提升传播效果。

具有强烈的受众意识至关重要,对于记者而言,现在比任何一个时候更迫切需要了解受众。尤其是在全媒体报道中,不同媒介平台所面对的受众群体,其媒介接触习惯和方式要求差异万千,这促使记者必须花更多时间去了解不同平台的受众,既要研究受众的习惯和需求,更要不断改进传播手段和传播形式,使二者相互匹配,从而提供更合适的新闻传播服务,赢得受众的喜爱和关注[①]。

二、素质要求:注重综合素质的提升

作为一名专业记者,除了掌握相应的基础知识和专业知识以外,还需要具备一定的身心条件。尤其是全媒体时代,记者更是要提高自身综合素质。身心素质是新闻报道工作的基础,记者要经常在外面跑新闻、找线索,面对各种突发状况和各种压力,因此,一个出色的记者应具备结实的体魄和不屈的灵魂。

(一)身体素质要求

良好的身体素质是作为一名记者非常重要的条件之一。一方面,记者常常要面对出差或者外出采访、实地考察搜集素材等工作,只有强健的身体才能保障新闻记者顺利完成工作。比如走山路没有体能不行,热天采访体能不好容易中暑,免疫力低下容易感冒影响工作。另一方面,记者现在采访时要随身携带小型DV、相机等新闻报道装备,因为何时会有精彩的新闻瞬间出现是不可预料的,需要记者随时做好准备,而随身携带装备就是对记者体能的考验,要求记者必须具备一定的体能。

现在记者采访就是一人担任多种角色的职能,采访时可能不止采访一个对象,也不只待在一个地方采访,基本是要保持实时的走动。另外,采访完成后还要写稿、处理图片、剪辑音视频,然后通过各种渠道,发送到集团内各应用媒介,满足全媒体发布需求。这种时间紧、任务多、节奏快的工作,本身就需要良好的体力做支撑。因此,全媒体时代的记者比传统记者工作量大得多,对体能的要求也更高。

(二)心理素质要求

新闻报道工作既是高强度的体力劳动,也是复杂的智力劳动,需要全身心地投入。在

---

① 刘倩.论全媒体时代记者的职业素养[J].中国传媒科技,2013(4).

新闻报道工作中往往体现出记者的思维与心理活动。新闻报道作品要想对受众产生吸引力,除了具备真实、客观、新鲜等要素以外,还要具有思想的深度和感情的温度。记者要加强心理素质训练,敞开心扉,与采访对象坦诚沟通与交流。

1.扬长避短,拥抱转型

部分传统记者对向全媒体新闻报道转型存在一定的畏难情绪,觉得有很大的困难,但其实只要客观对待,也是可以扬长避短,顺利转型的。虽然传统媒体记者在对新闻的理解和思维方式上有些传统甚至是保守,但这些都是可以逐渐改变的,而传统媒体记者所拥有的丰富的从业经验,较强的新闻把握能力以及实事求是的敬业精神,则是不可多得的转型的优势所在。

在转型过程中,打破传统媒体惯性思维至关重要。例如,在长期的新闻采写工作中,文字记者积累了丰富的采写经验,然而却对音频、视频以及移动媒体等的接触过少,而且经验也相对不足,这时从心理上就应树立正确的态度,开放地拥抱变化,积极学习新知识,应对日益复杂的传播环境,适应发展新趋势,这样才不会掉队。

2.耐心沟通,坦诚对待

在采访时,记者经常会遇到当事人不主动配合采访的情况,这时记者要有耐心。要尽量避免这类情况发生,记者应做好采访前的准备工作,如了解采访对象的性格特点,提前预约,讲明所在媒体的正规性和采访的必要性,表明采访的目的,运用感性语言说服等。

采访过程中,要有意识地营造轻松的采访氛围,注意倾听并及时反馈,在适当的时候要补充说明;对离题漫无边际的谈话要注意引导,不要显得不耐烦或急躁,必要时表述对方内容,解释对方意思。

另外,与传统采访相比,全媒体新闻报道采访设备数字化程度较高,许多采访对象通常不适应面对镜头发声,这时也需要记者有充分耐心,与受访者做好沟通,打消其顾虑,取得对方的信任,尤其是一问一答式的采访,更需要前期的沟通。

3.强化职业道德

全媒体新闻报道的记者不仅要提升采编能力,还要有意识地去坚守和强化良好的职业素养,比如,坚持坚定的社会主义信念、积极正确的舆论导向,坚守新闻专业主义,具备历史、文化、科学、技术等多方面的综合知识,随时随地的新闻敏感性,良好的语言表达能力和逻辑思维能力等。

记者的基本素养要求记者坚守职业道德,掌握新闻基本理论知识,具备扎实的采写能力,永远对事物抱有好奇心,拥有精细的观察能力,同时还要有良好的身体素质和勇气,对社会充满责任感。

(三)知识素养要求

作为职业的记者,专业化是从业的必备基础。专业化就是要求记者具备一定的专业知识,成为新闻报道领域的专家。随着社会的发展,各种新事物、新观念、新知识层出不穷,记者应把握时代的脉搏,不断更新、丰富自己的知识体系,以适应飞速发展的传播环境要求。全媒体时代,记者除了掌握新闻采编专业知识以外,还要掌握多媒体技术,并具备能熟练处理文本、图片、音频、视频、图表、数据等材料的综合能力。

1.了解各种素材的特点

掌握各种素材的传播特点,有助于记者更好地、有意识地进行采集。如文字作为传统的信息记录手段,具有内容充实、观点鲜明、概括性强、便于分析解读等特点;图片具有静态、直观、可视的效果,但需要结合文字的备注才能传递真实意图;视频具有可视化、现场感强、形象生动、受众印象深刻、信息量全面等特点。

2.认识各种媒介特性

每一种媒介都有自己的特性,适合不同的新闻报道形式。全媒体新闻报道的记者要深刻认识到不同媒介适合什么样的素材。电视适合播放具有冲击力的视频以吸引受众眼球;网络适于时效性强、观点明确、能够互动的内容,满足受众思想交流和观点碰撞的需求;报纸适合刊载内容丰富、剖析深刻、解读全面、角度多样、深入权威的内容。只有充分了解各种媒介的特性,才能发挥文字、图片、音频、视频、动画等素材资料的特点和优势,生产出立体、新颖、活泼、独特的新闻报道。

3.掌握各种题材的传播导向

记者需要了解不同媒介受众的阅读习惯与行为,提供的新闻素材要符合受众心理和需求。比如突发性事件中,除了最基本的文字,还需要更有视觉冲击力的照片与视频;在时政新闻里,要找到与普通受众相关联的切入口,并用接地气的方式对新闻进行解读;军事新闻要突出国家实力,树立民族自豪感;体育新闻要强调体育精神,激发进取的正能量;枯燥的政策条例和数据新闻,要利用图表、H5等可视化手段抽丝剥茧,让用户一目了然。一稿多投只是全媒体的初级阶段,一稿多用才是其根本,多用在于转变形式和侧重点。

4.熟悉各种新闻报道的转换方法

在通晓各类媒体的新闻写作特点和技巧的基础上,全媒体时代的记者还需要掌握将不同载体、不同体裁的新闻报道相互转换的能力。比如将报纸消息转化为广播电视稿时,就要注意广播电视消息写作不同于报纸消息的一些特点,采取相应的写法:不用倒序手法,基本按正常的时间与逻辑顺序遣词造句;多用单句,少用或不用复句,语言追求简洁明快;根据需要可以省略某些新闻要素。

全媒体新闻报道要求记者要同时掌握文字、图片、视频等的采编方式,能在各个新闻报道工种间自如转换,提升多媒体新闻报道能力。同时,要加强现场表述、即时连线的训练,达到熟练运用的程度,可以在第一时间通过可能的传输途径,将自己了解到的新闻以最快的方式传达给受众。美国田纳西大学新闻学教授凯利·莱特尔在《全能记者必备》一书中说:"对一个记者来说,最重要的素质——除了写作的欲望和能力外,也许就是永不满足的好奇心、灵活及随和的个性、善于总结经验的本领、在截稿期限压力下工作的气质和接受客观事实的宽容心。记者还必须胸怀大志、生气勃勃、意志坚定,而且首要的是能约束自我。"[1]

---

[1] 莱特尔.全能记者必备:新闻采集、写作和编辑的基本技能[M].宋铁军,译.北京:中国人民大学出版社,2010.

三、能力要求：加强多项技能的训练

要成为一名优秀的新闻记者，知识等各方面的素养固然重要，但是把知识转化为能力却是关键。在当今复杂的传播环境下，新闻记者应通晓各种传播媒介的特性，熟练运用各种传播工具进行信息采集与发布，掌握多项传播技能，包括采写技能、录播技能、编译技能等。

（一）数字化采写装备的运用能力

数字技术的发展，改变了人们记录信息的方式，在新闻采写方面则表现为记者采写装备的数字化和现代化。在全媒体新闻报道中，记者面对的是采访装备的全面升级。采写装备的数字化，对记者综合采访技能提出了更高的要求，为记者的工作增添了新的内容，也是科技进步对记者的必然要求。

1.熟悉采访装备配置

在传统媒体时代，对报纸的新闻采集，记者只需要一支笔和一个笔记本，而全媒体时代，笔和笔记本已经远远不能满足记者的需求，高清摄像机、数码相机、采访机、闪光灯、录音笔、笔记本电脑等设备样样都需要，同时，还包括可穿戴设备（又称"可穿戴电脑""可穿戴 PC"），即那些可穿戴于身上外出进行采访写作活动的微型电子设备和配套设施，这些新型的高科技采访装备配置为全天候、全媒体、全景式 24 小时报道打下了坚实的基础。

提起全媒体，很多人首先想到的是新技术、新工具，这足以见得记者驾驭最新媒介技术的能力是其必须具备的基础技能，这是技术性和专业性方面的要求，可以说，全媒体采写首先需要解决的就是全媒体设备的配置和使用问题。学习掌握新技术并非难事，关键是要有意识，肯花时间。

2.熟练使用采访装备

在采访装备配置完备的基础上，如何熟练使用才是关键，尤其是对于擅长于运用文字而对摄像、镜头的推拉摇移、视频剪辑等不适应的传统记者而言。在全媒体新闻报道中，第一，要有从零开始的学习勇气，主动学会使用各种采编设备，如最基本的摄影、摄像、上镜、剪辑、压缩、美图、上传、分享、互动等，以及现在逐渐兴起的 VR 报道、无人机拍摄等。第二，不但会用，还应该知道各种设备的适用场合，进而达到在合适的场合使用合适的设备，采集到最优质的新闻素材的目的。

传统记者必须在努力做好自身擅长的采访工作和文字写作工作的基础上，树立"一专多能"的观念和目标追求，有意识地、主动地去学习掌握这些新型装备，尤其是在使用新的摄录设备，如全景相机、VR（虚拟现实）头戴显示设备、无人机等方面要多加练习，尽快掌握新设备，练就一专多能的工作技能。

3.提升视频制作能力

长期以来，文字记者习惯了用文字去表达现场或者叙事说理，全媒体时代，记者则要学会用画面语言叙事。这就要求记者不仅要会使用各种数字化装备，而且还要掌握视频拍摄和剪辑的技术。

视频技术是一门学问。视频技术通俗地说就是如何运用镜头语言,包括如何构图,如何抓镜头,如何设定镜头起点和落点,两个镜头之间的过渡怎样既符合视觉习惯又符合新闻因果逻辑关系,以及注意报道节奏,同期声以及话外音的运用,镜头美学等内容。

　　在逐渐掌握视频拍摄技术的同时,还要花大量时间学习视频后期剪辑等内容。根据一名资深记者的描述,许多记者刚开始做视频新闻时,会出现拍视频花三五分钟,剪辑片子花三四个小时的情况,其实比较科学的做法应该是"七分拍,三分剪(辑)"。记者在现场拍摄时想好如何用镜头语言去表达这条新闻,那么在现场的拍摄段落就会目标明确,后期剪辑也会思路清晰。视频新闻长度一般在1—3分钟。拍摄素材一般按10∶1的比例,即1分钟成品片子,需要10分钟素材带。后期随着熟练程度的提升可以把比例降到5∶1甚至3∶1。

　　另外值得注意的是,一般情况下受众追求的是清晰的画面和无嘈杂的声音,只有遇到突发事件或拍摄条件差的环境,对于那些珍贵的信息,为了获得第一现场资料,受众才可以包容质量较差的视频画面。

(二)新闻素材的收集能力

　　新闻素材是新闻报道的基础和来源,也是新闻记者工作的一个重要组成部分,极具挑战性,最能考验记者的新闻敏感度和新闻价值发现能力。在海量信息的包围中,在日益复杂的传播环境下,新闻记者必须具备较强的新闻素材获取和处理能力,才能创作出优秀的新闻报道。

　　1.收集多样化的新闻素材

　　随着新闻传播环境的改变,提升多样化素材的收集技能显得非常必要和重要。记者面对的是"多媒体"平台,如网站、手机新闻APP、微博、微信公众号等,需要满足的是受众多样化的需求。因此,在全媒体传播时代,记者根据不同媒体平台的需要,不但要收集文字和图片素材,还要采集视频、音频等其他多媒体素材。这样就对记者收集多样化素材的能力提出了新的要求,全媒体新闻报道要求记者在新闻素材采集方面,具备一有合适题材就能随时展开采制"文字+照片+视频"新闻报道的能力。

　　2.应对突发事件的新闻采集

　　全媒体时代对记者采集能力的要求更多地体现为"一专多能",即根据自己的特长优势,精通某一门或几门业务技能,同时对于其他各项专业技能也有所涉猎,达到"会用"的程度,以备在一些特殊的场合和情况下,能够独立完成各类素材的采集。比如,文字记者在无法调动摄影、摄像记者的情形下,自身也要能够独立完成图片、视频素材的采集工作。同时,报纸记者有时还需要与网站、电视等视频媒体做现场连线甚至是出镜报道。全媒体新闻报道中,经常会有临时情况发生,突发事件的新闻现场,对于记者的新闻采集能力是一种严峻的挑战,因此,全媒体新闻记者要具备临场应变能力,收集新闻报道需要的新闻素材成为全媒体时代记者必备的一种技能。

(三)多元立体的传播能力

　　当全媒体时代到来后,记者的工作流程和传播顺序也发生了重大变化,新闻生产方式由传统的"单兵作战"向"团队协作"转变,团队合作是全媒体时代对记者的新要求。现在一线记者采访的文字、图片、视频等素材率先在网站上实时滚动发布,然后再跟进做全面报道,网站和报纸做后续深度分析解读和前瞻预测评论,报纸和网站的黏合度大大增强。

同时,记者团队的一次采访、多次加工、动态整合,要求记者从文字、图片、音频、视频等多方面、多角度地及时发现问题、做出反应、交流协调。一些互联网媒体快速适应了新的传播环境,对传播顺序和传播时效进行了进一步的优化。

比如当重大事件发生时,搜狐全媒体采访部会迅速派出记者前往现场,后方直播平台同步开启,且在搜狐记者未能发出独家报道前,先转载使用新华社、人民网等合作媒体消息作为信息源。搜狐记者抵达现场或拿到素材之后,与后方直播统筹主编、直播图文编辑进行沟通,实时发回现场文字、图片、短视频,尤其是短视频,备受网友喜爱。在直播进行中,收集优质素材,形成消息稿,同时寻找最有价值的新闻点进行纵深分析,形成深度报道,收集优质视频素材,制作新闻视频专题片;按照各种新闻资料制作成形的先后顺序,依次播报,务实高效,立体传播[①]。

第二节 全媒体新闻报道的全能记者

随着全媒体新闻报道的兴起,全能记者逐渐成为传统记者转型的方向,而在转型过程中,全媒体新闻报道对记者的工作方式提出了新的要求。提升工作效率,改善传播效果成为各种媒体必须直面的问题。对于记者来说,如何提升工作技能,改进工作方式,进而适应新时代的要求至关重要。

一、全能记者的概念

随着科学技术的进步和人们生活习惯的改变,人类社会已经逐步迈入了全媒体时代,全媒体新闻报道要求记者能够综合运用文、图、声、光、电等立体方式展示新闻事实,通过文字、声像、网络、通信等传播手段来多渠道、多形式传输信息。全媒体新闻报道既是一种组合传播,又是一种立体传播。

全媒体传播的兴起直接促使了传统记者向全能记者的转型。记者由过去单一的文字工作者向综合型的传媒人转型,记者不再仅仅是一次采集、一次发布即完成工作,而是要熟悉多种媒介类型的内容生产,要使用多种采访工具、利用多种采访手段进行动态跟踪报道。

澳大利亚迪肯大学新闻学院副教授史蒂芬·奎恩博士认为:"全能记者应该分为三个层次:第一个层次是能够用手机对突发事件进行报道;第二个层次是一个记者能够在一天内为网站写稿,又能提供视频和博客新闻,还能为报纸写稿;第三个层次是能够为报纸写深度报道,又能够为电台、电视台做纪录片。"[②]这是对全能记者较为全面深入的阐述。另

[①] 吴晨光.超越门户:搜狐新媒体操作手册[M].北京:中国人民大学出版社,2015.
[②] 国际媒体专家谈"媒体融合"——"2009媒体融合战略战术高级研讨班"观点概述[J].中国记者,2009(9).

外也有人认为,"全能记者"转化为"全能团队",更能有效地传播信息。

关于全能记者的概念,新闻业界尚未有统一的定义,但对其特征的描述却是大同小异。全能记者是指既能熟练使用各种现代化采编设备,又能采集编辑出适合不同传播载体的新闻作品,同时还能进行多样化素材采集、差异化新闻制作和立体化信息发布的超级记者。全能记者对记者单兵作战能力的要求达到了前所未有的高度,记者必须要具备独自完成寻找选题、策划、采访、摄影、摄像、写稿等一整套新闻采写流程的能力。

国内较早建成"全媒体数字采编发布系统"的烟台日报传媒集团,组建了相当于集团内部通讯社的全媒体新闻中心,集团所有记者全部归属全媒体新闻中心,原称烟台日报记者、晚报记者、晨报记者等名称也不再使用,统称YMG记者。集团为所有记者配备了较为齐全的采访"武器":每人一台笔记本电脑,配无线上网卡,一台照相机,一台摄像机,一部智能手机,可以同时满足手机报、网站、纸媒的文字图片需求以及网站、户外视屏的视频需求。

"全能记者"的需求逐渐成为一种日常化的工作要求。随着网络时代的升级,视频网站、社交网站的日益红火,媒介融合的趋势更加明显,新闻的界限开始变得模糊。经营效率是市场化传媒业必须考虑的重要因素,因为从经营成本考虑,媒体不可能派出两套人马同时采写一则新闻,记者便承担了身兼多职的任务,不仅要发回正式的文字报道,还要收集相关花絮新闻、背景材料,拍摄新闻图片,全媒体时代使记者的工作方式产生了巨大的改变。

二、全能记者的工作方式

记者的工作方式直接体现着媒体集团的经营理念。记者的工作方式只有符合新的传播环境下的新闻报道需求,才会有更强的生命力,才能迸发新闻报道的活力。全媒体新闻报道不仅对记者的综合素质提出了新的要求,而且在一定程度上促使记者工作方式的改变。改变不是目的,改变只是为了更好地为受众的需求服务,顺应时代的潮流。与传统记者相比,全能记者工作方式的变化主要体现在以下几个方面:一是采集多样化素材,提供差异化新闻;二是数字媒体优先,提升新闻时效性;三是应用新兴技术,创新报道方式;四是加强团队合作,开展协同采访。全能记者通过运用新的采访技术,对采访活动进行团队化重塑、收集多样化的素材,推出实时、立体的全媒体新闻报道,不但实现了自己的转型,也助推新闻报道的质量上了一个新的台阶。

(一)采集多样化素材,提供差异化新闻

传统采编模式下的记者从属于单一媒体,信息供应对象为单一的媒体受众,信息采集基本不存在"众口难调"的问题。"中央厨房"式的新闻生产模式下,一个媒体集团拥有多个子媒体,但共用一支记者团队,统一指挥,统一管理。原来记者的信息采集只对一个媒体平台的受众负责,但现在记者要面向多个媒体终端的分众用户。新的生产模式带来了记者工作方式的巨大改变,基于不同媒体多样化的特点,多样的素材采集成了全能记者的日常工作内容。

1.针对同一新闻事件,采集多种形式的素材资料

过去记者外出采访主要是为了完成纸质报纸的稿件采写,只要采访到足够完成一篇

新闻稿件的素材便可以了。而在全媒体新闻生产流程中,记者的采访活动不仅仅是为了满足平面媒体的稿件需求,其采访回来的素材还要提供给集团旗下的新闻网站、手机报、视频媒体、微博、微信等其他信息发布平台。

因此,当前全能记者在工作中,针对同一新闻事件,必须尽可能地去收集全面的、多种形式的新闻素材,以便满足不同媒体平台的采编要求。不但要收集文字和图片素材,还要采集视频、音频等其他多媒体素材。以广播记者为例,针对实时现场新闻,以前只需要做连线报道即可,而现在做连线报道的同时还要拍摄图片、录制视频等,以方便后期其他媒体在微博、微信和新闻APP平台上发布使用。

另外,记者在素材采集前要加强与各子媒体的沟通,在找到合适的选题后,除了要给上级领导汇报确认,制订出初步的报道方案和相关预案,还需要与新媒体编辑沟通,了解他们各自对这一选题的差异化需求和不同的侧重点,以便采集与之相匹配的素材。全能记者需要在新闻现场就开始策划和采集适合在手机报、网站、电视、报纸上发布的"融合信息"。全能记者不再仅仅是一次采集完成,而是要熟悉多种媒介类型的内容生产规律和内容需求特征,从不同角度动态采集新闻素材,这对记者的个人素质、新闻视野、价值判断等都提出了挑战。

2.根据各媒体终端特点进行差异化新闻制作

制作差异化新闻,既是满足不同特点媒体受众的需要,也是进行全媒体立体传播的内在要求。记者在对收集的素材进行新闻制作时,必须根据各自媒体的特点而进行。尤其是制作风格上要熟悉各自媒体的文风特点。比如当前文字报道风格越来越倾向于短句和口语化,以往严谨的长句和排比等表达方式逐渐减少;在视频报道上充分利用文字、图片、音频、视频、动画等素材资料,侧重事件的真实性和立体感;在网络报道上,要适当提高网络语言的使用频率,做到新颖、活泼、有趣味、能互动等。

(二)数字媒体优先,提升新闻时效性

全媒体时代对记者工作的时效性有了更高的要求,尤其是对于现场报道,基本上要做到实时报道,新闻报道方式已由过去静态采写、单次报道转变成动态采写、实时更新、全媒体呈现。在重大新闻的报道中,记者的工作节奏堪称以秒计算,能够以最快的速度提交丰富的、有阅读价值的新闻,是全媒体时代对记者的全新要求。记者在现场,在公交车上,在地铁里,在回家的路上,在吃饭的间隙,只要一有时间可能就要赶写新闻。

全媒体时代记者要善于借力写稿,提高实效性,尤其是在突发性新闻事件发生的时候。当新闻机构协调相关的人员,安排记者携带数量不一的拍摄、采编和传输等各种设备匆匆赶赴现场时,新闻事件可能已经接近尾声,许多关键的现场情况已经错过。此时,针对此类情况,记者要借助自媒体传播的特点,通过智能手机、平板电脑等移动终端在网络上进行事件搜索,对网民爆料的文字、图片、视频、音频等多媒体稿件和素材进行汇总采集,然后通过高效的专业编辑制作实现快速发布,这样,就可以极大提高新闻报道的时效性,增强与受众的及时互动。借力写稿成为各电视台和报社现有信息收集系统的有效补充。

（三）应用新兴技术，创新报道方式

当前新兴科技飞速发展，许多技术也被运用到新闻传播领域，在全媒体时代，视觉化传播已经日益成为记者必须具备的能力和优势。传统纸媒习惯于文字报道的传播方式，但也正在向着更具主导力和冲击力的表现方式转变，如大量使用图片、漫画、绘画、图表、图说、图解、三维图形、动画等。

2015年，美国《纽约时报》率先将虚拟现实技术运用到新闻报道中，使受众通过谷歌眼镜可以观看到效果逼真、现实感极强的新闻事件影像。2016年两会期间，从新华社客户端《现场》栏目对新闻发布会的直播页面中可以发现，多名记者滚动发布现场文字、图片、录音与视频，并启动了VR全程直播模式。

光明日报融媒体作品《政协新闻发布会VR实况》也通过微信、微博传播开来，一时间，受众点击量不断攀升，不到一小时，浏览量就达到12万次。光明日报微信、微博和光明网同步推出的《两会新闻中心360度全景》，可以让网友看到两会新闻中心的建筑结构和各个会场。全景呈现技术打破了一般图像视角的局限性，立体感很强，通过挪动鼠标或缩放移动终端屏幕，让体验者能够有身临其境之感，打破了以往两会现场的神秘感。

除了全景技术，VR技术、H5等也在2016年两会新闻报道中不断普及。优酷土豆在2016年的两会报道中也采用了VR技术，携手经济日报社科技部推出两会VR版点播，把广大网友"带入"两会现场，"参与"到直播现场，可谓开启了优酷、土豆视频网络直播、点播互动的新模式。部分媒体在新闻采访时，为了多角度、近距离拍摄更好的新闻图片素材和视频资料，还采用了无人机航拍模式进行新闻素材的收集和实时报道。新技术的应用逐渐由概念走向现实。

（四）加强团队合作，开展协同采访

在提倡记者个人能力最大化的同时，全媒体新闻报道记者的团队协同作战能力也日益重要。特别是在一些突发性的重大新闻事件采访中，媒体往往需要组建全能记者团队，共同完成采访任务。在全能记者团队中，优秀的全能记者既要能在团队作战中将细分专业发挥到极致，也要有关键时刻自如切换工种的能力储备，这对记者的全能素质和团队意识提出了更高的要求。记者的全面能力只是基础，每个成员要在此基础上发挥各自的长项，有的擅长文字采写，有的擅长视频采集，有的擅长网络通信技术，有的擅长主持出镜，等等。全媒体新闻报道成功的关键就在于要通过彼此间的协同合作，充分发挥每个人的优点和长处。

国内许多传媒集团在培养全能记者上体现了对团队合作的重视，往往采用两三人一组的团队形式进行报道工作，在采访过程中也有明确的分工，每个人既要做好自己的分内工作，又要协助同组同事完成整体新闻报道工作。全媒体新闻报道的团队合作更多的是从实践中不断摸索、调适而形成的经验总结，但最终一定要提炼为分工明确、井然有序的一整套运行机制，才能更科学、更有效。

烟台日报传媒集团在全媒体转型方面走得比较靠前，他们把新闻采写活动分为三种类型：第一种类型是重大新闻事件采访，强化全能记者的群体观念，由新闻中心统一调配记者，各类型的记者编辑逐一到位，合理分工，组成采访团队，奔赴事件现场，发回文字、图

片、音频、视频等多媒体新闻素材;第二种类型是日常要闻采访,根据重要程度不同,由新闻中心指定几个记者搭档完成,一般为2—3人,围绕这个要闻,发回文字和图片为主的新闻素材;第三种类型是普通新闻采访,一般由一个记者根据自身情况进行采访,主要发回文字报道。同时,前方记者采写与后方编辑传播之间的协同合作关系也至关重要,记者在前方采写时,后方持续地回放背景资料,不断更新报道内容与扩展阅读,制作图文并茂的专题,不但可以丰富报道形式,让专题更为丰满和突出,而且可以避免消息的中断,持续吸引用户眼球,为前方采集更多的素材赢得时间。

第三节　全媒体新闻报道的记者工作模式

随着互联网的迅猛发展和信息通信技术的快速进步,在传媒集团化发展的今天,全媒体新闻报道已经兴起。从新闻的采集制作到媒体的经营管理,从新闻理念的革新到运作流程的再造,从记者的单一职能到全媒体运用,传媒行业正面临前所未有的变革。与此同时,全媒体新闻报道对记者的工作模式也提出了新的要求,全媒体时代记者的工作模式正在经历着深刻的变化。

一、"一次采集、多次使用、多形式发布"的新闻报道

全媒体新闻报道提倡信息的多次利用,同一新闻信息,多种呈现方式。这就要求记者在进行新闻报道时形成"一次采集、多次使用、多形式发布"的新闻报道模式。要做到这一点,必须对传媒组织结构和新闻生产流程进行改造。

(一)组织结构调整

当前媒体传播背景下,通过工作流程再造,达到一次采集、整合利用、多次发布、资源共享,实现新闻资源最大化利用的目标,是大多数媒体的共同诉求。

传统的传媒集团旗下的各子媒体都有自己独立的记者、编辑人员。面对同一个新闻事件,各子媒体分别行事,自行采访、编辑、发布。同时,各子媒体的新闻线索、背景资料、数据库等信息资源也相对独立,不能实现共享,导致信息资源的利用效率较低。

当前的组织架构调整是服务于全媒体转型的,即调整后的组织结构要有利于全媒体新闻报道,主要是以新闻采编内容为核心,以避免重复采访,集约利用,多平台差异化发布为宗旨,在此过程中,记者的工作流程也发生相应改变。

在组织架构调整方面,比较有代表性的还是烟台日报的全媒体转型。烟台日报首先设立总编室,负责协调各子媒体、各编辑部门之间的关系和行动,使得整体利益最大化;其次,将原先从属于各平台的记者归属于采访部,有效避免各自为政、重复采访的现象;最后,设立数据信息部,主要从事重大新闻事件的信息搜集、稿件整理、视频编辑等工作,然后将加工成形的新闻产品按照产品特点,发送至与之属性相匹配的媒体平台,从而达到全媒体运作的效果。

（二）资源共享和流程再造

资源共享和流程再造是全媒体战略的核心问题。通过机构和机制的调整，流程再造已经基本实现。流程再造后的全媒体新闻报道应该如何运作，如何有效协同各方价值观念和行动步伐，使整体效益最大化，才是关键。

全媒体新闻报道中拥有多媒体平台只是开始，重要的是熟悉全媒体报道的优势、特点及规律，培养一批综合素质强的全能记者，优化其工作方式和工作流程，做到人与流程的有机结合。全媒体新闻记者应该从思维、技能、运用等三个方面进行提升，才能适应新的工作流程。

传统媒体的新闻制作流程过于墨守成规，无法满足受众对新闻时效性的需求，面临被用户抛弃的风险。以电视媒体为例，传统的电视新闻采访制作通常具备一整套的制作流程：首先进行选题策划，形成文字稿和分镜头脚本，然后挑选出镜记者、摄影师、采访对象，进行实地采访拍摄，再进行初期粗剪、精剪、后期特效包装，最后上传视频，经过初审、送审，完成播出。

当前流程再造的核心思想是"一次采集、多次使用、多形式发布"，即由全媒体新闻中心的记者将文字、图片、视频、音频、动漫、资料等采集回来，根据媒体的载体特征和市场定位，进行主题的提炼和风格的修改，对大到稿件的内容、结构、语言风格，小到标题，都进行相应的调整，生成适合传播的新闻。如果前期采访获得的文字和图片素材非常丰富，那编辑时就可以大有所为。由全能记者编辑生产出"初级新闻产品"，上传至全媒体数字复合出版系统平台，集团各子媒体各取所需，然后进行"深加工"，通过多个媒介，实现 24 小时滚动发布，全天候、全方位、立体化地互动传播内容。流程再造后，大大增强了新闻传播的时效性。

二、"多方采集，多元利用"的新闻素材获取

以往的新闻报道实践为记者提供了不少新闻素材获取的方式方法，但在技术飞速发展的今天，信息泛滥、传播渠道多样化，仅仅依靠传统的新闻素材获取方式已经远远不能适应传播环境发展的需要。全能记者要掌握现代化的信息处理技术与手段，提高新闻素材的收集能力和利用效率，做到多方采集、多元利用，才能做好全媒体新闻报道。

（一）新闻线索的收集

传统新闻线索收集的形式为：设立专门的热线新闻部，专门负责新闻线索的收集。新闻记者寻找线索、发现新闻源的途径，一般包括在街上发现、通过报社分配的固定联系部门获取、从亲朋好友和通讯员处获得等。总之，传统新闻线索的获取渠道较为单一。而随着网络的发展，新闻线索获取渠道在不断拓展，全能记者正在积极运用微博、微信、贴吧、论坛等新媒体渠道获取新闻线索，拓宽原有传统获取渠道。

相对于以往新闻线索的获取方式，现在记者又多了社会化媒体平台的新来源。记者上班的第一件事就是刷微博、看微信，寻找适用的新闻选题。自媒体时代，人人都可以是信息的传播者，这在一定程度上对传统媒体造成了冲击。但作为全媒体时代的记者，应该从各种信息中找到合适的选题进行深度挖掘，而不是局限于这些信息的表面。全能记者

要做更有深度和更有专业性的新闻,挖掘新闻背后的新闻。

(二)新闻选题的确定

传统新闻报道选题确定流程较为固定:每日早间由值班总编主持召开选题会,对昨日新闻的阅读情况做总结,对全国、全省的热点新闻做追踪,然后由各部门主任汇报早间新闻线索,总编辑在听取选题后,对每条选题做具体分析,哪些适合新媒体即时推送,哪些适合第二天报纸做深度报道,部门主任即时将意见分发落实。全媒体时代,新闻报道选题没有固定的流程和模式,记者的主动性更加突出,不一定遵循传统的选题确定流程,大多数情况下主动寻找选题,从各种社会化媒体平台传播的信息中发现新闻线索,并且要根据不同的媒体平台特性和要求确定不同的选题类型。确定了新闻选题后,记者在采编前要充分协同照顾不同形式媒体平台对新闻素材的要求。

(三)新闻素材采集

根据新闻线索,记者可实地采访或打电话进行采访。传统纸媒的记者从接受新闻报道任务,到使用新闻采集的技术手段自己制作新闻产品,都是相对单一的,记者仅需根据实际情况,在消息、通讯、专访、特写等新闻体裁上做选择,所需技术手段也无非是电脑、相机和录音设备。而全能记者则需要具备"多功能",他们面对多个传播终端,必须具备复合的传播能力,还要具备多媒体的思考能力。

在全媒体新闻生产流程中,记者扮演的角色也发生了显著的变化。记者不再只是单一的文字或摄影记者,而是要同时扮演多种角色,还要将采集的内容(包括文字、图片、音频、视频、Flash动画等)根据不同媒体平台的需要加工成不同形态的终端新闻产品,实现新闻的多元表达。

2015年12月20日中午,深圳发生滑坡事故,12月22日,新华社的公众号"新华全媒头条"推送了一条《虚拟现实,带你"亲临"深圳深夜搜救现场》的消息,新华社运用最新的虚拟现实技术(VR)带领读者"亲赴"深圳滑坡灾害的救援现场,读者通过转动手机,实现360度的视觉观察,了解救援现场的情况。由此,新华社成为国内在重大突发事件报道中第一个应用VR技术的新闻媒体。接下来几天,新华社又拍了3条VR视频,分别展现了现场搜救的全貌、搜救队员讲述救援故事、"头七"哀悼仪式等场景。

VR视频极具冲击力的感官体验比传统视频报道更能还原身临其境的现场,尤其对于现场感较强的新闻事件,VR报道优势明显。VR报道现场感强,体验性高,但使用它要克服技术可行、设备可携带、成本可控等难题,同时VR报道的时效性能否提高也是一个问题。在面临种种挑战的前提下,作为前卫的新型报道模式,VR报道能否普及也值得思考。

三、"数字优先,纸媒跟进"的立体化新闻发布

从传播流程和速度来看,传统新闻传播存在顺序颠倒的问题。比如报业集团往往会先把新闻刊登在报纸上,出售给读者,然后把报纸上的新闻放到报业集团下属的网站上,最后再把报纸新闻或网络新闻制作成手机报,发送给手机报的用户。这种"报纸—网站—手机报"的报道流程不符合信息载体的传播特性,会导致报业集团无法做到信息传播的及时、有效,使其在竞争中处于劣势。

传统媒体新闻报道发布呈现出平台单一、新闻制作环节过多、效率低下等特点。还以报社记者为例，新闻事件发生后，记者前往现场进行采访，通过采集和调查获得第一手新闻材料，并在此基础上按照报社的具体要求完成新闻稿件的写作任务，再将写好的稿件交给版面编辑，由编辑完成稿件最后的修改、标题制作和版面设计等后续工作，完成所有工序后将稿件刊登付印。报社通过其发行部门或邮局渠道，将报纸传递到读者手中。读者通过阅读报纸，获得相关新闻事件的信息内容。

　　全媒体新闻报道发布最为突出的特点就是信息的多媒体、立体化发布，即根据不同载体的传播特性，记者采集的同一新闻素材依次在不同的报道平台中播报。在当前的全媒体新闻报道流程中，新闻报道一般是按照先手机媒体与移动传媒，然后网络媒体，最后平面媒体的顺序依次发布。一线记者采访的文字、图片、录像等素材率先在手机客户端与网站上实时滚动发布，然后编辑对新闻素材进行加工，在网站与报纸上展开较为全面的报道，最后网站和报纸做后续深度分析解读和前瞻预测评论，报纸、网站和手机客户端的黏合度大大增强。全媒体新闻报道的新闻发布流程符合报道平台各自固有的传播特性，减少了新闻制作的环节，提高了新闻发布的效率。

　　全能记者要具备良好的专业素养，首先要对新闻快速做出判断，确立新闻主题，然后从不同角度丰富新闻内容，该写文字的写文字，能出图像的出图像，需要解说的现场要有解说，需要抢时间的通过手机就可以快速将核心内容上传给网络编辑。这样就将同一个新闻事件以文字、图片、视频等多种形式进行了多层次开发。这些信息经过编辑加工，以消息、访谈、通讯、图片、视频等各种形式，通过报纸网站、手机报、微博、微信等平台进行数字化发布。每个记者还可以在网上开设微博、微信，把报纸上容不下、发不全的声像、图文、现场花絮全部传到记者的微博、微信上，实现对新闻的全方位、立体化发布，让受众可以通过多种渠道获取更加全面、生动的信息，使新闻信息资源可以得到最大化的开发利用，以适应读者多视角、快节奏的阅读需求。

四、"多种渠道、全面反馈"的传受互动

　　传统记者与受众缺乏必要的互动，从理论上来说，读者可以通过热线电话、登门造访、网上留言等形式与记者、编辑进行互动，但互动的频率非常低，互动的形式也比较单一。

　　在全媒体新闻报道模式中，新闻反馈环节的地位有了质的提升。受众反馈和参与成为全媒体报道的重要组成部分。实现受众、媒体在交流层面的互动，首先要求媒体重拾重视读者来信的态度，在制度层面上制定传者和受众互动的机制，真正重视与读者的交流，满足读者的交流欲望。媒体对与读者交流的重视，反过来会使读者重视与媒体的交流。这样，才能使双方在交流方面形成良好的互动。其次，要促进受众与报社之间的交流，就应该减少受众费力的程度。显然，如果受众毫不费力就可以完成与其他受众、报社的交流，那他们参与互动的可能性会就大大提高。当然，这需要技术的成熟和完善。

　　受众的兴趣特点和阅读喜好是全能记者必须了解的内容，在此基础上，全能记者还要持续地与受众进行交流和互动，进而得知受众的最新需求，更好地、有针对性地收集受众的反馈。与受众的交流和互动可以通过新兴媒体的互动手段来实现。如在传播过程中，读者可以借助全媒体平台与媒体发生即时互动，通过在线反馈系统，直接将自己了解的信

息反馈给平台编辑,甚至直接补充内容到数据库中,而一个新闻事件的报道便会在这种互动中获得更加立体全面的反映。

实时关注受众在全媒体平台对新闻报道的评论与回复,可对于受众评论回复中涉及新闻内容的疑问及时做好沟通,并追加相应的内容,保证新闻的全面性,尽可能地满足受众需求。比如,杭州日报在全媒体传播方面曾经有一些创新:报纸版面上最长的文字消息不超过五百字,有的只有标题和副标题,然后把更多的记者采写、拍摄、录制的文字、图像、声音等内容链接到网络上,报纸稿件末尾都有指向网络版的链接路径。全媒体新闻报道模式中,每个记者都可在网上开设新闻博客,把报纸上放不下、发不了的声像、图文内容全部传到网络记者博客上,真正做到报网互相补充与联动。

从全媒体战略下新闻报道的流程来看,全媒体新闻报道则需要全面收集和利用文字、图片、视频、动画素材等,争取做到全方位、多角度地再现新闻事件。具体来说,文字用于对新闻事件进行叙述和分析,图片用来展现精彩的瞬间,视频提供全方位的直观印象和感受,动画则用来弥补第一手影像资料不足带来的缺憾,从而满足受众各个层次的需求。

【知识回顾】

全媒体新闻报道对传统记者有了许多新的要求,如采编观念的转变、所需装备的升级、对新闻素材多样化的采编、自身技能的提高、对团队合作的重视、对新闻稿不同风格的编辑、对工作方式工作流程的全新认识、对采编顺序的梳理、对时效性的重视、对新闻敏感度和创新报道的提升、强化受众意识和职业素养等。与传统记者相比,全能记者的工作方式主要体现在以下几个方面:采访装备的数字化、采访素材的多元化、采访人员的团队化、新闻传播的实时化和立体化、采访技术的现代化等。全媒体新闻报道中全能记者的工作流程与传统流程相比,也出现了一些新的变化:首先是组织流程再造,运用"一次采集、多次使用、多形式发布"的新闻报道模式;其次是在新闻线索获取上,积极运用微博、微信、贴吧、论坛等新媒体渠道获取新闻线索,拓宽原有传统获取渠道,在确定新闻主题方面,要协同照顾不同形式媒体平台对新闻素材的要求;再次是发布顺序上,根据传播速度快慢科学安排,在网络端以快讯形式首发,然后纸媒跟进做深度报道;最后是高度重视受众的反馈与互动,积极通过全媒体平台做好与受众的互动,提升其参与感,对于受众评论回复中涉及新闻内容的疑问,及时做好沟通并追加内容,保证新闻的全面性,尽可能满足受众需求。

【思考题】

1. 如何看待"中央厨房"式的新闻采编模式?该模式对你有何启发?
2. 传统记者与全能记者有何不同?
3. 全能记者的工作方式相对传统记者工作方式的优势是什么?
4. 全能记者工作流程还有哪些需要完善的地方?
5. 全能记者会取代传统记者吗?为什么?

第四章
全媒体新闻报道的选题

【知识目标】

☆理解什么是新闻报道的选题
☆知道全媒体时代新闻报道选题的来源
☆了解全媒体时代新闻选题的方法
☆了解全媒体时代新闻选题的标准
☆了解全媒体时代与传统媒体时代选题方法的不同

【能力目标】

1. 在全媒体时代能恰当地开展新闻选题
2. 在全媒体时代针对新闻选题进行策划

【案例导入】

题记：2009年11月，习近平在陕西调研时指出，伟大的延安精神教育滋养了几代中国共产党人，始终是凝聚人心、战胜困难、开拓前进的强大精神力量。弘扬延安精神，要把坚定正确的政治方向放在第一位，牢记全心全意为人民服务的宗旨，坚持解放思想、实事求是、与时俱进，始终牢记"两个务必"，保持延安时期那么一种忘我精神、那么一股昂扬斗志、那么一种科学精神，为建设和发展中国特色社会主义不懈奋斗。

在安塞，人们突然发现，腰鼓没那么好看了。更让人没想到的是，这竟和延安如今的"绿色"有关。

鼓手们白羊肚毛巾、羊皮坎肩一样没少，腰鼓打起来依旧红绸翻飞、鼓声如雷，细看却发现少了昔日黄土激荡的场景，气势顿时泄了一半。今日延安，满目青山，已很难找到裸露的土地，安塞县政府只好专门辟出一块黄土地，作为演出的"舞台"。

这只是延安退耕还林中的一个小插曲。2000年以来，延安的植被覆盖率从46%提高到67.7%。从20世纪末开始，一场波澜壮阔的"绿色革命"在这块红色圣地上开展。延安人以执着的"延安精神"改造河山，在世界上水土流失最严重的黄土地上埋头苦干，为世界提供了一个短期内"生态可逆"的成功样本。

这是新华社推出的大型全媒体融合报道《红色圣地的绿色革命——延安退耕还林记》的部分报道。该报道以扎实的采访，借助多重移动互联网技术，采用同机位对比图、动态遥感图、数据可视化等融合报道形式，全景呈现了退耕还林给革命圣地延安带来的翻天覆地的变化。

新华社多个部门历时两个月实地采访,从上万张照片以及超过900分钟的实地拍摄和历史视频资料中精挑细选,以形式创新独特的新闻产品,为读者提供了融合集成版和游戏版双版本阅读体验方式,集动态网页、互动游戏、长篇通讯及其他多媒体报道形态于一体,以满足不同层次受众的阅读需求。特别是融合报道在主通讯的处理上引入闯关游戏互动,全程通过闯关答题引导读者详细阅读,从以往追求轻量化阅读变为竞技化阅读、互动式阅读。

可以说该报道从新闻选题、新闻采写、传播渠道、传播技巧到针对不同层次的阅读者的需求,都对当前全媒体报道有所创新。

第一节 全媒体新闻报道的选题来源

随着互联网及移动互联网的兴起,人类使用的媒介形式也越来越丰富,我们已经进入了全媒体时代,这一点可以从网络的发展看到。根据第40次《中国互联网络发展状况统计报告》的数据,截至2017年6月,我国网民规模达到了7.51亿,互联网普及率达到54.3%,比2016年提高了1.1个百分点。而随着移动通信网络环境的不断完善及智能手机的进一步普及,移动互联网应用向人们生活的深处渗透,也促进了手机上网的发展。网民中使用手机上网的人群占比达到96.3%。媒体类型的丰富,传播渠道的增加,使新闻入口竞争越来越激烈,新闻工作者也难免会有"酒香也怕巷子深"的感慨,如何让受众在众多选择中阅读到自己的新闻作品,成了全媒体时代新闻工作者最为重要而迫切的问题。

一、新闻选题与全媒体新闻报道选题

面对传播渠道的纷争,新闻报道最好的应对法则是"内容为王"。好的内容总是能够吸引人们的眼球,越来越多的媒介已经认识到了新闻选题的重要性。人类已步入21世纪,进入了全媒体的时代,随着信息全球化步伐的加快,大众传媒林立而起,高速增长的态势使得大众传媒之间竞争的格局已初步形成。新闻大战"硝烟四起",谁拥有了高质量的新闻内容,谁就会在激烈的竞争中处于优势地位。新闻选题已成为新闻大战的不二选择。较之传统媒体,全媒体面临着提高选题质量、吸引大众眼球更严峻的挑战。信息大爆炸时代,新兴媒体的把关以及创新需求都在与日俱增。随着时代的发展,媒体间的竞争越来越激烈,媒体独享新闻信息源已经变得几乎不可能。在这样一种态势下,一种全新的新闻理念在当今新闻界悄然盛行,这就是对新闻内容的甄选,也就是"新闻选题"。

(一)什么是新闻选题

"选题"这个词并不是新闻报道的专利,它因行业的不同所指的内容也会有所不同。就新闻报道来说,选是选择,题则是题目、题材,"选题"的基本含义就是选择题材。新闻选题即是选择新闻报道的"题材"和"题目"。

对新闻报道来说,新闻选题既是一个过程也是一个结果。说是一个过程,是说在进行新闻选题的时候,它是一个不断变化、不断更新改进的过程。当面对一个社会热点问题或

者拟确定一个新闻报道方向时,记者会不断地深入挖掘事实,在挖掘的过程中会发现新的材料及产生新的题目和方向,这是一个不断行进的过程。新闻选题的结果即是新闻选题的确立,它能使记者(采访主体)与具体对象(采访客体)之间的关系得以建立起来,从而使每一次具体的采访活动通过主体与客体之间的交互作用而得以有效地展开和发展。新闻选题是新闻工作者对接触到的信息进行甄别、选择处理的活动,即对信息做出有没有新闻价值的判断,厘清什么是一般社会信息,什么是有新闻价值的社会信息。把具有新闻价值的信息纳入报道计划,才能够形成新闻选题。

新闻报道选题不等于新闻线索,新闻报道选题比新闻线索寻找的要求更高,是经过新闻专业人员对新闻线索的认识深化与思维创造的结果。众所周知,新闻报道是从客观存在的新闻事实中产生的,是新闻工作者的主观意识对客观存在的反映。新闻报道选题对于新闻专业人员来说,不是简单地复制已有的知识、观念、思想,而是通过积极的精神劳动和创造性思维,在已知的客观事实的基础上不断发现未知,创造出新的知识、新的观念和新的思想,进而产出优秀的新闻报道。

综上所述,新闻报道选题是以新闻竞争为第一原动力,以充分挖掘新闻报道潜力为目的,以新闻事实自身的存在逻辑为依据,以特别突出新闻报道价值为归宿的主体能动性的活动。

(二)全媒体新闻报道选题

随着数字时代的到来,互联网尤其是移动互联网媒体异军突起,传统媒体纷纷向全媒体转型,信息的生产模式也从过去的一次生产、一次利用、单一发布的传统模式,向一次采集、多次发布、多层次生成、多媒体传播的全媒体生产模式转变。

新的生产方式需要媒体在思想观念、管理方式、技术平台以及采编人员的业务能力等方面进行转变。同时,在选题方面也要进行规范和转变。全媒体时代新闻报道的选题不同于传统媒体时代,它的要求更高、更严格、更规范。一个全媒体新闻报道的选题,要有统一的筹划、统一的信息采集机制,并形成融合性的采集行为,要有统一的编辑,并形成多层的分发机制。只有这样,才能让自己的新闻报道在铺天盖地的媒体报道中脱颖而出,并在合法的、公平竞争的环境中达到相应的传播效果。

与传统的纸媒相比,全媒体战略下的不同媒介平台对于新闻产品有不同的需求。传统的采编模式很难适应这一发展需求。比如新闻内容的视频传播,如果在采集过程中没有采集视频的话,很难实现视频的传播。全媒体新闻报道的选题要具有灵活性,适合多媒体发布终端的特点。

二、全媒体新闻报道的选题途径

新闻选题来源的渠道多种多样,与传统媒体相比,全媒体时代新闻选题的来源渠道更加丰富和多样化。结合当下的媒体传播环境,全媒体新闻报道选题的来源主要有以下几个渠道。

(一)上级宣传单位下达的选题

在新闻媒体工作过的人都会面对这样的选题。这类选题一般都是上级领导单位通过"红头"文件下发的一种政治性的任务,带有浓郁的政治色彩,是为了宣传党和政府的政策,实现引导舆论的作用。例如,中宣部、各省委、市委宣传部会根据一个时期的政治热点,如围绕环保节约、科技创新、先进性教育、全民创业等主题,让相关的报纸、杂志、广播、电视台等新闻单位来挖掘线索,确定选题,以发挥舆论引导作用。有的则是表彰先进人物或事迹,以引起社会关注为目的。比如对国家及政府开设的各类奖项,各种先进人物评选等的新闻报道。

在全媒体时代,关注国家政治的受众越来越多,国家的政策在我们的生活中越来越发挥出其引导的功能,我们的生活直接与国家的政治息息相关,国计民生的发展也依赖于国家的政策。记者的任务就是及时关注了解当下最新的政治性会议通告,抓住当下最重要的政治性文件,选择直接关乎人们生活利益的信息进行报道传达,只有这样做才能满足全媒体时代大众的真正需求。

(二)新闻工作者的个人发现

新闻工作者是与新闻选题最为接近的人群,常年采访、写稿等新闻报道活动练就了新闻工作者最基本的功夫,即新闻的敏感性,最为常见的就是对新闻题材的选择。许多有经验的新闻工作者通过多年的工作经验,积累了丰富的知识,这就成为发现新闻线索,策划新闻选题的财富。一名优秀的新闻工作者,在日常生活中应该做到观察细微,留意身边的细节,练就"新闻眼",发现新闻线索,寻找新闻选题。比如看到老人倒在地上,众人围观而没有人帮扶,不但要想到人情冷暖、社会道德的问题,还要思考老人为什么摔倒了,是碰瓷,还是车祸。新闻工作者一定要开动脑筋,挖掘新闻,有深度地去报道,综合运用多种思维方式开拓创新,发现事物的真正价值,才能满足当下受众的需求。只有具备内涵的新闻才能在全媒体时代脱颖而出。

新闻工作者是新闻事件的记录者,新闻报道工作的开展离不开团队的力量,在全媒体新闻报道条件下更需要团结协作。在新闻报道工作中,选题策划往往需要进行集体讨论,通过头脑风暴交流想法是一种必要的方式,大家坐在一起互相交流思想,一些新闻选题可能就在无意的一句话中或者大家的启发中萌生。同时大家也可以在一起讨论有什么好的选题可以做,如何做,这也可以提高大家的业务水平。在竞争日趋激烈的全媒体时代,媒体需要的就是这种集体的智慧和集体的力量。

(三)从采访的材料中搜集

在日常的新闻采访中,新闻工作者会自动收集一些采访的材料,包括自己采集的和一些被采访单位散发的,新闻工作者可以从这些资料中发现一些有新闻价值的线索,寻找新闻选题,深度挖掘内容。生活是丰富多彩的,媒体竞争激烈的全媒体时代,我们不能坐等新闻,要走出去寻找新鲜的新闻线索,去探索那些吸引受众的、与众不同的、其他媒体不曾涉及的独特的新闻线索,记录下来,留以备用。此外,日常工作生活中,新闻工作者会拜访很多典型人物,做好记录,就可以从这些采访中选择一些当下备受关注的典型材料作为选题,深度报道。

(四)从其他媒体获取

一个新闻工作者或一个媒体的力量总是有限的,不同的人面对相同的材料可能会有不同的发现,因此,我们可以根据各类媒体的不同特点,去发现其各自的长处和弱点,向不同媒体学习其长处，会得到不同的经验。全媒体时代信息如潮，微博、微信等社会化媒体，不但所包含的信息种类多，而且涉及面广；不仅涵盖全国各地各个方面的信息，而且视频、图片、文字、链接等资源应有尽有，我们可以取长补短，从这些信息中选择一些有价值的、真实的信息进行挖掘。观看其他媒体的节目时，我们也可以想想，自己所在地区是否也可以做个类似的选题，该怎么做，是否可以做得更好。全媒体时代新闻报道的选题需要学会借鉴其他媒体的经验，做到取长补短，以优化自己的选题，但同时也应该注意到信息来源太过广泛，虚假信息也多，所以我们要学会合理筛选。

（五）热心受众提供新闻

在数字媒体时代，受众的个人意识不断增强，自媒体发展如火如荼，个人发现、采集及传播新闻事件的能力大大加强，可以说，全媒体时代，每个人都可以是新闻源。个人与新闻媒体联系的方式也多了起来，最为普遍的有电话、微博、微信、新闻客户端等。传统媒体时代，受众主要通过热线电话和邮寄信件为新闻媒体提供线索，媒体一般都会设置热线电话，并安排专人负责接电话。全媒体时代，媒体与受众联系的渠道更加多样化，媒体获得新闻线索的途径愈加丰富，这为新闻工作者进行新闻报道选题选择提供了更为便利的条件。

受众的需求是不断变化的，媒体要夺取市场制高点，就必须了解目标读者的新特点、新需求、新期待。通过受众各种形式的信息反馈，我们可以知道受众关心的热点、焦点问题，传递老百姓迫切需要了解的信息。受众的信息反馈为我们策划选题提供了方向。好的选题确定后，各个单位就可以制订某一个阶段的计划，并由领导根据每位记者的特点，落实到具体责任人，要求责任人对采访的选题充分理解，编排好采访计划，认真贯彻落实选题计划，使好的选题变成优秀的新闻报道，让受众享受文化大餐。

（六）从各种自媒体渠道找新闻

当前网络发展迅猛，各级政府、企业、个人都有自己的网站，并会在第一时间将自己的新闻放在网络上。政府网站、公司网站、学校网站、聊天室、BBS、名人博客等，都可以找到或者看到最近网民关注的事情，哪些帖子点击率最高、跟帖最多，通过进一步的分析及挖掘，可找出合适的选题。随着各种自媒体的崛起，全媒体时代新闻选题来源渠道更加广泛。新闻工作者应该多关注各类新闻网站，多和优秀的自媒体人交流，加入不同领域的群，通过交流找到新闻热点，遇到感兴趣的或者有价值的话题积极参加讨论，深入挖掘新闻事实，寻找新闻事件的细节，并进行综合分析，从中寻找新闻选题。

第二节　全媒体新闻报道的选题原则与标准

新闻选题应该具备真实性、时代性及普及性。当我们将目光投向那些具有重大新闻价值的新闻事件，首先要考虑的原则是新闻报道的真实性，在此基础之上，对现有的新闻线索和新闻资源进行整理，并充分挖掘客观事物的新闻价值，选择最适当的时机、运用最恰当的方式推出报道，以求达到预期的传播效果。在全媒体时代，各种热门事件层出不穷,身边的新闻可谓数不胜数。由于传播渠道的丰富及自媒体的兴起,可报道和不可报道的、专业和非专业的报道充斥着不同的渠道,扰乱了视听、混淆了价值观,因此,全媒体时代,必须要坚持一定的选题原则与标准。

一、全媒体新闻报道的选题原则

选题是新闻报道的关键,选题的好坏直接决定了新闻报道的成败,好的选题易于被采纳,根据选题所展开的新闻报道也易于被受众接受。全媒体环境下,新闻报道类型众多,选题来源渠道广泛,选题变得更加困难。一般来说,全媒体新闻报道的选题除了应遵循真实性、贴近性、超前性、时新性等一般选题原则之外,还应坚持深度原则、聚焦原则、政治导向与市场导向相结合原则。

(一)真实性原则

新闻是对新近发生的事实的报道,因此,真实性是新闻的生命。新闻选题是对新闻报道进行策划,是对已经存在或发生的事实的策划。全媒体新闻报道选题和传统的新闻报道选题相同的首要原则就是真实性原则。全媒体时代,人们更看重真实性。由于信息采集、录制的极大便利,每个人都可以利用手机将自己所闻所见记录下来,然后通过移动互联网进行多层次的传播,人人都是自媒体。在这一过程中,如果缺失把关人,信息的真实性就无法得到保证。受众对虚假的信息已经产生疲劳、厌倦之感,当人们对自己所接收到的信息无法做出真实性判断时,难免会产生愤怒不平的心情,从而降低对媒体的信任度,使媒体品牌价值受到不良影响。在全媒体时代,进行新闻报道选题时,首先要坚持真实性原则,必须将传统媒体这一基本原则继承下来,加强人们对新闻报道真实性的信心,才能更好地提高新闻媒体的社会价值和经济价值。

(二)贴近性原则

全媒体新闻报道的选题必须贴近受众,满足受众的需要,才能实现社会效益和经济效益。所以,新闻选题应该多关注百姓身边的事情。这看起来是小事,但对广大老百姓来说是息息相关的大事。新闻选题只有贴近受众生活实际,一切从受众实际情况出发,才会对受众产生更大的吸引力。全媒体时代特殊的传播环境使得信息的贴近性显得更为重要。在信息大爆炸的全媒体时代,大众已被数不胜数的信息覆盖,不可能选择所有的信息去浏览,只会选择浏览那些与自己生活最为贴近的、符合自己切身利益的或自己关心信息。

(三)超前性原则

新闻是发现事实,报道事实。作为一名合格的新闻工作者,要有高度的新闻敏感性,能够准确把握社会的热点问题,做到"春江水暖鸭先知"。新闻工作者应该将触觉伸展到社会的每个角落,注意社会的发展动态,留意每个细节,从中捕获一些有新闻价值的信息来作为新闻选题。信息社会,谁先掌握了信息,谁就赢得了受众,在新闻报道中占据主动地位。信息对于受众来说具有重要的意义,大众需要第一时间掌握自己所需要的信息。全媒体时代,能够提供超前的信息是非常重要的,因此,在新闻选题方面要注重超前性,发现受众的信息需求,然后满足受众的信息需求,这样才能在众多新闻报道中脱颖而出。

（四）时新性原则

新闻的本质是新近发生的事实，新闻的选题是以新闻事实为基础的策划和运作活动，要有较强的新闻性，当然要追求新。对于事件的报道还要有较强的时效性，所以新闻的选题要新颖，尤其是全媒体时代，更要求新。传统的新闻报道模式已不能适应新的传播环境。在纸质媒体时代，新闻报道的更新是以天为单位；在电子媒体时代，新闻报道的更新是以小时为单位；在数字传播时代，新闻报道的更新则是以秒为单位。在众多媒体的竞争下吸引受众的注意力，需要的是更加新颖的选题。所以新闻工作者在选题的时候要选择题材新颖的话题进行挖掘报道，以求达到更好的传播效果。全媒体时代，信息更新的速度加快，所以时新性对媒体新闻报道的要求也相应地提高。

（五）深度原则

在信息爆炸的时代，人们对新闻事件的了解，往往仅仅是浮光掠影点一下，缺乏对新闻事件背后的深度解读。因此，新闻工作者要以开放性思维去观察和思考，善于用联系和发展的观点看问题，除了对重要的信息进行报道之外，还要对百姓关心的信息进行深挖，对于热点新闻、重要新闻，必须通过连续报道或者系列报道揭示事件的来龙去脉，满足人们知道"所以然"的期待感，才能给读者留下全面、深刻的印象，所以新闻的选题要有一定的深度。媒体要尽可能选择可以深度挖掘、富有深层次内涵的、有价值的选题。全媒体时代的受众已经不满足停留于表面信息的接受，他们需要更深层次的分析，谁的报道更有深度，谁获取的利益就会越大。

（六）聚焦原则

全媒体新闻报道选题应该关注社会热点问题，聚集受众关注的焦点事件，进行全面、深入、细致地报道。所谓社会热点，皆是一时社会大众关注的焦点。新闻媒体既然是为社会大众服务的，其新闻选题就必须要紧跟社会发展，围绕重大事件、社会关注的热点问题，满足受众的求知需求，不能与社会脱节。在此基础上，媒体才能够提高自身的关注度，形成经济运营的基础。在全媒体时代，媒体只有掌握大众最关心的热点问题，通过不同的选题角度，在众多热点问题中脱颖而出，才能吸引受众的注意力，获得相应的收视、收听效果。

（七）政治导向与市场导向相结合原则

新闻传媒业改革的方向是"事业的归事业，市场的归市场"。当新闻传播业以市场化运营时，新闻的选题就不得不考虑成本问题。一些耗时长、费用高的选题不是不做，可能在时间上就会延后。在费用相对低和优秀选题之间找到最佳结合点，要尽量做到花费最少而选择最优的题材，创作出优秀的新闻报道。在全媒体新闻报道的选题中，既要坚持正确的舆论导向，又要符合市场运行的规则，只有这样，才能形成最佳的投入产出比。树立市场化运营的思维，通过经济最优化原则，实现好的选题，提供优秀的新闻报道作品，这样才能更好地维持一个媒体的长久可持续发展。

二、全媒体新闻报道的选题标准

确定新闻选题有哪些标准？或者说，在确定选题的过程中，新闻工作者如何对新闻线索中的新闻价值进行评价、判断和决策？在新闻实践中，不同的新闻从业者，不同的新闻媒体，在不同的历史时期，对"新闻价值"的理解有所不同。这种理解常常以在新闻实践中形成的一定的文化形式、价值观念体系和制度化、体系化的规范准则为依据，并将之转化为新闻工作者自己熟悉的、比较适合当下新闻传播环境的选题标准。

（一）政策导向标准

新闻报道具有较强的政治性，把握大政方针，正确引导舆论是对新闻工作者最为基本的要求。在长期的新闻选题实践中，政策导向标准发挥着重要的作用。

宣传党的方针政策是我国新闻媒体的一项重要功能。新闻选题的政策导向标准，指的是新闻工作者得到新闻线索之后，在确定其是否可以作为新闻选题时，首先要看这一新闻线索是否符合，或者能否满足宣传党和政府的方针政策的要求。比如该新闻线索符合当前党和国家方针政策的新成就、新经验、新风尚，那作为选题就没有问题，反之则不能作为新闻选题。媒体是党和国家的舆论喉舌，一定要支持党和国家的政策方针。因此，全媒体时代，为了维护正常的信息环境与国家秩序，媒体一定要坚持党性原则，跟着国家的政策方针走，这种选题标准也是媒体在深度融合环境下必须坚持的标准。

政策导向标准的选题思维模式也被称作是"吃透两头"。在选题过程中，新闻工作者对新闻价值的判断通常依托两个方面的信息：第一个方面，来自上头的信息，指党和政府的方针政策和中心工作，形成媒体当下的报道思想及选题方向。第二个方面，来自下头的信息，指当下的社会大背景和老百姓关注的新问题、新动向。

新闻工作者以"是否符合党和政府的方针政策"作为新闻选题的标准，在新闻实践中的具体做法是：首先，必须熟悉党的方针政策，密切关注中央的精神和具体政策条文的变化，不仅要深刻了解成文的政策，而且要对制定政策的现实依据有相当的把握；其次，要对现实社会问题和群众呼声有敏感的觉察和深切的理解，才有可能随时在宣传方针政策和不断涌现的新闻事实之间架起互通的桥梁。

（二）受众需求标准

随着我国媒介市场化进程的加快，受众需求对新闻报道的影响越来越明显。因此，在新闻报道选题时，不得不考虑受众的需要。当然，新闻报道选题不是一味地盲从、迎合受众需要，而是在选题时从受众的角度思考问题，强调受众对新闻报道的可接受性。

1.什么是受众需求标准

新闻内容最终的消费者是谁？是普通大众。有人说，做新闻最终就是为大众服务的，大众是新闻内容的最终阅读者。所以新闻选题的评价标准不能忽视普通大众的需求。新闻报道选题的受众需求标准是指以"是否符合公众的共同兴趣，能否满足受众的需求"为价值尺度。以受众的需求作为新闻选题的标准，其实是一种新闻思想的进步。民生问题关系到社会的稳定和国家的长治久安，古今中外，无不备受关注。民生问题也理应成为媒体关注的对象,成为新闻报道的内容。媒体关注民生问题的表现之一,就是新闻报道的选题要考虑受众需求标准。受众需求标准极大地拓展了媒体的选题范围,也极大地拓展了媒体引导舆论、服务社会的功能,这是我国改革开放以来最重要的新闻改革成果之一。

2.按受众需求标准选题的缺陷

受众是由人数众多的大众构成,从普遍意义上来看,受众需求也就是大众的需求,受众因层次不同而需求也千差万别。如果媒体一味地根据受众需求进行选题,就会导致新闻报道走向另外一个极端。换言之,如果只以受众需求导向为选题标准也存在一些问题。自从20世纪90年代媒体市场化后,"受众需求"被提上了重要的地位。媒体为了市场效应,一味地迎合受众需求,一个新名词——"卖点"出现。只要是受众感兴趣的"热点"或者"焦点",就是市场上"好卖"的新闻报道,"卖点"就成了具有新闻价值判断的标准,新闻报道的选题也据此开展。

当受众需求选题标准作为选题的唯一标准时,可能会出现大量媚俗的选题,诸如凶杀暴力、色情猎奇、明星绯闻等新闻报道充斥报端,占据荧屏的情况。低俗化的新闻报道虽可满足某一部分受众的信息需求,暂时获得一些经济利益,但从长远来看,它对媒体的形象和品牌塑造却是不利的。同时,低俗化的选题还会对社会风气造成恶劣的影响。在全媒体时代,如果用一味迎合受众需求的方式,在众多媒体的竞争中吸引受众的关注,其弊端暴露得更为严重。

3.按受众需求选题的反思

按照马斯洛的需求层次论,人的需求有五个等级,处在最低等级的是生理的和安全的需求,而较高等级的是尊重与自我实现的需求。从受众需求出发的选题也可以从这几个层次去理解,从而得出相应的选题反思。不过,不同于个人的需求,大众的需求除了人们的本能欲望,还具有一些社会属性。受众需求有局部与全局之分,也有短期与长远之别。我们依据受众需求标准去进行新闻报道选题,必须考虑以下四个因素。

一是要分清人们的欲望和人们的实际需要。人的欲望不能作为选题的标准,而是要以实际需要为标准。二是要从全局因素出发。媒体是社会的公器,是公众的代言人,是社会的监督者和瞭望者,它具有公共性,所以必须站在全局的角度,看到全体受众的利益,满足全体受众的信息需要,而不是个体的需要。三要考虑受众长远利益需求。媒体作为人类社会生存环境的监测者和瞭望者,满足受众的长远利益是其必须担负的责任和义务,而眼前利益并不是不顾及,而是长短结合,更注重长远利益。四要考虑受众的显性需求和隐性需求。新闻工作者在选题时,不应仅仅局限于当前存在的热点问题,而要进行更加深入的思考,报道那些与受众息息相关而又被舆论所忽视的信息。

(三)以新闻事实的价值属性为选题标准

新闻价值是新闻报道选题的重要依据。新闻报道作为一种信息传播活动,是对客观事实的再现和反映。那些有重大社会影响,和人们生活息息相关的客观存在或发生的事实,理应出现在新闻报道中,满足人类对于信息的需求。在全媒体新闻报道中,新闻事实的价值属性依然是选题的标准。

1. 什么是新闻价值标准

根据西方的新闻传播理念，人们将新闻事实的属性概括为五种，即：时新性、重要性、显著性、接近性和趣味性。这五种属性概括了一般的新闻本源及价值的大小，这个标准也可以称之为"事实为本"论。新闻价值标准，不是用政策来衡量事实的新闻价值，也不是用受众需求来衡量事实的新闻价值，而是看事实本身的社会影响力，对社会影响大的，自然入选，反之则被放弃。

2. 把握"重要性"，兼顾"趣味性"

以新闻事实的价值属性作为选题的标准，新闻工作者要处理好"重要性"与"趣味性"之间的关系，二者既矛盾又统一。说到矛盾很容易理解，一些具有"重要性"的事实，并未引起受众的兴趣，并不具备"趣味性"的特征。一些媒体认为"重要"并加以报道的事实，并不为读者、听众、观众所关注。

"重要性"作为新闻评价标准，更多的是从媒体的社会功能出发。媒体是社会的公器，理应为大众服务，它认为重要的信息，应该在第一时间忠实地告诉读者、听众以及观众。因为新闻的第一功能就是信息服务，它对受众应当承担"通报信息"的责任。也就是说，媒体有责任将关系到整个社会发展、关系到全体人民生存的重要信息及时告之受众。此外，"重要性"的标准还标志着媒体担当着另一项同样重要的责任——引导舆论。

当然，新闻选题也要兼顾趣味性。新闻内容是给普通大众看或听的，如果最终你的选题以及内容并不被大众所乐意接受，那新闻内容也就失去了其存在的价值。如果媒体按照"重要性"的标准进行选题，仅仅照顾到重要性，而没有人来收听或收看，那这个新闻报道就没有意义了，媒体也就没有存在的必要了。因此，趣味性也有其重要的一面，为四平八稳的政策性选题来点趣味性的解读并非标新立异，而是顺应潮流，比如一些关于中央会议的报道，通过数据分析，提炼有趣的观点，会得到大多数读者、观众的支持。

（四）媒体定位标准

根据政策、市场及受众的不同，不同的媒体有着不同的定位，而要想完成自己的定位战略，达到服务不同市场的目的，媒体的选题倾向和选题范围，就必须与不同媒体的目标受众紧密相连。另外，功能定位不同的媒体，新闻报道的内容也有所差别，往往在选题时也会显示出不同的倾向。

媒体定位不同，所面对的市场和目标受众也不一样，传播的信息也有较大差异，选题标准也大相径庭。比如《人民日报》作为中共中央的机关报，新闻报道自然围绕当前国家的大政方针进行，所以选题标准具有很强的政策导向性。而《新民晚报》作为市民生活报，被称为"飞入寻常百姓家的燕子"，其新闻报道关注民生热点和社会管理，自然围绕市民生活来选题。再比如美国的《商业周刊》是"一本兼具服务商业实践和进行经济理论研究价值的商业杂志"，所以，其新闻报道的选题紧紧围绕着"商业与经济"这一核心展开。正是多年坚持新闻报道选题定位，以专业的眼光、多面的视角，洞察商业实践和经济发展中的现实问题，《商业周刊》才能成为美国乃至世界上最有影响的传媒品牌之一。

在新闻报道实践中，不同的媒体很难使用同一新闻价值标准来判断选题。根据媒体不同的定位和不同的新闻价值取向，在新闻选题时常常表现出有所侧重的三种价值取向：

一是偏重于政策导向的选题标准。这在各级党报和行业报中比较常见。二是偏重于受众需求的选题标准。这在一些市场化程度比较高的都市报中比较常见。三是以关注社会普遍存在的问题作为自己主要的选题标准。很多平面媒体或电子媒体中的有些栏目就属于这种情况。全媒体时代，每个媒体都应该体现出自己的特色，区别于其他媒体，拥有自己的选题标准、选题特色，树立自己的品牌，这样才能很好地立身于众多的媒体中。

新闻报道属于创造性的实践活动，在新闻选题过程中需要新闻工作者的不断探索，因此，做好新闻选题还有赖于新闻工作者对自身修养、业务能力的不断提升。全媒体时代对新闻工作者提出了更高的要求，面对日益复杂的传播环境，新闻工作者只有不断增强自身的新闻敏感性和判断力，才能挖掘出更多更好的新闻报道选题。

第三节　全媒体新闻报道的选题策划

在媒介日益丰富的今天，在个人影响力不断提升的传播形势下，在自媒体、网红日益火爆的传播版图中，如何讲好自己采集和策划的故事，成为当前新闻媒体越来越重视的问题。同样的一个题材，同样的一个人物或事件的报道，因为讲故事的思路、方法以及材料组织的方式不同，传播的效果可能大相径庭。

一、新闻报道的选题策划

全媒体时代，新闻媒体不断增加和扩容，使得有限的新闻资源由当初的"卖方市场"转为"买方市场"，而随着社会透明度的不断提高，个人信息采集及传播能力的提升，要想得到独家新闻资源已变得越来越不可能，甚至会出现个人传播的信息在及时性上要快于媒体。在这样一种态势下，新闻媒体间的竞争也自然地由独享资源领域进入到共享资源、同题竞争领域，即更多地看谁能有效利用和挖掘这些有限的共享资源，从而使共享的相同的新闻材料，转变为"独享"的新闻独特观点和深度内容。这种从共享资源中产出生出独特观点和具有深度的报道的策划就是当下最流行的全媒体新闻报道的选题策划形式，通过策划而产生独特的观点和具有深度的内容是全媒体新闻报道的不二法门。

新闻策划具有前瞻性，它是在新闻报道之前进行的系列的规划和运作，它能使新闻报道由被动变为主动，由随机变为定向，由松散变为有序。新闻策划具体包括新闻选题的策划、报道方式和角度的策划、组织形式的策划、报道者组织方式的策划、对新闻规模效应的策划、报道时机和规模的策划等一系列环节。其中，选题策划作为整个策划的第一个环节，发挥着极其关键的作用。在全媒体时代，一个媒体要想立于不败之地，依靠内容吸引受众，对新闻选题进行有创意的策划显得尤为重要。

新闻选题策划是指新闻媒体在新闻报道真实性的基础之上，对现有的新闻线索和新闻资源进行有创意的操作，为新闻报道提供独特的视角。全媒体新闻报道选题策划具有动态性，新闻工作者要不断在新闻报道的过程中，根据受众的反馈，对新闻报道进行策略性的调整。它的目的在于充分挖掘客观事物的新闻价值，选择最适当的时机、运用最恰当的方式推出报道，以求达到预期的传播效果。

二、全媒体新闻报道的选题策划要求

在竞争激烈的全媒体环境下,新闻媒体想要生产出优质的新闻报道内容,必须做好选题策划工作。选题策划是全媒体新闻报道的一个环节,而且是非常重要的环节。在信息洪流中,如果不能策划出富有个性并吸引受众的选题,很难做出有影响的新闻报道,媒体也不会脱颖而出。

(一)具有明确的目标

策划就是围绕一定的目标而进行的一种系统的实践运行活动。全媒体时代,媒体面临的环境更加复杂,因此,在进行选题策划时要树立明确的目标。在全媒体新闻报道的选题策划中,首先要强调的就是一种目标意识,在一定的目标意识的指导下,才能够围绕着目标进行系列的活动,而没有目标的新闻选题策划有可能会离题越来越远,最终偏离媒体的价值目标,远离社会大众的实际需求。在一定目标的指引下,新闻选题策划能够唤起新闻策划人的职业操守和情感,对他们起到一定的激励作用。

媒体是什么?它首先是社会的公器。社会赋予了其采集信息、公开信息的权利,因此,媒体必须贴近民众,满足民众的知情权,从而实现自己的社会价值和经济价值。但不可否认的是,媒体作为一种社会组织,总是受到政府的监督,媒体也承担着为政府宣传、引导舆论的功能,媒体是党的喉舌,是引导舆论与上情下达的渠道。从功能的角度来说,媒体在进行新闻选题策划时,要体现其所承担的社会责任和功能。

(二)能够灵活运用多种创意思维方式

新闻策划属于策划的一种方式,它是将新闻素材、新闻资料各种联结点进行重新联结和创意思考的过程,新闻策划作为一种认识方法,与思维形式有着直接的因果关系,有什么样的思维形式,就有什么样的策划方法。在新闻策划中时刻注意以下几种思维关系,对提高新闻策划水平会大有裨益。

1.宏观思维与微观思维

具有宏大的历史背景,或者在更广阔的视野范围内的新闻报道,更能够引起人们的历史感,激发一代人的记忆。将事物放在广阔的范围内观察分析,从整体上、大局上认识事物的宏观思维,是在新闻选题策划中必备的条件之一。有了宏观思维才有可能将新闻事件的报道上升到历史的高度、国家的高度。微观思维侧重于对事物的局部、重点做深刻分析,从事物的个性上了解事物特点。把两者结合起来看问题、分析问题,就会既有广度又有深度。

2.顺向思维与逆向思维

顺向思维,按照事物时间发展顺序去认识事物,去安排新闻材料,引导新闻发生、发展及结果。这种顺向思维适用于报道一般性的政治新闻、经济新闻、民生新闻,在理清事物时间上的联系,比较事物前后阶段的变化时都离不开它。逆向思维反其道而行之,它具有创新、独出心裁的思维特点。通过不同平常的思维方式,得出不同的结论或者看问题的角度,是逆向思维的长处。将两种思维方式结合,可使选题更具有创意。

3.求同思维与求异思维

要抓住事物的特点，求异思维具有优势，但它只能找出事物的个性。要发现事物的共性，必须用求同思维。发现一条新闻线索，媒体应找出它的个性所在，并在报道中综合体现媒体的特色，不脱离时代发展的脉搏，才能使该新闻报道脱颖而出，引起受众的注意。

三、全媒体新闻报道的选题策划思路

策划作为一种"运筹帷幄于帐中，决胜于千里之外"的思维活动，需要新闻工作者具备一定的思维能力。全媒体新闻报道的选题策划思路决定新闻选题的方向，对新闻报道具有指引作用。全媒体新闻报道选题策划一般有政策导向、受众需求导向和新闻价值导向三种思路。

（一）以政策为导向的选题策划思路

政策导向自上而下，这种报道选题主要用以实现引导舆论、上情下达的作用。然而这类报道在有关民生的"贴近性"方面略差一点，和人们的生活似乎不那么亲近，也没有所谓的"噱头"可以看，没有事件性新闻具备的悬疑性，要想把这种政策导向性的选题做好绝不是一件轻松的事情。在当前个人意识觉醒的时代，个人对社会、对时代的关注越来越多，对社会发展、政府的政策导向也越来越关注，这种类型的选题如果策划得当，往往也能够以自身的深度感、凝重感吸引许多受众。

在政策导向选题的策划中，新闻工作者应该学会"举重若轻"，将重大主题转化为可视性强、新闻性强、说服力强的内容。在具体的选题上，新闻工作者如何将中央的大政方针、宣传精神充分地理解消化，从实际中调查研究，掌握大量的具体事实，从受众关心和熟悉的角度出发，将方针政策与具体实际有机结合起来，使枯燥的东西生动化、立体化，充分体现主题性报道的贴近性和服务性，是当前这类选题策划急需解决的问题。

（二）以受众需求为导向的选题策划思路

受众的需求具有层次性，此类策划应从受众的不同需求层次入手，精准把握受众的不同需求，树立以受众为本位的意识。受众的需要和期待一般有以下几种。

一是生理和安全的需求。它首先包括一些实用需求，读者通过接触大众传媒，获得生活上衣食住行的帮助和指导。其次是信息需求，媒介是人的延伸，不同的传播媒介是人的不同感官向外部世界的"延伸"。大众传媒日益成为受众满足信息需求的主要手段，接受大众传媒的新闻信息已成为现代人生活的重要组成部分。最后是受众调剂生活的需求，大众传媒往往能使受众的感情得到宣泄和释放，使之心理愉快。

二是归属和自我实现的需求。读者通过大众传媒获得信息、知识和技能，获得判断是非的标准，通过大众传媒学习和扮演社会角色。而且，在个人意识觉醒的今天，受众有了更多的话语权，当他们面对一个新闻事件时，也不再是简单的信息接受者，他们会有自己的感受和评价，这种感受和评价在以往并没有更多的渠道可以发散出来，但在媒体发达的今天，通过网络、微博、微信等渠道将自己的意见表达出来，已经成为广大受众的选择。这种表达已经成为受众最高层次的需求，也将会在未来继续存在。此外受众的需求是不断

变化的,媒体要夺取市场制高点,就必须了解目标读者的新特点、新需求、新期待。以此为依据,此类新闻报道选题策划应注意:

1. 贴近受众生活

以受众需求为导向的选题策划首先考虑的就是受众的需求,而受众乐于接受的往往是和其生活、工作最贴近的新闻。读者可接受程度的高低代表着这个新闻策划的成功与否。由于新闻策划是媒体有目标指向的新闻筹划活动,是新闻人的一种主观行为和"议题设定",很容易出现一厢情愿和读者不买账的局面。新闻的贴近性就是为了满足受众的共同心理要求,追求受众的接受度。因此,这种类型的媒体策划的选题必须是大多数受众想知道的、应知道的。

2. 把握时间节点

新闻的本质是新近发生的事实,新闻选题策划是以新闻事实为基础的策划和运作活动,当然也要追求新颖。对于事件性报道,要有较强的时效性。对于没有准确的时间要素的非事件性报道,可将它放在特定的时间坐标系或特定的背景下实现其时新性。比如奥运会作为全球体育盛典,受到全世界的广泛关注,各路媒体争相报道,但是奥运会过后难免出现曲终人散的情况。如何发挥奥运会的余热?新闻工作者可通过"奥运大盘点"的选题方式使已经结束的奥运会再次成为新闻热点。

3. 深度挖掘内容

媒体对客观事实应有整体的把握和高屋建瓴的认识,以开阔的思维去观察和思考,宏观把握,微观着手。新闻选题策划要善于用联系和发展的观点看问题,不让表象后的重要信息漏掉,只有指导思想明确,有计划、有目的地深入挖掘,将百姓关心的新闻报道层层做深,才能给读者留下一个全面、深刻的印象。对于热点新闻、重要新闻,还必须通过报道来推进事件的递进和发展,最终揭示事件的本质,满足人们的期待感,而不能只在表面上无休止地重复,让人失望。

4. 准确的前瞻性

新闻竞争越来越激烈,新闻选题策划已为越来越多的媒体所重视。因此,领先一步,占得先机,也就成了新闻选题策划成功之关键。要具有前瞻性,首先要做到准确把握热点,做到"春江水暖鸭先知"才行,这就要求新闻工作者具有高度的新闻敏感。一线记者要及时地向报社反馈信息,使新闻选题策划人员事先对自己要做的选题心中有数。同时,获取信息也是新闻策划前瞻性的一个重要前提。这就要求媒体和记者要与社会各界保持密切联系,要将新闻触觉伸展到各个角落,要做全天候的新闻人。

5. 注重人文关怀

好的新闻选题策划应当有忧患意识和人文情怀。新闻选题策划的人文情怀,更多的是关注当下社会普通人的生存境遇和发展要求。新闻采访学上有一个公式,即:平常人＋不平常事＝新闻。新闻的主题策划可将视点下移到普通民众身上,挖掘平凡人不平凡的经历,反映普通人的声音。衡量新闻价值的一个重要因素是人情味,因此,在进行新闻选题时一定要对准人。新闻事件的主体是人,新闻报道的主体也应该关注人,不能见物不见人。虽然受众层次不同,需求不同,但是他们对自己及他人的生存状态的关注却是相同的，因此具有人文关怀的新闻作品往往是最贴近生活、最能被受众所感知的，也最能引起受众的情感共鸣。新闻选题注重人文关怀，才能产生打动受众心灵的新闻报道。

（三）以新闻价值为导向的选题策划思路

掌握新闻价值规律，提高新闻敏感度，是记者在进行新闻报道选题策划环节中要注意思考的问题。新闻价值是新闻选题的核心。从新闻价值的效果论来说，新闻价值就是新闻所产生的社会影响、作用和效果。新闻价值是客观新闻事实中存在的、具备能够满足人们需要的属性，是价值范畴讨论的问题。新闻价值既有客观性又有相对性，两者是紧密结合的。

在认识新闻价值的出发点上，中西新闻界存在着不完全相同的认识。西方传媒一切向受众看齐的思想比较严重，趣味性泛滥。在我国，对新闻价值的认识较为复杂，除了强调受众需求外，更深受政治、社会因素的影响。新闻工作者在进行选题策划时要判断某一件事的新闻价值会对社会产生什么样的影响。以新闻价值为标准的新闻选题重视新闻内在的价值，不管是时新性、重要性、显著性、接近性和趣味性，还是其他属性，选题都要遵照新闻内在的价值规律，为受众提供符合媒体标准的新闻事件。这种选题的策划可以依靠新闻媒体已有的相关标准进行策划，围绕"内在价值"这个目标，考虑多重价值方向，努力为受众、为社会提供有价值的新闻。

四、全媒体新闻报道的选题策划组织

策划是一个系统的、严密的思维过程和实现过程，它并不是个人拍脑袋就可以决定和实现的，因此，在经过自由散漫的个人策划阶段之后，很多媒体认识到成立专门的新闻报道选题策划部门来进行新闻报道选题的必要性，媒体的新闻策划部雨后春笋般地成立起来，成为新闻媒介的常用手段。成立专门的新闻报道选题策划部门进行选题策划是提高选题和增强报道质量的一条新路子。

媒体的新闻报道策划主要有两种方式：一是请专家、学者、顾问定期召开新闻选题会议，讨论选题议案；二是在媒体内部组成新的部门来集中研究开发新闻报道选题策划活动。如新华日报社从1995年9月起，每天上午召开特派记者碰头会，由值班编委召集，会上由记者谈情况、报线索，编委帮助分析情况、确定采访方案、人员。1999年该报进行了较大规模的改版，报社进一步将记者碰头会演变扩大为新闻策划会，报纸三个版组都派记者编辑轮流参加，参会人员每天收集、汇总、交流各方新闻信息，一经"智囊团"谋划敲定，雷厉风行，立马出击，当晚发稿，由值班总编签发到版面。目前，我国越来越多的新闻媒介在推进与改进周期性新闻报道策划，许多电视台的节目策划不仅周期性运行，还重视邀请台外专家参与，集思广益。

当今全媒体时代，在传播渠道日益丰富的同时，媒体间的竞争也在逐步加大。要想赢得受众，赢得市场及社会的认可，媒体就必须彰显自己的价值，把握自己的命运，而媒体能够把握自己命运的方法就是做好内容，新闻选题的策划就成了做好内容的关键和首要任务。新闻选题质量高，能使新闻报道在众多的媒体信息中脱颖而出，争夺越来越稀缺的受众注意力，选题策划的重要性不言而喻。只有把选题策划做好了，才能真正走出面向市场的第一步，赢得受众、市场和未来。

【知识回顾】

　　选题策划是新闻报道的重要内容，出色的选题能够产生优秀的新闻报道，因此选题策划能力是全媒体新闻报道对新闻工作者的基本要求。本章系统讲述了全媒体新闻报道的选题策划。全媒体新闻报道选题的来源渠道更加丰富，既有传统的新闻报道选题来源，又有自媒体等多种选题来源。全媒体新闻报道选题的原则包括真实性、贴近性、超前性、时新性、深度、聚焦、政治导向与市场导向相结合等原则。全媒体新闻报道选题的标准既包括传统的政策导向与新闻价值导向标准，也包括受众需求和媒体定位标准。全媒体新闻报道的选题策划应该进行专门的组织安排，根据不同类型的题材选择不同的策划思路。

【思考题】

1. 全媒体时代新闻选题的来源与传统媒体时代有什么不同？
2. 全媒体时代对新闻报道的选题有什么更高的要求？
3. 全媒体时代如何更好地进行新闻报道选题的策划？

第五章
全媒体新闻报道的采访

【知识目标】

☆ 了解全媒体新闻报道的采访技术
☆ 掌握全媒体新闻报道的采访原则和提问技巧
☆ 学会全媒体新闻报道的记录方式

【能力目标】

1. 能够运用全媒体新闻报道的采访技术
2. 熟练应用全媒体新闻报道的提问技巧
3. 能够运用全媒体新闻报道的记录方式

【案例导入】

2016年入汛以来，暴雨、台风持续袭击我国南方地区，危及居民的生命财产安全并造成了巨大的经济损失；同时，恶劣的自然天气和地质条件给救灾带来了巨大的困难。在这场自然灾害的救援中，无人机设备成为救灾队伍中不可或缺的一员。无人机机动性强，易部署，对地理环境的依赖性低。利用其优势勘察水情，收集洪涝灾害信息，能够制订更加合理、有效、准确的救灾方案，能使整个救灾过程更加科学、安全、高效。其实，这已经不是无人机第一次"担当重任"，早在南方冰冻灾害、5·12汶川地震、深圳滑坡事故等事件中，无人机就已发挥重要作用。在天津港仓库重大火灾爆炸事故中，无人机摄像头所记录的全景地图，为现场的指挥救援提供了极大的便利，其在爆炸核心区航拍的画面极具视觉冲击力，展现了事故第一现场的全貌。

无人机的应用为新闻报道的采访提供了新的方式，使得传统的采编系统在悄然改变。此外，无人机与VR技术结合所带来的"体验式"新闻也日益增多。得益于新技术的发展，全媒体新闻报道的采访形式多样化，内容丰富化、形象化，高技术含量的采访方式成为现代新闻传播的发展趋势，也成为全媒体新闻报道的重要特征之一。

第一节 全媒体新闻报道的采访技术

全媒体时代,新闻报道采访出现了诸多崭新的变化,大数据、无人机、VR等新技术改变了传统新闻报道的采访方式。新技术在全媒体新闻报道中的广泛运用为新闻报道素材的采集提供了便利的条件,让新闻"沉浸式体验"成为可能。新闻工作者采集信息的手段日趋现代化、科学化,高科技的采集方式成为新闻报道发展的新趋势。

一、新闻采访与新闻采访技术

采访是新闻报道流程重要的一环,是获取新闻信息最为重要的方式。新闻报道的采访技术是指新闻采访活动中所采用的技术手段,主要包括新闻记者在素材收集时所使用的技术手段和在进行采访活动时所使用的方式技巧。

(一)新闻采访与新闻采访技术

在了解新闻报道采访技术之前,我们首先需要明确新闻采访及新闻采访技术的概念及范畴。关于新闻采访的定义有多种说法,我们选取比较有代表性的概念进行分析。

著名新闻教育家、中国人民大学甘惜分教授对新闻采访下过这样的定义:"记者通过访问、观察等方式采集新闻材料的。已是记者的主要工作任务。采访也是记者对客观事物的一种特殊的调查研究活动。"[1]这一定义以强调调查研究活动来形容新闻采访,他认为访问与观察是新闻采访的两种常用方式。

我国著名新闻工作者艾丰强调采访是对客观情况的了解,指出"采访是新闻记者(包括业余报道者)为进行新闻报道所作的了解客观情况的活动"。[2]

武汉大学罗以澄教授从唯物主义的观点出发,对新闻采访进行定义:"新闻采访是新闻记者(包括业余通讯员在内的新闻采访者)为写作新闻而进行的了解和掌握客观事实的活动。"[3]

暨南大学林如鹏教授对新闻采访的定义强调的主要有两点:一是事实材料采集;二是事实材料分析。他认为:"新闻采访是新闻工作者为了报道新闻而进行的各种采集和分析新闻事实材料的职业性活动,是全部新闻工作的基础和前提,也是每个新闻工作者都应该掌握的一项基本功。"[4]

从上述有关新闻采访概念的表述中我们可以总结出:第一,新闻采访的基本要素有新闻记者、新闻事实、采访对象等;第二,新闻采访的本质是对客观事实的调查。因此,我们可以将新闻采访定义为新闻记者通过采访对象、利用采访媒介为收集信息所进行的一项调查研究活动。新闻采访的方式可以分为:面对面采访、体验式采访、书面采访、电话采

---

[1] 胡昕.论新闻采访权的概念界定[J].天府新论,2006(51).
[2] 艾丰.新闻采访方法论[M].北京:人民日报出版社,1996.
[3] 罗以澄.新闻采访学新论[M].武汉:武汉大学出版社,2002.
[4] 林如鹏.新闻采访学[M].广州:暨南大学出版社,1998.

访、网上采访、隐形采访等。

新闻采访技术是指新闻工作者在新闻采访活动中所使用的手段与方法，主要包括两个层面的意义：一是收集新闻素材的物质技术工具；二是获取新闻素材的方式技巧。新闻报道采访技术手段多种多样，既包括文字记录，也有语音记录和视频记录，随着新闻采访技术的发展，还包括各类传感器获取的数据记录等。

全媒体环境下，新闻报道融合了多种表现手段，通过不同的媒介形态实现资源的整合及信息的共享。新闻的采访、编辑、报道、反馈的方式都呈现出了新特点，但是新闻报道采访追求事件事实本身的本质并没有改变。全媒体给新闻报道的采访带来的变化主要集中在记者装备科技化、采访形式多样化、采访过程全景化、编写内容丰富化等几个方面。

（二）新闻采访技术的演进

新闻采访活动从何时开始并没有明确的记载，但是近代资产阶级的报纸发源于16世纪的威尼斯城，因此有学者认为新闻采访活动始于公元16世纪。新闻传播来源于人的需求，如果没有新闻采访活动，那新闻传播就不能实现。只是在新闻采访活动的初期，受限于技术手段，采访活动仅仅依靠口、耳，采访往往是不自觉的，这种采访活动主要有两个缺点：一是难以保存；二是效率低。这种最原始的采访活动难以满足人们的需求，这从侧面说明技术对新闻采访的重要性。新闻报道采访技术的演进过程与科技的发展密不可分，采访技术的演进也反映出不同媒介的传播特点。根据大众媒介的发展进程，我们将新闻采访技术的演进过程划分为三个阶段。

1.报纸杂志新闻报道的采访技术

黄远庸先生曾对记者提出四个要求：能有自己的思想，能够不辞辛苦到处奔走，能够做一个良好的听众，能有过硬的笔头功夫。这四项能力展示出以报纸杂志为代表的印刷媒介时期，新闻记者所应具备的基本素质。印刷媒介时期的采访多采用面对面交谈的方式，以逻辑思维为主，用图片和文字呈现客观世界。面对面交谈对新闻记者的素养要求较高，如何在访谈过程中掌握主动性、挖掘出有价值的信息是对新闻记者的一大考验。记者应该具备充分的主观能动性，通过事前充分的准备，应对采访过程中可能出现的状况，以确保采访活动能够顺利进行。

报纸新闻又和杂志等平面媒体新闻有所不同，它具有较强的及时性，它突出的重点应该在于新鲜的话题、有热度的人物和事件上。因此，它要求记者在采访中能抓住话题的精髓，掌握谈话的侧重点，以及控制整个谈话的进度和脉络。

在报纸杂志的新闻采访中应该注意以下几点：一是尽量深入现场进行调研，除了掌握基本的客观信息外，还要及时记录感受，这样新闻报道才会更加鲜活，让受众更加真实地感受到现场状况，仿佛身临其境；二是多角度观察、采访，防止信息片面化，要尽量做到全面、真实，杜绝偏听一方造成的虚假新闻；三是采访方式要灵活多变，根据采访对象的特点，采用不同的谈话方式与技巧，具体问题具体分析；四是要尽可能多地掌握资料，注重细节，以便为后期的报道准备充分的素材。

2.广播电视新闻报道采访技术

广播电视媒体晚于报纸媒体出现，与报纸杂志的新闻报道不同，在广播新闻节目中，收集新闻素材和资讯是新闻采访的主要工作,并且要基于素材进行高质量的剪辑。由于广播新闻表现形式多样,便于受众了解国家政策动态、社会热门事件、百姓民生等新闻信息,所以受到人们广泛关注。从技术手段上看,媒介主要是对声音的传递,基于无线电通信技术,广播出现了录音采访的模式,它要求新闻记者要熟悉录音器材、编辑机。广播相对于报纸更具普适性,对受众文化程度要求不高,在采访技巧上要求提问方式更加简洁明了,用口头语言表达,做到通俗易懂。广播录音具有的不可逆性增加了新闻素材的可信度,即使在全媒体的传播环境下,电话录音采访也是使用较为普遍的采访技术。

以电视摄像为代表的电子摄录设备为新闻报道的采访开辟了新的道路。相对于以往的文字、图片和声音,电视图像的动态化与形象化的采访过程更具有感染力,除去语言和图像,电子摄录设备还更加注重对细节的捕捉及对一些非语言信息的收集,比如环境的变化、采访对象的眼神与肢体动作等。

一般情况下,广播电视新闻的采访都需要借助专门的摄录设备,这样在播出时就可以实现声音和画面的同同步呈现。摄录器材的使用不仅能够完整保存信息,还能通过不同的形式表达传播。但是,广播电视新闻采访过度依赖摄录设备,导致一些新闻工作者的"笔头"功夫有所下降,这是值得我们反思的问题。

技术的发展其实给新闻工作者提出了更高的要求,在进行广播电视新闻采访时,除了收集客观资料外,还要注意和采访对象的沟通交流,引导采访对象配合完成采访活动,以保证采访顺利完成。在全媒体环境下,素材的形式更加多样化,采集方式也更加高科技化,在进行采访活动的时候,采用何种采访方式对新闻信息如何展现有直接的决定作用。

3.网络社交媒体新闻报道采访技术

随着互联网的发展,网络新闻日渐成为新闻传播的主要阵地。网络新闻采访包括两个方面:一是传统的文字、声音、图像采访;二是利用网络虚拟现实空间开展的新闻素材收集与新闻调查活动。网络新闻采访技术以互联网作为信息采集的环境,通过搜索引擎、网页抓取等信息获取方式采集编辑相关信息。网络新闻采访的工具更加科技化、数字化,并且采访的内容形式丰富多样,范围更加广泛,速度更加迅捷。但由于网络信息庞多繁杂、泥沙俱下,也给网络新闻报道采访造成了一些困难,如信息难辨真伪,新闻特点不突出等,影响了新闻报道的质量。

在网络新闻报道采访中,比较突出的采访方式就是社交媒体采访了。社交媒体(social media)指互联网上基于用户关系形成的内容生产与交换平台,社交媒体现阶段主要包括社交网站、QQ、微博、微信、博客、论坛、播客等等,是人们彼此之间用来分享意见、见解、经验和观点的工具和平台。社交媒体基于"六度分割"理论建立起来,它缩短了人际交往的空间距离,成为新闻采访的又一重要渠道。以微博为例,新闻记者可以通过微博私信、微访谈的方式与采访对象直接联系进行线上采访,既可突破时间、空间的限制,又可减少信息在传递过程中失真。社交媒体对新闻采访而言,最重要的就是创造了一种无界的、开放的、互动交流的平台,这种低成本的采访也逐渐成为一种常用的新闻采访方式。

二、全媒体新闻报道的采访新技术

全媒体新闻报道包括声音、文字、图像、动画、数据等多种元素,充分调动这些元素对于新闻报道具有非常重要的作用，技术的发展使得这些元素的收集方式也有了新的变化。VR视频拍摄可以第一时间捕捉并报道热点新闻事件；无人机技术可以近距离低空拍摄、俯瞰全景拍摄，丰富报道内容；基于移动互联网的视频直播增加了新闻的客观性；H5技术使得新闻的互动性更强；即时通信群、视频会议、即时聊天增加了采访渠道。

（一）无人机拍摄技术

无人机（unmanned aerial vehicle）是无人驾驶飞行器的简称，英文缩写为"UAV"，是利用无线电遥控设备和自备的程序控制装置操纵的不载人飞行器。从技术与构造角度可以分为：无人固定翼机、无人垂直起降机、无人飞艇、无人直升机、无人多旋翼飞行器、无人伞翼机等。在汶川地震的采访中，为了更真实地展示震后的受灾情况，央视采用了三角翼和滑翔伞载记者前往拍摄，使用由于距离地面近，加之震后气候状况不佳，记者前往拍摄的危险系数很大。但是无人机就能很好地应对这个问题。

与传统的拍摄手段不同，无人机能够突破空间限制，完成拍摄任务。无人机拍摄对环境的要求低，视角独特，在重大突发事件、灾难现场等恶劣地理条件下的新闻素材的采集中逐渐担当重任。通过信息化的地面遥控、播控设备，无人机能够深入到人力无法达到的区域，快速及时地采集新闻报道所需的信息。在天津港仓库重大火灾爆炸的事故中，在爆炸发生后5小时央视无人机就飞入爆炸核心区拍摄，展现了灾后第一现场的全景图，不仅为观众呈现出了灾后状况，还为灾后的救援工作提供了依据。作为一种特殊的信息采集手段，无人机的使用受到一定的限制，一般要遵守以下原则：必要性原则、合法性原则、安全性原则和可控性原则。无人机航拍结束后，需要对拍摄的素材进行严格的审查，除了依照相关的新闻标准外，还应该看是否侵犯个人隐私或涉及保密区域。

在美国，包括纽约时报公司、美联社、NBC环球公司在内的十家美国媒体公司都在使用无人机进行新闻采访。在国内，各大新闻媒体也积极使用无人机进行新闻采访活动，除了新华社专门成立了无人机队之外，央视、搜狐新闻等媒体也都在试水无人机新闻采访。

（二）VR技术

2016年8月17日，VR新闻实验室在北京成立，首批成员单位包括全国12家主流报纸，将探索新闻的另一种表达形式——VR新闻。VR（virtual reality）是指虚拟现实，这一概念是在20世纪80年代初提出来的，其具体是指借助计算机及最新传感器技术创造的一种崭新的人机交互手段。VR技术具有的"3I"核心特征，即沉浸（immersion）、交互（interaction）和想象（imagination），可以带领观众以第一视角去真实感知新闻发生时的现场，主要运用在新闻报道的全景呈现上。清华大学新闻与传播学院史安斌教授称VR/AR（增强现实）技术引发了传统新闻业三大转向：内容由浅层叙事到深度内容，业态从"各自为政"到跨界融合，样式从"原画复现"到"沉浸＋参与"。

VR新闻自从2012年在美国被引入新闻行业后，一直被视为新闻行业的前沿技术。随着技术的成熟，VR新闻逐渐引爆国内传媒市场。从2016年全国两会期间的新闻报道就可以看出，VR技术已经进入批量使用阶段。在2016年3月7日的全国两会报道中，华龙网运用VR技术进行现场播报，360度全景展现两会现场、重庆代表团驻地以及代表团审议政府工作报告的情况,报道方式新颖,具有很强的现实感。

VR技术发展到现阶段,已经呈现出自身的特点,它最大的优势是可以360度全景摄影,让人有身临其境之感。它的出现验证了麦克卢汉的"媒介理论",麦克卢汉认为媒介是人体感官的延伸,VR新闻打造出的"沉浸式新闻报道"正是对人类视觉、听觉的延伸。[1]但是,目前VR技术还不够完善,其在新闻报道中的运用才刚刚起步。

(三)传感器采集技术

2010年开始,优秀的数据新闻作品开始在《卫报》《纽约时报》、BBC等国际知名媒体中出现,并取得了良好的社会效果。数据新闻是新闻业不断适应当下信息环境变化而孕育出的新成果,简单来说就是数据驱动的新闻报道。数据新闻的发展离不开以传感器为基础的物联网支撑,遍布各处的传感器为数据收集提供了便利的条件。传感器新闻采访技术是指新闻工作者通过传感器收集数据,并利用海量数据来生成新闻报道。传感器具有感知环境的细微变化、采集海量数据的强大能力。传感器收集数据改变了传统新闻信息的采集方式,极大地丰富了新闻报道的素材。目前,传感器数据采集技术已在新闻报道中得以运用,成为新闻采访的一项工具。

虽然传感器采集技术在新闻行业的实践尚处于起步阶段,但无论是在理念还是技术方法上,它都在精确新闻学和计算机辅助新闻学的基础上向前迈进了一大步,它要求新的新闻思维、新的新闻叙事、新的传播技术等,它对于新闻记者的要求也日益提高,需要集多种技能于一身的复合型人才。[2]随着物联网技术的不断发展及其规模的不断扩大,媒体可以利用的资讯和数据越来越多,再加上一些可穿戴设备的出现,这些新的技术手段使得新闻工作者的采访能力大幅提升。基于物联网与云计算大数据兴起带来的数据新闻的快速发展,占有优势资源的媒体大多已经建立起集"数据层、采编层、发布层"于一体的全媒体新闻报道平台。

除了以上几种技术手段外,还有多种技术手段运用于新闻采集,如即时通信、视频会议、卫星技术等。以中央电视台为例,在突发灾难事件的报道中,中央电视台利用各种技术手段,把直播报道打造成了一个开放式的信息集合平台,包含了现场信息、救援信息、其他媒体资讯、事件亲历者提供的信息等。多种信息采集方式,保证了新闻报道的及时、全面、有效。

新闻报道采访技术的演进并不是对原有技术的推翻与否定,而是在以往基础之上的整合与发展,使新闻采访整体向多样化、生动化的方向发展,为受众还原出越来越逼近真实的事件景象。高科技的新闻素材采集手段已经成为全媒体新闻报道的重要特点之一,这些采访技术的变化对全媒体环境下新闻工作者的综合素质提出了更高的要求。

三、全媒体新闻报道的采访技能与技巧

全媒体新闻报道的采访不仅需要新闻记者能够娴熟使用各种高科技采访工具,同时

---

[1] 何鹏德.浅析VR新闻的发展态势[J].西部广播电视,2016(13).
[2] 郎劲松,杨海.数据新闻:大数据时代新闻可视化传播的创新路径[J].现代传播,2014(3).

需要他们有较高的人文修养，确保采访能够顺利进行并收集到有价值的新闻信息。新闻采访是新闻报道真实性和准确性的基础，是新闻记者具备的基本职业技能。全媒体新闻报道要求记者要掌握一定的采访技巧，提高个人的新闻素养。

（一）全媒体新闻报道的采访技能

俗话说，不打无把握之仗。随着传播环境的变化，全媒体新闻报道的采访要做到事前充分准备。为了保障采访能够顺利进行，记者应事先了解采访对象的基本信息，根据采访目的，准确掌握采访对象的具体情况并制订相应的采访计划。对于突发事件，要第一时间赶到事故现场多方寻找相关人员，收集准确信息。

在设计采访提纲时，要依据采访目的有针对性地设计，采访的问题应根据采访对象的工作、情感、经历、性格等具体情况进行设计。除了掌握基本信息外，还需要把握采访对象的心理，以便在采访时与采访对象有"同理心"，令采访对象放下戒备心理，使采访活动顺利进行。

在采访过程中，要注意倾听、做好采访记录。记者在进行采访活动时，除了依靠高科技手段进行信息搜集外，还应该仔细观察采访对象的非语言符号所传达的信息。非语言符号是指人的神态、姿势、表情等能够透露出内心情感的信号。通过体态传达出来的信息对于记者和采访对象的交流有很大的帮助，记者借助非语言符号掌握采访对象心理，将有助于采访在良好的氛围中顺利开展。

另外，在采访过程中，记者还应坚持客观公正的态度，不能先入为主，形成刻板成见，差别对待采访对象，更不应将个人态度、意愿强加于采访对象之上，记者应该是客观信息的传达者，而不是评论者。

（二）全媒体新闻报道的采访技巧

除了基本技能之外，记者还需掌握一些采访技巧。首先是对新技术的熟练掌握与运用。工欲善其事，必先利其器。在全媒体新闻报道中，记者应学会熟练运用各种新兴的采访技术，充分了解不同采访技术的特点、优势与劣势，并能够根据具体情况选择恰当的采访技术。

其次，应具备灵活的提问技巧。提问是新闻采访的重要环节，在采访过程中，记者提问要循序渐进，营造轻松的采访氛围，获取采访对象的信任，以便与采访对象进行深入的沟通与交流；同时，还要注意倾听与观察，不要对采访对象的语言或行为妄加评论，要换位思考，从而从更深层次挖掘采访素材。

最后，记者在采访过程中要真诚地对待采访对象，尽量与采访对象产生情感上的共鸣。采访不仅是信息的交流，还应该是情感的沟通，记者应该学会在接收信息的同时捕捉容易引起共鸣的情感因素，利用情感因素调动采访对象积极主动地配合采访，这样才能获取更多有价值的信息。

技术和技巧固然重要，但是这一切都必须建立在良好的职业道德之上。全媒体新闻报道采访必须遵守相应的原则，否则，技术也会造成危害，技巧也无济于事。

第二节　全媒体新闻报道的采访原则

媒体是党和人民的"喉舌"。新闻采访活动涉及的范围广、战线长、内容多,各个行业发生的新鲜事件都可以成为新闻采访的内容,但这并不意味着采访活动可以随心所欲,特别是在全媒体发展迅猛、信息传播迅速的环境下,新闻采访更应该遵循一定的原则。随着科学技术的发展,新的媒体介质不断出现,新闻报道的表现形式也不断拓展。原有的新闻报道采访原则也必须根据媒介性质的变化进行修改提升,以适应全媒体的特点。无论何种形式的新闻报道,在新闻采访中都必须坚持一定的原则。

一、新闻采访的基本原则

新闻采访的基本原则有:党性原则、真实性原则、客观性原则、合法性原则。媒体环境的变化给新闻采访带来了一定程度上的改变,但是对于新闻采访的基本原则,我们仍要坚持不动摇。

(一)党性原则

我国新闻事业的性质是党领导下的社会主义新闻事业,是党的事业的重要组成部分。这一性质决定了新闻媒体必须在党的领导下进行新闻工作,在新闻采访活动中必须坚持党性原则。党性原则是无产阶级新闻事业的一大特点,要求新闻工作者在新闻采访中要自觉接受党的领导,与党和人民的事业发展方向相一致。新闻工作者在新闻采访活动中应当以党的指导思想作为新闻工作的准绳,要接受党的领导、遵守党的组织原则、宣传党的方针政策。另外,新闻媒体与社会各机构的关系紧密相连,党的各级组织也往往为新闻报道提供内容和线索,因此,新闻采访必须坚持党性原则,依靠党的各级组织,并同各级政府部门保持密切联系。记者在进行采访工作时要把握全局,以是否符合党和人民的利益为检验标准,不能为个人利益违背党和人民对新闻事业的要求。

(二)真实性原则

新闻是对新近客观事实的报道,新闻采访是新闻报道的基础,因此,坚持新闻的真实性必须从源头出发,在新闻采访阶段就必须重视新闻的真实性,从实际情况出发,否则新闻就会失去其原有的意义。在全媒体传播环境中,由于把关机制的缺失,通过多种渠道发布的信息良莠不齐,加之公众媒介素养参差不齐,无法做到与专业媒体一样对信息真伪进行鉴别判断,所以往往会造成谣言滋生。因此,在全媒体环境中,新闻媒体一方面要坚持实事求是的原则,避免道听途说;另一方面要增强对新闻真实性的甄别能力,加强职业修养,确保新闻报道的真实性。

(三)合法性原则

合法性是新闻采访的底线,它新闻采访活动中要树立法律意识,坚持合法性原则。信息繁杂多变、更新快、传播快等已经成为当前全媒体新闻报道的常见特点,但是一些媒体客户端与各种自媒体平台出现了受众信息被泄露的情况,这也给相关部门的监管提出了挑战。监管部门需要加大对各大平台的监督管理力度,同时要提高信息处理力度,以适应当前传播环境的发展变化。新闻工作者在采访活动中既要从合法的途径获取信息,又要杜绝泄露受众信息的事情发生。

全媒体环境中,新兴社会化媒体独特的信息发布、扩散、反馈、循环传播结构和意见的形成、冲突、流动传播结构,是影响新闻报道的主要因素,也是相关部门监管的主要对象。目前,主要社会事件或谣言最为迅速的传播途径便是新兴的社会化媒体平台。新闻工作者在新闻采访活动中应该牢牢坚守正确的价值观,传播正确的理念与信息,在采访中守住法律和道德的底线。各相关媒体平台及相关媒体客户端也要坚持合法性原则,做好对受众信息的保护工作,使信息传播活动处在法律的监管体系与框架之内。

(四)客观性原则

新闻工作者无论在什么时候都应该只是事实的挖掘者和呈现者,只有在采访时坚持客观中立的原则,才能确保所收集的信息是客观真实的。信息的爆炸式增长及快节奏的生活方式使得人们接收的信息碎片化,思考方式浅层化,媒介的舆论引导作用也日渐强大,新闻采访若有失公允,会对公众造成误导,不利于社会和谐稳定。

新闻采访往往需要面对文化程度不同、身份各异的人,无论是何种采访对象,记者都应该摒弃主观色彩,以公平公正的心态对待,对强势者要不卑不亢,对弱势者要关爱体谅,清除社会地位带来的沟通障碍。"兼听则明,偏听则暗",新闻采访应该听取多方意见,防止由于采访不全面造成的新闻失实。记者要尊重公众的表达权,听取各方意见,多角度真实呈现新闻事件。

二、全媒体新闻报道的采访原则

我们身处的全媒体时代,传播的信息量以几何级数增长。新兴媒体就在这样一个时代里蓬勃发展,逐渐成为新闻报道的中坚力量。传统媒体在生存发展道路中不得不与新兴媒体进行融合,并加大对新兴媒体的投入以提高自身的竞争力。在这个开放、共享、人人都是信息发布者的时代,全媒体给采访原则带来了哪些变化,全媒体新闻采访的原则又有哪些特点呢?

(一)注重时效性原则

新闻是新近发生的事实,新闻传播必须要及时迅速。新闻过了时效期就会失去其原本的意义,不仅不能满足受众需求,更会在同行业中失去竞争优势。互联网和卫星通信技术的发展使得地球真正成为地球村,信息传播可以同步进行,媒体形式的丰富和多样化,使受众可以及时获得信息。移动互联网的发展,使随时随地传递、接收、分享信息得以实现,受众可以在最短的时间内接收准确的新闻信息。时效性是各个新闻媒体平台竞争的重要因素,谁最先获得消息源,发布报道,谁就能获取受众的青睐,因此,时效性原则在全媒体时代更显重要。

全媒体新闻报道环境中,除专业新闻工作者之外,还有许多所谓的"草根记者"。对于常规新闻,专业的媒体机构会派出专业的新闻工作者进行报道,新闻采访会有事先计划和准备。但是对于一些突发新闻，专业记者不能及时赶到现场时，这部分"草根记者"就可以通过社交媒体向外界传递第一现场的信息，比如温州动车事故、天津港特大火灾爆炸事故等，最早的消息都是现场的非专业人员报道传递出来的。因此，随时随地接收第一现场的消息是全媒体环境下对新闻时效性原则的更高追求。

（二）加强贴近性原则

进入20世纪90年代，随着传媒的市场化进程的加快，媒体作为党和政府的喉舌，除了担负起政治宣传和舆论监督的功能以外，也要面对市场和受众。在全媒体环境下，受众的地位越来越高，媒介的传播内容逐渐向受众需求看齐；受众需求发生转变，他们更关心周围发生的事情，这就促使全媒体新闻采访内容要更加贴近受众，体会受众所思、所想。所以在新闻采访活动中要贴近受众生活。

随着智能手机、平板电脑等工具的普及，人们可自由发布信息、与人交流。进入全媒体时代，原有的传播格局被打破。互联网的发展还冲破了传统媒体的限制，以往采访权是传统媒体的特权，但是2015年11月，中央网信办授予人民网、新华网、中国网、国际在线、中国日报网、中国网络电视台、中国青年网、中国经济网、中国台湾网、中国西藏网、光明网、中国广播网、中国新闻网和中青在线14家网站采访权，虽然还未授予商业网站采访权，但是受众通过社交媒体发布信息的趋势并未减弱。受众通过新兴社会化媒体披露事实形成热点，而后由传统媒体跟进采访已经成为一种趋势。由此可见，传统媒体已经无法离开新媒体提供的线索，必须开始逐步重视受众所带来的信息，通过全媒体渠道进行新闻采访。

（三）增强灵活性原则

在《解读烟台日报传媒集团全媒体模式——访烟台日报传媒集团社长、总编辑郑强》这篇文章中，吕道宁指出，全媒体是指综合运用各种表现形式，如文、图、声、像，来全方位、立体地展示传播内容，同时通过文字、声像、网络、通信等传输手段来传输的一种新的传播形态。[①] 区别于传统媒体单一的采访方式，全媒体环境下新闻媒体的采访活动应注重多种手段的综合运用，全媒体新闻采访需要更加灵活、更贴近生活，寻找受众喜闻乐见的线索进行深入挖掘。

技术的发展使得记者的采访手段更加丰富，形式更加多样，同时也打破了传统传播格局中媒体处于强势地位的局面。新闻记者的采访方式越来越灵活，与采访对象的互动也平等化、频繁化。现代电子采访系统的运用，不仅提高了记者的硬件操作水平，更要求记者能灵活运用各种方式进行采访，收集新闻信息。

（四）把握适度性原则

全媒体时代，信息越来越碎片化、娱乐化，在泛娱乐化的背景下，新闻存在着被过度消费的现象。有些记者会逾越道德伦理的底线去揭露个人的隐私，有些记者会一味迎合受众寻求刺激的心理，使得新闻逐渐偏离事实本身，并走向低级趣味的误区；还有记者为了

---

① 吕道宁.解读烟台日报传媒集团全媒体模式——访烟台日报传媒集团社长、总编辑郑强[J].今传媒,2010(4).

吸引眼球,竟然发布一些虚假信息。比如2015年1月13日,南方都市报所办南都网、新闻客户端及法人微博发布《南京众人围观裸女跳河 救助者被遗忘 没人帮忙拉一把》的新闻。经核实,这是一起将在不同时间发生在两地的两起事件拼接而成的虚假新闻。真相是南京一女孩跳河获救,最初的新闻来源并未提到救人者被漠视,而救人小伙被冷落则是12日发生在湖北黄冈的一件事,这两件事被人为"拼接"在一起。①

在数字传播技术发展迅速的条件下,最突出的问题就是隐私与个人信息安全。民众个人意识的觉醒加强了其对自身权利的维护,隐私权是其重要权利之一。但是在新闻采访中,采访者往往难以把握隐私的"度",由于过度披露个人信息给采访对象带来困扰的新闻事件也不在少数,对于此类现象,记者在采访时必须坚持适度原则,防范由于采访不当可能给采访对象所带来的困扰。

第三节 全媒体新闻报道的采访提问

提问是记者进行采访活动最常用的一种方式,善于提问是对新闻记者的基本要求,记者提问水平的高低,关乎能否获取真实新闻素材,决定着新闻事件最终能否进行透彻的报道。新闻采访提问不同于日常闲聊,需要遵循一定的原则并掌握常见的提问方法和技巧。新闻的采访提问主要是人与人之间的沟通交流,掌握必要的心理学知识和一定的采访提问技巧是每个记者的必修课。采访提问看似简单但却有着极强的艺术性,除了需要经验的积累,还对个人综合能力有很高的要求。

一、采访提问的特点

我国著名记者邵振青在《实际应用新闻学》一书中指出,在报纸的所有业务中,以采访为重要,因为一张报纸的"最重要原料,厥惟新闻",而新闻之取得乃在采访。② 由此可见,新闻活动能否顺利进行取决于采访的成功与否;而采访提问的质量直接影响着采访是否成功。全媒体环境下,新闻采访依旧离不开"问、听、看、想、记"五大要素,采访提问仍是获取新闻素材的重要手段,但是相对于传统媒体,全媒体环境新闻采访提问呈现出了新的特点,也对记者提出了新的要求。

(一)采访提问技术数字化

全媒体是一个集合的概念,它是一个开放的、持续变化的系统。随着科技的进步,数字传播技术日趋成熟,促使更多媒介形态加入到全媒体的阵容中,各种新旧媒介的深度融合大大丰富了受众的媒介体验。移动互联时代4G网络已经成熟,5G移动通信网络也崭露头角,随之带来的是数字化的新闻采访和传输工具的丰富。数字化的新闻采访工具不仅可以帮助记者快捷高效地完成采访任务,还能实现不同格式之间的相互转化,满足不同媒介形式所呈现的全媒体新闻报道需求。

---

① 年度虚假新闻研究课题组.2015年虚假新闻研究报告[J].新闻记者,2016(1).
② 邵振青.实际应用新闻学[M].北京:京报馆,1923.

技术的发展是全媒体得以实现的前提条件,多种渠道和分众化的信息传播使得全媒体新闻报道成为现实。从全媒体的定义来看,全媒体技术是"一种把文本、图形、图像、动画和声音等形式的信息结合在一起,并通过计算机进行综合处理和控制,能支持完成一系列交互式操作的信息技术"。[①] 全媒体是技术发展的产物,全媒体新闻报道的采访提问也依靠技术手段开展。全媒体新闻报道要实现立体化传播,需要数字化的采访内容便于在不同渠道的传播,还需要科技化的手段实现不同的表现形式。当下,记者手中的设备在不断地升级换代,记者除了掌握采访提问技巧之外,还要掌握必备的技术手段。在《"两会"记者手记:一个全媒体记者的采访姿势》一文中,记者张炎良这样形容自己的采访过程:"三台专业单反机身、两台全景摄像机、一台全景照相机、一只超远摄定焦镜、两只长焦镜头、一只广角变焦镜头、一只鱼眼镜头、三脚架、独脚架、电脑……所有器材加起来超过50斤,往年的相机包也变成了今年的拉杆箱,开闭幕式甚至还要加'外挂'。"[②] 由此可见,全媒体时代,记者需要"全副武装",熟练运用各种先进的数字化采访装备。

4G智能手机、"小蜜蜂"话筒、微型显示器等先进的采访工具不仅可以采集一般的新闻信息,甚至还能完成现场直播,数字化和技术化的采访提问已然成为全媒体新闻采访提问最显著的新特点。

(二)采访提问全面深入

谈到全媒体新闻采访提问的内容,就不得不提到"云计算"和"未来媒体技术"。"云计算"在2007年才诞生,但其发展速度却令人咂舌。云计算的核心理念是资源池,它能够进行巨大的信息资源整合。通过一定的算法,记者可以便捷地检索到采访的相关信息,对于采访提问内容进行深度挖掘,例如,基于语音识别的新媒体云平台不仅能够提供一套高效的视音频素材内容智能处理解决方案,还能提供一系列先进的、智能的、自动化的新媒体素材内容服务模式。云计算直接推动了传媒行业的变革,不仅传播渠道日渐丰富,媒介之间的界限也在逐渐被打破。目前新闻记者通过网络获取新闻线索的比例逐步提升,全媒体时代,高科技帮助记者站在"巨人的肩膀上",采访的素材更全面、更加深入。

另外,互联网技术、纳米技术和光传输技术的普及应用和发展也在改变传播媒介技术。未来光传输能够推动高清、数字电视信号的传输,3D电视的传输也会更好地发展。纳米无线光通信可以满足特殊条件下媒体机构的信息传播需求,纳米设备轻巧便携,可以帮助记者随时随地进行采访提问,采集新闻信息。互联网的无边界性使得全球的资源可以共享,方便记者采访,获取更多的信息。全媒体的发展使得记者搜集的采访信息更加全面,角度更加多元、也更加深入。

(三)采访提问思维独特化

数字传播技术的发展所带来的不仅是采访提问技术的变化,它也渗入到生活的各个方面,潜移默化地影响着我们的生活习惯、思维方式。纵观当下环境,信息大量充斥在人

---

①王庚年.全媒体发展技术研究[M].北京:中国国际广播出版社,2013.
②张炎良."两会"记者手记:一个全媒体记者的采访姿势[EB/OL].http://news.youth.cn/wztt/201603/t20160314_7743981.htm.

们周围,然而真正有效的信息传播却并不多。以独特的视角报道这为数不多的信息,才更容易引起受众关注,因此,独特的创新思维模式也是记者新闻采访提问水平的体现。

随着传播环境发生改变的是受众的需求。在传播过程中,受众的地位越来越突出,对新闻阅读的主动性大大增强。新闻记者在采访过程中,要站在受众的立场上,认真思考哪些是受众真正需要的信息。因此,全媒体环境要求记者能够独立整合多方资源,用自己独到的见解进行采访提问。随着传播渠道的丰富,新闻争夺战愈演愈烈,独家新闻已经越来越难获取,新闻记者只有通过独特化的采访提问,对新闻进行深度、独特的解读,才能写出差异化的独家报道。

(四)采访提问问题针对性

在进行采访提问时,新闻记者所提问题要根据采访目的进行有针对性的设计,问题要求简单、具体、生动,根据采访对象的不同选取合适的采访提问方式及问题。简单化要求在采访提问时尽量使用单一问题,语言通俗易懂,避免因为提问语言晦涩难懂而影响采访对象回答问题;具体化要求在提问时把握问题要点,减少"假、大、空"问题,尽量从事件小切口进入,避免模棱两可或泛泛而谈的问题影响采访效果;生动化要求提问时捕捉能打动人心的细节之处,为采访增加亮点。闭合式提问问题的指向性强,较容易获得实质性内容,但是闭合型问题答案单一无扩展,新闻记者很难获取与事件相关的其他意见。而采用开放式提问,只是给采访对象提供回答方向,没有太多限制,便于记者收集更多新闻素材。

二、采访提问的技巧

采访提问是获取新闻素材的重要方式,新闻记者在采访活动中应该掌握一定的提问技巧。美国塔尔萨论坛报记者鲍勃·福尔斯曼曾说:"笔下的功夫不强照样能当一名出色的记者,但不善于进行访问是绝对当不好记者的。"[1]对于提问的具体要求,法国《世界报》创始人伯夫·梅里曾说:"提问题的方式不要呆板,要有技巧,要看对象,他是什么人物?是政界的,军界的,还是文化界的?对不同的人物,要提出不同的问题。提问题也是思想和艺术的结合,要得到高质量的回答,必须提出高质量的问题。"[2]由此可见,熟练掌握并使用采访提问的技巧,是记者的基本职业素养,也是获得完整、准确的新闻素材的必要手段。在新的传播环境下,结合全媒体特点进行采访提问是对记者提出的新要求。

(一)态度友善,和谐采访

采访是一种人与人沟通的艺术,新闻记者要态度友善,营造出一种和谐的采访气氛。著名记者宁姆·韦尔斯说:"要采访一个人,尽可能先了解他,了解到像一个未见面的老朋友一样。待到见了面,又要有捷径,找到沟通双方感情的桥梁。"[3]基于六度分割理论的社交媒体为人际沟通搭建了桥梁,记者可以通过社交媒体与采访对象进行事前沟通,为采访打下基础,充分利用其他媒体途径为采访做充足的准备,如通过互联网事先了解采访事件

---

[1] 周澜源.脚下有功夫 心中有方向——浅谈新闻采访的技巧[J].传媒观察,2015(1).
[2] 张亮,王培培.记者提问中的语言技巧[J].新闻记者,2008(8).
[3] 戚鸣.实用新闻采访[M].北京:新华出版社,2010.

的基本情况,通过社交媒体掌握受众的看法和态度,甚至可以通过实时交流汇聚网民的智慧,找出受众所真正关心的事情来设计问题。

除了通过丰富的媒介渠道了解采访对象外,全媒体环境还为记者提供了许多采访便利。如记者可以通过新兴的社会化媒体平台与采访对象进行沟通交流,社会化媒体传受双方的平等性有助于营造友好的交流氛围,可以使被采访者心情放松,讲述真实感受。

(二) 灵活多变,量体裁衣

全媒体多元化的报道方式培养出了"看图、读数据、泛娱乐"的受众接受方式,受众越来越倾向于接受简单化、形象化的表达方式。网络语言盛行,也给新闻报道的采访带来了变化。由于报道平台的多元化,新闻采访的语言方式也要根据报道方式的不同而有所侧重,但就全媒体环境整体而言,采访的风格及提问更偏向轻松诙谐,因此,在提问时语言风格要依据不同的报道平台和采访对象做到"量体裁衣"。

全媒体新闻采访要求记者根据不同媒介的特性,灵活运用多种采访方式,做到有的放矢。虽然采访前做了各项准备,但在采访过程中难免会碰到一些意想不到的情况,所以,新闻记者要根据采访现场情况随机应变。

(三) 把握主题,逐层深入

记者的采访具有很强的目的性,因此每次采访都应围绕目的确立一个主题,采访时遵循采访主题,在既定的范围内提问,确保采访能够顺利进行。记者应该控制提问的节奏,掌握采访主导权,善于启发采访对象主动回答问题而避免咄咄逼人影响采访效果。此外,在采访中难免会遇到采访对象有所顾虑或是对自己不信任的状况,记者要保持冷静,观察采访对象的非语言动作,揣摩对方情绪、顾虑,通过耐心解释和灵活的提问方式打消对方疑虑。

看待问题有多种角度,事件的发生大部分是多方因素共同造成的结果,这就要求记者具备清晰的逻辑思维能力,抓住事情的主要矛盾,利用事件疑点挖掘出有价值的新闻素材。在提问时,还要注意问题的难易程度,正如一位日本记者所说:"采访时,要考虑的是如何提问更便于回答,写报道时主要考虑怎样行文,更容易为读者理解和观众接受。"如果提问不考虑采访对象接受程度,让采访对象摸不到头脑或被难倒,容易使采访陷入尴尬氛围,最终无法获得有价值的新闻素材。

全媒体时代使得人们的阅读碎片化、思考浅层化,记者在获得大量的采访素材时更应该进行深入的思考,既要确定采访主题,把握全局,又要从小切口进入,抽丝剥茧逐层深入地进行采访提问。记者提问的质量是整个新闻报道的先决条件,古人云,一人之辩,重于九鼎之宝;三寸之舌,强于百万之师。这句话是用夸张的手法形容一个人的好口才。在新闻采访活动中,遵循提问的原则,熟练使用提问的技巧,练就一副好口才,会使采访效果大大增强。

三、采访提问的不当与规避

采访提问是新闻采访活动是否能够成功的重要因素,新闻采访活动中常常会出现由于提问不当导致采访活动失败的情况,以下是几种常见的提问不当的情形,新闻记者应当避免这些情形。

（一）主观型提问

新闻采访除了面对面采访还有书面采访等，无论是哪种采访方式，其本质都是人与人之间的沟通交流。既然是人际沟通，必然会带有一定的主观性。主观型提问包含个人情感代入式提问和主观臆断式提问。

个人情感代入式提问是指在采访提问中加入个人主观情感因素，导致获取的采访信息有失公允或影响采访对象的个人意见表达。有的记者没有端正自身位置，在采访时不注意时间、场合、地点、问题的表达方式，往往从自己的情感意愿出发进行提问，这种提问方式可能会引起采访对象的不适，或者造成尴尬的氛围使得采访难以继续，甚至可能会激怒采访对象导致采访活动终止；还有的记者对于不同的采访对象不能统一公平看待，会根据采访对象的身份加入主观情感并区别对待，如对于有显赫名声的采访对象可能会由于敬畏而心生胆怯，无法获取有价值的新闻信息；对于普通的采访对象则可能会盛气凌人。

主观臆断式提问是指记者在提问时加入了自己对于事件的判断，并将这种判断强加在提问中，误导采访对象。记者的主观臆断式提问会影响采访对象本身对于事件的态度，最终使得采访活动不能获得有价值的信息。有这样一个案例，2010年温哥华冬奥会上，周洋一人获取两枚金牌，成为媒体焦点。一位电视台女记者赶到周洋家里采访周洋母亲王淑英，她一连串地提问："是不是培养孩子的目的性太强了？是不是当初培养女儿，纯粹只为改变家庭环境？"面对这位记者的提问，王淑英泪流满面地说："我们从来没想过牺牲自己的孩子，让她为父母成名，我们没有那意思。"这位记者将主观判断强加入问题之中，引起采访对象的情绪抵触，使得采访无法顺利完成。

一个人的思维方式会支配他看问题的角度及行为方式，记者的提问方式也是如此。记者应该学会用辩证唯物主义的思维看待问题，克服自己的主观情感对采访活动的影响。除此以外，还应该树立中正的心态，记者应该是事实的挖掘者与呈现者，而不是评论者。对于不同的采访对象可以采取不同的提问方式，但是需要平等对待采访对象。记者只有以客观公正的角度看待问题，采集信息，新闻报道的最终呈现才有可能是对客观事实的再现。

（二）模板型提问

模板型提问是指记者不论针对什么问题，面对何种采访对象，都采用单一的提问方式。模板型提问有闭合式提问和公式型提问，闭合式提问由于问题比较具体，回答往往简洁明了，记者也很容易得到想要的信息。但是这种提问方式过于死板，不利于获取更多新闻信息，如"是不是""好不好""对不对"等提问方式，根本不能获取新闻报道所需素材。公式型提问有感想式提问、感受式提问等，这种提问方式既没有特色又不能问出有价值的新闻信息，在采访提问时应该尽量避免。

呆板的模板型提问大多出现在没有太多经验的新记者身上。为了尽量避免这种提问方式，记者在采访前应该做好充分的准备，最好能事先列出采访大纲，只有充分了解事件背景，把握采访的关键点，才能灵活提问，吸引采访对象的兴趣，掌握采访的主动权。

（三）笼统型提问

笼统型提问的问题往往过于泛化，不着边际，使采访对象难以回答。对于笼统型提问，除了做足准备外还需要掌握一些提问技巧，熟练使用提问技巧能够获得事半功倍的采访效果。在提问过程中,采访对象的非语言符号表达也很重要,非语言符号往往能传达更加准确的心理感受,采访对象的表情、神态变化反映出了他的心理行为,记者应该根据这些非语言信息及时调整提问的方式和技巧,确保采访的顺利进行。

新闻报道采访的提问是学问也是艺术,无论在何种媒介环境下,提问的基本技巧与方式都没有发生本质的变化,记者在实际采访活动中应该灵活使用采访技巧,切不可生搬硬套,要避免不当提问。

第四节 全媒体新闻报道的采访记录

记录是新闻记者最本职的工作,采访活动离不开多跑、多思、多问、多记,采访记录要"眼到、心到、手到"。笔记是最常规的记录手段,随着科技的发展,采访记录的手段日益丰富,记者手中多了录音录像工具,声音、图像可以被记录下来。科技提升了采访记录的速度,也保留了采访的细节,但是终究不能代替记者本身的采访记录环节。

一、采访记录与全媒体采访记录

采访记录简单来说就是记录采访的过程。从文体上来看,它属于活动记录的一种,比如调查记录、听课记录、学习记录等,它们在格式上有着共同的特点,其内容的基本构成有:活动主题、活动时间、地点、对象、调查项目、实况记录、结果分析等。新闻工作者在新闻采访中要记录采访时间、采访地点、采访对象、采访人和记录人,还可以附上采访时的所见所闻及心理感受等。采访记录是保证新闻真实性的重要因素之一,艾宾浩斯的遗忘曲线告诉我们:遗忘的进程是不均衡的,在识记后的短时期内遗忘得比较快,而以后逐渐缓慢。[1] 而遗忘后如不重新学习,记忆就不能够再恢复,会造成永久性遗忘。实践经验证明,在第一天甚至第一小时内,遗忘速度惊人;在第二天至第六天内,剩下的记忆内容,遗忘就很少了,这要求记者要随时记录所见、所闻、所想。

全媒体新闻报道的采访记录已经大体形成了以文字记录为基础,以声音、图像为辅的记录方式,多样化的记录方式使得新闻报道也更加生动形象地展示在受众面前。随着技术的发展与进步,新闻采访记录的技术设备和手段更加多样化。全媒体新闻报道的采访记录相较于传统媒体来说形式更加多样、内容更加丰富、更加便捷高效,但是也对新闻工作者提出了更高的要求。

二、采访记录的特点

全媒体能够整合不同媒体的技术资源,支撑多种形态的技术体系,融合多种媒介形态和传播手段。全媒体新闻报道的这些特点带来了新闻采访记录的一些变化,主要体现在以下几个方面。

---

[1] 遗忘在学习之后立即开始,而且遗忘的进程并不是均匀的。最初遗忘速度很快,以后逐渐缓慢。艾宾浩斯认为"保持和遗忘是时间的函数",根据他的实验结果绘成描述遗忘进程的曲线,即著名的艾宾浩斯记忆遗忘曲线。

（一）采访记录的手段多样化

如今新闻记者的采访记录不只依靠单一的笔记方式，而是多种手段相结合。除了相机、摄影机、录音笔等基本的方式，近些年微型话筒、电话录音也被普遍使用，记者手中的采访记录工具越来越丰富，也越来越先进。

（二）采访记录的形态丰富化

相对于传统割裂式的记录形态，多媒体的技术手段使得文字、声音和图像能够以完整的形态呈现在受众面前，调动了受众的多种感官，丰富了受众体验。此外，随着3D影像、虚拟现实等技术手段的发展，新闻采访记录内容呈现也更加逼近真实场景，让受众切实体会到亲临新闻现场的感觉。全媒体时代新闻采访记录形态愈加多样化，为新闻报道提供了坚实的基础，丰富了新闻报道作品的内容。

（三）采访记录的技术科技化

全媒体新闻报道离不开技术条件的支撑，这一点在采访记录中也有所体现。互联网技术、纳米技术、光传输技术为新闻采访记录和素材的及时上传提供了便利的条件；云存储技术便于保存新闻采访记录和素材，并且不受时间、空间的限制；影像技术的发展能够减少新闻采访记录和素材的失真，最大程度地还原真实的采访情况。目前，越来越多的全媒体技术运用到新闻采访记录中，使得采访记录和素材能够以最完整的方式呈现在受众面前，让受众更加接近第一新闻现场。

三、采访记录的方式演进

记录是新闻采访的成果体现，无记录等于没有掌握原始的采访材料，便无法进行新闻报道。采访记录的方式随着时代的进步不断增多，从最开始依靠纸和笔的文字记录，到采访机的录音记录，再到摄像机的视频记录，技术的发展带来采访工具的演变。全媒体时代，新闻工作者有更多的方式进行采访记录。

（一）文字记录——从纸张到电脑的演进

在做采访记录时，一般要记要点、特点、疑点、易忘点，记录了这些基本信息后再加一些细节和感想，充分地记录资料会使后面新闻的写作便利很多。文字记录是最基础的采访记录方式，随着技术手段的进步，文字记录已经从最初的纸张记录发展到电脑速记。我们以《感动汉川十大新闻人物残疾教师胡金才访谈录》为例，介绍采访记录的基本形式与主要内容。

感动汉川十大新闻人物残疾教师胡金才访谈录
作者：吴学艺。来源：汉川市经济开发区中心初中。发布时间：2016－04－14。
【人物档案】：胡金才，男，1963年8月生于汉川市经济开发区柘树村，现年53岁。不满1岁时左腿残疾，16岁当民办教师，2003年转公办教师……
【采访环境】4月12日，笔者驱车前往汉川经济开发区联心小学……

【采访过程】问题1：胡老师，恭喜你获评"感动汉川十大新闻人物"。今年是你从教37个年头，53岁还担任着六年级班主任兼一年级数学教学任务，像你这样行动不太方便的老师大多以各种理由办了内退或者转到教学辅助岗位，是什么信念让你仍然坚守三尺讲台？

回答1：这次获评"感动汉川十大新闻人物"只是一个意外，我只是尽我的能力做了我应该做，并且乐意做的事情……

问题2：听说你的爱人也是残疾人，家里还有两个孩子，家里经济本来困难，你还长年资助贫寒孩子，你的家人提出过反对意见吗？

回答2：想法是有，但从未提出反对意见……

【采访感受与总结】……胡老师向我们说声对不起后，又拖着残疾的左脚，一步步挪向能激发他青春活力的理想圣地——教室。一周十八节课，他总是这样来也匆匆，去也匆匆……

（案例节选自 http://photo.e21.cn/html/article/2016/04/20160414150206_3kskg95omo.html）

无论是电脑还是纸张，文字记录对采访者个人的速记能力要求都很高，除了记要点、重点外，也需要采访者掌握一些记录技巧，如谐音记忆、联想记忆、顺口溜记忆等。简记、速记、补记的方法也经常被使用。采访记录结束后，采访者还要做好整理工作，最好在结束后立刻整理，及时补记以防遗漏问题。除了记录基本新闻信息之外，还需记录采访的环境与采访对象的情况。

文字记录的好坏一定程度上反映了记者业务水平的高低及其思想作风的情况。身为记者，在平时工作中应加强新闻专业素养和思想作风修养，采访时要做到"眼快、脑快、手快"，即使运用电脑记录，也不能丢弃手中的笔和纸。

（二）声音记录——从录音笔到电子产品的更迭

文字记录只能记录单一的谈话内容，在全媒体新闻报道时代，真实、生动的同期声同样重要，声音的记录是保证新闻真实性的方式之一，记者手中的录音设备是新闻采访记录的重要手段之一。常见的声音记录设备有录音笔、采访机、摄录一体机等，由于智能手机的强大功能，手机录音也成为比较常用的声音记录方式。

早期的声音记录工具主要是录音笔，后来随着技术的发展，出现了如MP3、MP4和MD（MiniDisc）等各类电子产品，附带有录音功能，但是对于使用录音设备频率较高的新闻记者来说，专业的录音笔仍然有着不可比拟的优势。专业录音笔的工作时间长，录音时间一般都在十小时以上，对长时间的会议采访较为适用；此外，专业录音笔带有声控功能，可以自动判断外界环境，选择待机或工作状态，既节省电能，又减少了录音者后续整理工作所耗费的时间；专业录音笔本身的扬声器可以减少戴耳机重听现场录音的麻烦；最后，专业录音笔外带话筒，可以使录音效果更加清晰。

采访机可以分为便携式采访机和固态音频采访机，采访机录音效果好，但是使用和保存都不方便。

虽然录音技术在不断发展，各种录音设备也层出不穷，但是无论是专业录音笔，还是MP3等电子录音设备，目前仍然存在着两大技术问题：一是缺乏指向性，一般的数码设备自带的机身设备都不具有指向性，就算距离采访对象很近也会收录进大量杂音；二是音质达不到播放要求。广播电视的播出音质，通常要求达到或接近 CD 音质，而便携式数码录音设备的收录音质和经过压缩存储的音质一般只能达到 MP3 的效果，这个标准远低于播出音质的要求。

（三）图像记录——从图片到视频动画的变迁

图片和影像是新闻报道的重要内容，在新闻采访活动中要及时保存图片和影像信息。全媒体时代，图像的记录工具日益增多，除了摄像机、照相机等，无人机、VR/AR 等新技术手段使得图像的呈现更加贴近现实，秒拍、直播技术也更加健全。

在 2016 年的防汛抗灾报道中，新媒体直播手段成为一大亮点，手机直播和 VR 全景直播尤为突出。手机直播得益于移动互联网和 4G 网络的发展，在防汛抗灾的报道中，电视媒体、网络媒体、平面媒体记者纷纷进行 4G 直播，通过摄像头把灾情实况实时推送给民众，腾讯新闻还派出了拍客团队"追洪小组"前往各地抗洪一线，通过拍客镜头带来了武汉、芜湖、重庆等地的降雨实况、居民转移、官兵抗洪等多维度直播画面。此外，《武汉洪水VR 全景直播》在朋友圈广泛传播，该作品利用无人机进行了 3 小时不间断的航拍和地拍，最终呈现出南湖、汉口江滩、解放大道等 9 个代表性场景下的全景图像，全方位真实再现了武汉各地的实时汛情。这种集图像采集与播出为一体的新闻采访记录方式已逐渐成为主流。

🔍【知识回顾】

技术的发展丰富了新闻采访的手段，新闻采访的形式更加多样化、内容更加丰富、更加贴近现实，但是技术带来的是否全是益处？ 新闻工作者又该如何面对技术带来的改变？诚然，我们应该因时而变，然而这些变化并不能成为突破原则的原因，相反，全媒体环境下，记者在工作中更需要坚守新闻采访的原则，守住采访的底线，提升自身的职业修养；媒体更应该肩负起社会责任，发挥舆论监督与社会协调的作用。 全媒体时代，采访提问的方式较之以往也有了较大的变化，呈现出采访提问数字化、全面深入、思维独特、问题开放化等特点。 全媒体新闻采访的记录已经大体形成了以文字记录为基础，以声音、图像为辅的记录方式，多样化的记录方式使得新闻报道更加生动形象地展示在受众面前。

🔍【思考题】

1. 全媒体新闻采访新技术有哪些？
2. 如何理解全媒体新闻报道采访中的平衡原则？
3. 全媒体新闻报道的采访提问方式有哪些？
4. 列举五个采访记录的小技巧。

第六章 全媒体新闻报道的写作

🔍【知识目标】

☆全媒体新闻报道写作中的媒介技术支持及其运用

☆全媒体背景下新闻报道的写作要求及特点

☆全媒体背景下新闻报道写作中背景材料运用需注意的问题

🔍【能力目标】

1.掌握全媒体新闻报道技术运用能力

2.掌握全媒体新闻报道的写作方法

3.能够运用背景资料进行全媒体新闻报道

🔍【案例导入】

2016年3月4日全国两会开幕,在接下来为期近12天的会议进程中,各路媒体对于两会新闻的报道特色鲜明,全面之下各有侧重。人民网作为两会报道主力军,充分运用新技术、新形式对会议专题进行编排,如《2016年每一天,李克强都要面对这份"工单"》等图解策划让数据"有声",给受众带来更为直观的感受和全新的体验。

除此之外,新华网针对2016年两会首次组建VR报道团队,由部分具备丰富经验的从业人员进行前期策划及相关准备,推出了包括《直击首场政协新闻发布会》《部长通道迎来首批"贵宾"》《测测你能不能当好两会记者》等一系列VR视频作品,内容上比之传统新闻报道更加生动活泼,表达方式极具创意,给众多受众带来丰富直观的体验。

两会期间,各媒体报道团队充分利用最新媒介技术,通过"图解两会"、网络直播、H5、无人机航拍、VR虚拟现实等形式推出两会系列报道,并将部分访谈专题和微动漫作品在PC端和移动端进行同步推广。其中,中国经济网的30余场报道更是实现了报纸、电视、网络及"两微一端"融合采访,以可视化表达直观呈现治国理政新实践,强化两会内容传播,受到广大网民的热烈欢迎。

第一节 全媒体新闻报道的写作技术

麦克卢汉提出了"媒介即讯息"和"媒介即人的延伸"等诸多理论,指出媒介最重要的作用在于其影响了人们理解和思考的习惯。对于社会而言,真正有意义和价值的"讯息"不是各个时代的传播内容,而是这个时代所使用的传播工具的性质、它所开创的可能性以及带来的社会变革。[①]纵观媒介发展的历史,大众传媒的每一次变革背后必然是科学技术的不断进步与完善,随着大数据、云计算和移动通信技术的高速发展,媒体的传播方式早已发生深刻的变化。媒介技术的快速变革使得不同传播媒介之间的"坚冰"得以消融,传统媒体与新兴媒体在互相交融中前进发展。传统媒体编辑记者的角色分工与工作方式也发生了深刻变化,传统新闻写作的方式不再适用于全媒体环境下的媒介呈现形式,新的技术手段在全媒体新闻报道写作中开始应用。

一、大数据技术在全媒体新闻报道写作中的运用

"大数据"近年来倍受各行业关注。早在 20 世纪 80 年代,著名未来学家托夫勒在其著作《第三次浪潮》中就将"大数据"称颂为"第三次浪潮的华彩乐章"[②]。麦肯锡全球研究所在报告《大数据:创新、竞争和生产力的下一个前沿》中指出:所谓大数据,是指大小超出了传统数据库软件工具的抓取、存储、管理和分析能力的数据群。[③] 自 2009 年开始,"大数据"成为互联网技术行业中的高频词汇,并随着其高速发展逐渐渗透到社会各行业中。"大数据"意为海量的信息资料,使用者可通过对数据进行专业化的处理与分析获取事件之间的联系,从宏观层面对事件进行解读与把控。大数据与云计算紧密联系,依托云计算的分布式处理、分布式数据库、云存储、虚拟化技术等对海量数据进行处理。

大数据与新闻行业联系密切,具有十分重要的现实意义。大数据分析挖掘技术在新闻报道中得到广泛应用。尤其是在财经新闻报道中,通过数据挖掘的方式,新闻工作者可以在烦琐冗杂的新闻素材和数据背后准确发现常规新闻报道无法展现的逻辑联系,从全新的视角出发,找到切入点并对事件进行解读和剖析,从而呈现出更科学系统、深度细致的事实。数据新闻已经成为新闻报道的一种重要形式,大数据的可视化技术丰富了新闻报道的表现形式,使新闻报道更加生动。

大数据对于新闻报道写作的影响主要体现在两个方面:一是海量数据资料为新闻报道写作提供了基础;二是通过对海量数据进行快速、及时、准确的抓取、分析,可提供全面及时的新闻报道。比如在 2014 年全国两会期间,中央电视台《问计两会》推出一个"两会大数据"板块,运用大数据分析技术分析民意,找出老百姓最关心的问题,新闻报道比以往更贴近群众内心所想,比起媒体的主观判断则更显准确。若没有大数据技术的支持,没有通过大数据抓取分析,运用传统的新闻报道方式很难做到。

在 2016 年全国两会新闻报道中,大数据运用更为普遍和娴熟。新浪与相关科技公司联合推出 2016 年两会虚拟直播间,将抽象的信息通过图形、图像的方式更具体地呈现;运用 3D 技术虚拟数据、柱状图、表格等配合主持人的播报内容,快速解读数据;同时对重大突发事件快速做出三维图形解读,大大增强了两会新闻的节目效果,使受众易于理解,且突出了新闻报道的时效性,同时省去了许多不必要的文字描述。

[①]郭庆光.传播学教程[M].北京:中国人民大学出版社,2011.
[②]托夫勒.第三次浪潮[M].北京:中信出版社,2006.
[③]许晔.大数据时代中国面临的挑战与对策[J].中国科技论坛,2015(3).

二、超链接技术在全媒体新闻报道写作中的运用

当下新闻报道写作虽然受传播渠道变化及受众阅读习惯等因素的影响呈现浅表化、碎片化、娱乐化、标题化的倾向，但同时也朝向纵深化、立体化发展，这与互联网高速发展带来的超链接技术密不可分。全媒体新闻报道写作是糅合了文字、图片及视频等多种新闻表现形式的综合性写作，这种写作方式在当前的传播环境中被普遍运用。对于部分重大的社会事件，新闻记者在写作新闻稿件的过程中不可避免地要告知受众事件发生的前因后果及事件背景，对事件发展进行深入分析，由于篇幅所限，当一篇报道的主体部分无法详尽叙述时，就需要有相关背景资料来辅助理解。

超链接技术作为全媒体新闻写作中重要的技术支撑之一，常用链接技术有参考链接、注释链接、扩张链接等，通过链接到相关内容网页的形式来满足受众深入阅读的需求，是一种十分实用且得到受众喜爱的技术手段。通过链接，受众不仅可以阅读到想看的文字内容，有时还可以看到相关图片或视频，甚至一些未经加工的新闻原始资料与素材。在立体、深入的阅读过程中，受众了解信息的需求可得到满足。

运用超链接技术链接的内容通常是对新闻要素的补充或是对新闻背景资料的展示，以及对新闻事实加以补充说明的图片视频或是某些专业名词的解释等。超链接技术在新闻报道写作中的运用极大地增加了新闻报道作品的信息含量，拓宽了受众对新闻事件的认知，丰富了新闻报道的表现形态，打破了时空限制。受众可以通过点击关键词或是进入整个信息页面进行深入阅读，全面理解、掌握新闻事实。超链接技术既方便了新闻记者的新闻报道写作，又为受众阅读提供了诸多便利，同时，也增强了新闻的吸引力和可读性。

三、机器人新闻写作技术在全媒体新闻报道写作中的运用

智能化新闻推荐与机器人新闻写作已成为近年来新闻业发展的主流趋势之一。2014年7月美联社开始启用Automated Insights开发的程序撰写公司财报。新闻工作者只需输入一些数据，该程序即可在几秒之内生成一篇高效准确、语言自然流畅的新闻报道，与普通记者所写的相差无几，却在效率上提升了15倍。而美联社并非首个启用机器人记者的新闻机构，早在2012年福布斯网站就已启用Narrative Science程序撰写财经新闻报道。

2015年9月10日，腾讯网财经频道发出的一篇稿件引起业内人士的广泛关注。这篇标题为《8月CPI同比上涨2.0% 创12个月新高》的新闻稿件出自腾讯财经开发的自动化写作机器人Dreamwriter之手。机器人依据算法在短时间内生成稿件并做出分析研判，在传播资讯的同时为受众提供了数据解读。腾讯财经表示这只是探索自动化写作的第一步，希望Dreamwriter能够进一步探索大数据服务新闻的生成及机器人智能算法的写作。

近年来，除了机器人新闻写作技术在新闻报道写作中应用以外，智能化推荐也成为全媒体新闻报道的一种手段。智能化推荐是机器通过一定的算法，准确地根据受众的阅读兴趣和习惯把相关新闻推送给用户。今日头条新闻客户端就是智能化新闻推荐的典型代表。智能化推荐改变了传统的新闻报道方式和受众的阅读习惯，应用的领域十分广泛。比如地震新闻信息具有很高的时效性要求。中国地震网中心通过和今日头条进行技术合作缩短地震信息的推送时间，今日头条则尽力缩短将该消息推送至受地震影响区域用户

手机终端的时间,全力提升信息传输的时效性,为处于地震影响区域的受众赢得宝贵的避险时间。

目前机器人新闻写作主要应用于财经报道和体育新闻报道领域,完成的报道多为标准化程度较高的消息,如快讯等。万物互联时代的到来使媒体面临更多的数据新闻报道,机器人写作的优势将得以充分展现。2016年5月发布的《传媒蓝皮书:中国传媒产业发展报告(2016)》在预测中国传媒产业未来整体格局时认为,未来几年新闻写作机器人将被国内各大新闻媒体机构普遍应用,机器人写作的新闻报道在全媒体新闻报道中的占比也将日趋升高。

四、无人机技术在全媒体新闻报道写作中的运用

国外对无人机拍摄作为新闻报道的新手段的探索要较早一些。2011年美国内布拉斯加大学林肯分校首先开设"无人机新闻学"课程并建立"无人机新闻实验室";其后一年密苏里大学新闻学院也开设相关课程,开始了无人机新闻的理论与实践,一些无人机新闻报道开始出现,比如有关美国中西部干旱、企鹅迁移等一系列电视新闻报道作品。

最近几年,无人机拍摄开始进入国内新闻报道领域,发展到目前为止,无人机作为新事物已逐渐进入公众的生活,同时也在各个领域得以广泛应用。无人机拍摄在新闻报道方面有诸多优势。以"天津滨海新区爆炸事故"为例,无人机第一时间飞临事故现场上空,拍摄到一些人力无法完成的新闻素材。无人机在飞行过程中不受空间限制,能够最大化还原事故场景,并且还可以协助消防员开展救援工作。无人机新闻报道手段扩大了新闻的表现空间,节省了人力成本。

技术在变革与进步中改变着人们的生活方式,同时也在重塑人们对于世界的认知。全媒体时代,各类媒体交互发展、协同运作,媒介形态与传播格局的变化给受众带来多样化选择,因此新闻工作者需要注重优质新闻内容的制作和传播,才有可能在激烈的媒体竞争中胜出。国内外主流媒体都意识到了媒介传播环境的变化,纷纷对新技术张开怀抱。2015年6月,新华网新闻无人机队成立,先于国内其他媒体试水"无人机+新闻",探索新闻报道写作的新模式。

媒介技术的进步对新闻报道过程中资料的收集、文字的撰写、稿件的发布、后续完善等方面的促进显而易见,各种新技术手段在新闻报道写作中的运用使得新闻写作变得更加生动有趣。除了大数据的数据挖掘与分析技术、超链接技术和机器人写作技术以外,近年来发展十分火热的虚拟现实(VR)技术在新闻报道领域的运用也是如鱼得水。虚拟现实技术及增强现实技术等带来的非凡体验让受众重新认识新闻报道,受众借助VR技术可瞬间"抵达"新闻现场,进行全景审视,在新闻场景上得到最真实的体验。

科技进步带来的传播技术变革为传媒行业的发展提供了无限可能,技术变革作为不可或缺的驱动力量正在颠覆传统新闻信息的生产与传播方式,新闻报道的写作方式正在悄然改变,以适应全媒体时代的传播环境。

第二节 全媒体新闻报道的写作形式

全媒体时代,媒介技术的发展变革为新闻记者收集素材、撰写稿件及最终发布起到了非常重要的促进作用,传播方式的转变及受众需求的个性化和多样性也对传统新闻写作形式提出了新的要求。全媒体时代,传统新闻的写作模式难以有效适应当下多样化的传播渠道及受众需要。纸媒连年唱衰,电视媒体收视率也再难提升,与之相反,新兴媒体的发展却一路高歌猛进,尤其是伴随着互联网成长起来的年轻一代受众在阅读习惯、语言风格、对信息的接收方式等方面都发生了许多变化,这些都对目前的新闻报道与写作方式提出了新的要求。

一、全媒体消息写作

消息是新闻报道的主要形式,是一种以简明扼要的语言文字迅速传播新近事实的新闻体裁。消息一般报道事情的概貌而不讲述事件详细的经过和情节,是新闻报道中使用最广泛、最经常采用的新闻文体。消息的基本元素可分为6个部分:标题,消息头,导语,背景材料,主体,结尾。消息的特点是语言简洁明快,篇幅短小,叙事直截了当,传统新闻写作中对消息写作的各部分要素分类十分细致。标题有完全式标题、正肩式标题、正副式标题、正标示标题之分。导语由第一代发展到第二代,旨在突出新闻的主要内容,避免导语过分冗长繁杂。新闻要素已由五要素齐全演变为部分关键要素齐全。

(一)全媒体消息写作的要求

无论是传统媒体新闻报道还是全媒体新闻报道,对消息写作都有一定的要求。传统的消息写作要求迅速、准确、客观、简短,结合当前新闻报道载体的特点,全媒体消息写作在传统消息写作的基础上,还有高度概括、适当延伸、信源真实等新的要求。

1.简明扼要概括新闻事实

移动互联网的迅猛发展使得以"两微一端"为代表的社交媒体赢得受众青睐,全媒体的崛起为受众提供了发布信息、交流互动的平台,传播手段与传播方式单一化的时代早已远去。全媒体时代,消息传播的速度、广度及对受众的影响程度都在发生改变。受众对原创新闻的时效性要求越来越高,对于需要获得高点击率的新闻网站和高阅读量的新闻客户端来说,二次转载对受众的吸引力已大幅下降,因此,对于媒体而言,如何快速编写传播客观事实,展示事件概貌成为激烈的新闻竞争中的制胜法宝之一。

消息作为新闻报道中最常用的文体之一,最主要的优势在于简短明快,能够在事件发生后最短的时间内发布到诸多媒体上面,受众可在第一时间获取信息。互联网不但给信息传播带来便利,更是一个拥有庞大数据量的信息库,搜索引擎的出现打破了受众获取信息的时空限制,受众可以通过互联网检索到所需要的新闻,消息因此成为媒体报道一些重大新闻或突发事件的首选写作方式。微博的发展成熟使其比之传统新闻门户网站对受众的吸引力和影响力更大，2010年前后，众多传统媒体将微博作为转型路径之一，相继开通认证。但微博发帖的字数限制对消息的写作也产生了一些影响，它不像早期的博客那样有大量篇幅可以写全消息要素，因此无论是人民日报、南方日报等传统媒体的微博，还是新浪、搜狐、腾讯等网络媒体的微博，都必须在有限的篇幅内最大程度地表现事件全貌，因而在消息写作中语言更加概括简明，一目了然。

消息的写作结构包括"金字塔"结构和"倒金字塔"结构，其中以"倒金字塔"结构应用最为广泛。"倒金字塔"结构指根据事件要素重要程度进行写作，将结果置于最前，其后按照事实重要程度依次编写全文。该种写作方式虽不能完全体现个性，却由于能够免于思考结构和便于快速写作而被广泛采纳。全媒体时代，新闻信息具有海量性、重复性、快捷性、互动性等新特点，消息写作既要简单明了，又要能够概括出新闻事件的全部内容。

2.延伸报道满足受众需求

全媒体环境下一系列可随身携带的电子产品的问世给受众获取信息带来巨大的便利。近年来，许多重大的事件往往不是由传统媒体报道出来的，而是网民通过微博、贴吧、论坛等社交网站传播而来。因此消息写作也就不再拘泥于传统消息写作的模式，通常只是用简单的几句话概括事件，再附上图片或视频加以说明，将新闻的时效性发挥到极致。然而，全媒体消息写作为了时效性抢发新闻，很难深入、全面报道新闻事件的来龙去脉。这就需要通过一些其他手段延伸报道加以弥补，满足受众获取全部信息的需求。

全媒体时代，受众的阅读方式及媒介使用习惯的变化，提高了新闻写作的难度，虽然目前媒介传播速度已经有效保证了信息传播的时效性，但在部分新闻报道中，受众仍旧不能准确获知报道内容，这就对消息写作提出了新的要求，即在写作保持简练明了特点的同时，还要对事件的主要背景进行挖掘，满足受众对新闻的阅读需求。在天津港爆炸事件中，媒体不仅用凝练的语言高度概括事件发生时间及现场具体情况，还对事件产生的背景原因进行分析，为受众带来更多延伸阅读内容。

3.从信源到写作用语保证真实

真实是新闻的生命，新闻消息写作中需要遵循的五个基本原则为：真实性、时新性、显著性、接近性、趣味性。首先是真实性要求，全媒体时代新闻消息写作也不例外。日益复杂的全媒体传播环境对消息写作的真实性有了更高的要求，从信源到写作用语都要保证真实。

互联网在给人们带来海量信息的同时，也对人们分辨真伪信息的能力提出了新的要求。面对鱼龙混杂的消息来源，新闻记者需注意核查其准确性，消息写作中引用的数据、史料等也要做到确凿无疑，才能保证新闻报道的真实性。

全媒体在为受众获取新闻提供便利的同时，也暴露出一些问题，一些社交媒体平台成为虚假新闻的首发源头。以2016年1月4日假消息《江西省九江市浔阳发生6.9级地震》为例，包括澎湃新闻、央视财经等在内的多家主流媒体官方微博及门户网站进行了转载报道。再如2015年12月一则名为《高三女孩被哈佛提前录取 面试官：简直完美》的新闻在网络上引起极大关注。媒体过分聚焦其优异成绩和取得的成就，部分媒体更是采用未经核实的爆料，称该女生"出生寒门"，网民直呼励志。后经有关媒体核实，该女生为美国国籍且家庭背景不凡，父母也均为麻省理工学院毕业的高材生。媒体在开始报道时为吸引眼球,唤起公众好奇心,忽略了相关信息,不真实的报道会导致媒体本已弱化的公信力愈发江河日下。

任何事情都有双面性,全媒体新闻报道同样如此。网民对于媒介传播的信息在无法辨别真伪的情况下加以传播,这在一定程度上满足了其话语表达权,却也给新闻真实性甄别带来极大的挑战。在"观点的自由市场"上,弥尔顿所描绘的"观点的自我修正"总是姗姗来迟,甚至常常在众声喧哗中变得遥不可及。

全媒体时代信息层出不穷,弄得受众眼花缭乱,无所适从,他们往往会无意识地传播一些虚假消息或是猎奇新闻。作为全媒体新闻工作者,要牢固树立责任意识,从消息来源和写作用语都要坚持真实性原则,提高新闻报道的质量,否则,就会被受众所抛弃,媒体公信力和社会责任心也会渐渐失去。

4.写作方式新颖多样

消息可以细分为几种类型,对于不同类别的消息新闻,写作形式应做到新颖多样,根据新闻内容的分类,采取合适的语言进行表述,从而满足受众不同的需求。全媒体环境下信息传播渠道种类繁多,而不断出现的资讯类应用已经深入人们生活中,各类社交应用软件都在潜移默化中改变着受众的生活习惯和阅读方式。多数受众习惯通过新闻客户端或者浏览网页的方式阅读新闻,现代人对手机和网络的极度依赖要求新闻工作者在熟练把握新闻写作技巧的同时,还要做到紧密结合各类传播渠道的特点,遵循新闻写作的基本原则,从生活中和心理上做到接近受众,贴近生活,最终引导受众进行良性互动。

事件类型的多样性和受众快速阅读的习惯要求记者不能只用一种写作方式,有些事件要求用语严肃,不能渲染,而有些稍活泼的素材又要求不能太过死板,因此记者在消息写作的过程中要针对不同的消息类型来对其写作方式进行适当调整,在叙述事实时确保要素完整,提炼观点时清晰明确,保持风格统一又不乏灵活多样,事实与细节融为一体,有血有肉,使新闻报道更加生动逼真,富有情感,能够最大程度令受众直观清晰地感受新闻事实,从而达到良好的传播效果。

(二) 全媒体消息写作的特点

消息一般分为动态消息、静态消息、综合消息及述评消息,不同类型的消息写作特点各有不同。就其共性而论,消息的写作特点具体有以下几个方面。

1.迅速及时,精心选择

新闻报道被称作"易碎品",一旦超出一定的时间,新闻价值就烟消云散了。传统媒体时代,消息报道的是"新近发生的事实";随着科技的进步和传播技术的发展,消息报道的是"正在发生的事实"。全媒体时代,受众获取消息的渠道越来越多,新闻报道时效性成为受众选择媒体的主要依据。新闻竞争的实质是速度的竞争,也是时效性的竞争。消息写作要迅速及时,才能将正在发生的事实完好地呈现在受众面前,才能保证新闻的鲜活。

我们生活在一个信息洪流的时代,每天发生的事件多如牛毛,哪些事件会获得受众的关注,我们应该及时地进行报道,新闻工作者在日常消息的写作中应掌握辨别信息价值的本领,在快速选取有较大价值的事件后进行消息写作,这点在动态消息的写作中显得尤为重要。以2016年9月27日发生在宁夏石嘴山的煤矿安全事故为例,事件发生后新华社迅速反应,写出短消息报道,在最短时间内将事件情况初步理清,然后对事件最新进展做出详细报道。一般在新近发生的重大事件及重要活动中,最新出现的情况或动态等都属于动态消息的写作范畴,因此在该类消息写作中时效性就成为衡量其质量的标准之一,也是消息写作的特点之一。

2.内容真实,简明扼要

无论是在何种体裁的新闻写作中,真实性都是最基本的要求之一。新闻来源于事实,所有新闻要素都应准确无误而不能虚构。人物、时间、原因、结果等都应真实准确,且引用的背景材料及数据等也应做到出处明了。全媒体环境下信息传播的方式发生了改变,媒体为追求点击率及阅读量过分追逐受众,"标题党"横生,这也是导致媒体公信力江河日下的重要因素之一。2015年1月13日,南方都市报旗下南都网、新闻客户端发文《南京众人围观裸女跳河 救助者被遗忘 没人帮忙拉一把》,后经查证属于将不同时间发生在两地的两起事件拼接而成的虚假新闻,而《靖江日报》《生活日报》在未经核实的情况下转载了该新闻,也均被新闻出版广电行政部门处罚。[①]

消息写作中,真实性甚至是比时效性更加重要的要求,因此,作为专业的新闻工作者在写作过程中应坚持真实性,不能为了第一时间抢发新闻而不去核实消息的来源,要保证出现在报道中的事件要素准确无误,经得起受众推敲。

3.资源整合,拓展深度

全媒体环境下信息无处不在,而处于被信息过度包围的受众,有时会面临无法辨别信息真伪的困境。因此为了在保证客观真实性的同时使信息能达到多元化解读与传播,记者在消息写作中需注意对各类媒体提供的新闻资源进行整合加工,同时加以筛选鉴别,最终将真实有效的报道呈现给读者。古语云,兼听则明,偏听则暗。随着社会和传播的发展,全媒体环境下,受众的媒介素养越来越高,对媒体传递的消息有一定的判断分析能力,并不是像大众传播时代那样完全被动地接受。因此,新闻工作者应该整合多方面的消息资源,为受众提供尽可能全面的消息报道。

在全媒体传播的大背景下,消息写作初期应以快速准确为主,抢占报道先机,后期随着事件不断深入,各种新闻要素不断完善,这时就应利用全媒体平台提供的优势,将有关信息及衍生内容整合在一起,形成较为全面的报道,为受众全方位、多角度看问题提供便利。为了拓展新闻报道的深度,消息写作角度要新颖,围绕某一事件,组合多件相关新闻事实,进行分析、归纳、综合,对事件做深入地反映。

4.加强更新,动态写作

全媒体时代信息更迭快速,新闻若不及时报道就成了"旧闻"。美国新闻学者麦尔文·曼切尔说:"不管报道的事件具有怎样的意义,涉及的人物多么重要,新闻价值总是随着时间的流逝而减少。"[②]新闻事实由新变旧的过程是很短暂的,要做好新闻事实的"保鲜",抓住受众的眼球,获取受众长期、持续的关注,不能只追求快,更要追求新,也就是做到新闻信息的及时更新。全媒体时代的消息写作还应该加强连续性报道,主动更新新闻,根据新

---

① 新闻记者课题组.2015年十大假新闻[J].新闻前哨,2016(2).
② 门彻.新闻报道与写作:第9版[M].展江,译.北京:华夏出版社,2003.

闻事件的发展进行动态写作，甚至还要根据新闻事件的某些迹象，或者基于数据做出预测性报道，把新闻事件变化过程中的每一个有新闻价值的事实和动向都及时报道出来。

目前，媒体在信息采集及加工方面的技术手段都发生着日新月异的变化，网络视频直播、机器人新闻写作等都对消息写作的速度发起冲击。全媒体时代受众接受资讯的方式更加多元，因此记者信息采集、写作等过程的周期应尽量缩短，同时结合新的媒介技术如秒拍、直播等，保证全面快速地发布信息，后期做到持续跟进，综合运用文字、图片及视频相结合的方式进行更新，使受众及时了解最新消息，走出"信息迷雾"的困境。

二、全媒体评论写作

新闻评论是媒体编辑部或评论员对最新发生的有价值的新闻事件和有普遍意义的紧迫问题发议论、讲道理，有着鲜明针对性和引导性的一种新闻文体，是现代新闻传播媒介经常采用的社论、评论、评论员文章、短评、编者按、专栏评论和述评等的总称，属于议论文的范畴。新闻评论要在有限的篇幅内厘清事实，完整阐述观点，进而做到最大程度地指导实践。新闻评论作为新闻体裁中一个重要的类型，其主要目的有两个：一是表达人们对一些重大社会问题或者新闻事件的判断，对由该问题所引发的社会现象或问题进行思考；二是使公众通过新闻媒体或平台发表对于公共事务的看法，并进行意见交流，产生互动沟通。大众传播时代，报纸新闻评论多用长篇事实论证，条理分明，逻辑缜密。随着互联网兴起并不断发展，新兴的社会化媒体上的评论出现了一些新的变化。由于传播环境的变化，全媒体新闻评论写作与传统媒体相比，没有太多的限制，加上受众迫切表达自我的心情与拥有话语权的喜悦，都使得新闻评论的发展愈来愈迅速，并在许多社会事件发展进程中发挥着重要的影响，新闻评论已成为影响受众观点及社会舆论走向的一种新闻报道形式。

（一）全媒体评论写作的要求

在全媒体早已成为一种共识的当下，信息技术的发展改变了信息传播的环境，打破了传统媒介环境中固化的传播方式，也为诸多媒体及受众提供了自由表达观点的平台。新闻工作者不再是进行简单的采访、写作、编辑、评论、摄影等业务操作，而是在专业化的基础上向全能型靠拢。这种发展趋势要求新闻工作者掌握更多技能。全媒体环境下，传统的新闻评论依托主流媒体的网站得以较大程度地保存和传承，如人民网的《人民时评》、凤凰网的《凤凰评论家》等，同时，新兴的新闻评论形态也不断涌现。全媒体时代的传播环境对传统新闻评论写作产生的冲击已不限于网络词汇或文体格式方面，有的报纸版面上甚至已经直接出现了微博、微信等媒体的文本式样。在媒介融合的背景下，新闻评论作为受新媒体影响最为深刻直接的文体之一，其写作有了新的要求。

1. 题材范围更广，传播速度更快

全媒体时代信息传播的速度极快，事件一发生即被受众获悉并得到快速传播。受众在新闻发布后马上转发，跟帖回复，舆论场因此发酵起来。由此可见，全媒体时代新闻评论的写作一定要占领时间优势，谁的意见更早地出现在媒体平台或社交平台中，就可以在接下来的舆论引导中掌握主动权。因此，更为快速地写作成稿，成为媒体获取引导舆论的钥匙。新闻工作者在进行写作时可通过自身对事件的观察及把握,从现象中提取规律和深刻的见解,为受众发表观点提供参考。

2009年9月新浪微博开始内测,随后推向市场,诸多媒体开通微博账号,受众评论的阵地也由QQ群或者论坛发展到了微博上。2011年1月腾讯推出了微信,也随之成为受众评论的主阵地。原来的新浪微博多以140字为限,简短的篇幅显然不能完整深刻地表述全部评论内容,但通常经过几百上千的转发之后就形成了广泛的传播效果和舆论场,比单篇新闻评论的影响更为广泛。2016年3月,新浪微博取消原来的140字限制,为媒体和网民更完整细致地表达观点提供了有利条件,在评论写作过程中不必再担心字数限制和篇幅问题,可以将事件概括、观点阐述、最终表态有机结合,生成能够体现新闻价值的、有鲜明立场观点的新闻评论。

2.能够把握全局,引导舆论走向

在鱼龙混杂、真假难辨的全媒体传播环境中,受众观点多样性的侧面反映出的是社会大众的盲目和混乱。社交媒体平台给了受众自由表达观点的权利,但是过分表达及一些片面无端的言论往往导致舆论走向出现偏差。传播学经典理论"沉默的螺旋"告诉我们,人们在表达观点和想法的时候倾向于选择与自己观点相同或类似的想法,此类观点因此得以快速地传播扩散,而对于与己无关或少有人理会的观点则是保持沉默,由此造成一方的声音越来越大,另一方愈发沉默下去的螺旋发展过程。[①]

全媒体新闻评论的写作要站在高处,从全局出发,在掌握舆论场中各种不同的声音后冷静分析事件,避免将情绪带入,变成个人情绪的表达。新闻评论的主旨在于提出新观点以指导实践,作为舆论风向标的媒体,应当从高处着眼,小处着笔,说出广大受众想说而未说出的话,从而起到把控全局,引导舆论的目的。

3.观点深入浅出,做到通俗易懂

新闻评论作为一种重要的舆论监督手段,面向的群体是千差万别的社会大众,而作为个体的受众,因家庭背景、知识结构、社会环境的不同而存在较大的差异性。新闻评论是说理的艺术,故而新闻评论作品在具备新闻特性及政治立场的同时还需加强可读性。可读性其一就是说理要平易近人,深入浅出,这对于作者来说是一个较高的要求。要将深刻的内容通俗地论述出来,将深刻的道理讲得浅显易懂,易于受众理解接受。我国著名报人张季鸾、邹韬奋等都是新闻评论大家,他们在写作时就善于将深刻的道理讲得明白易懂,而这对于全媒体背景下的评论写作同样适用,作者在写作中也可运用一些修辞手法,做到以辞达意,生动引人。

观点是评论者的主观意识与客观实际统一的产物,既要鲜明、有针对性,又要正确、新颖。新闻评论要依靠缜密的逻辑说服读者,因此作者在通俗易懂的表述过程中应注意理顺事件的内在逻辑关系,运用概念判断、推理的手段,摆事实、讲道理,达到说服受众的目的。全媒体环境中受众需求的多样化、媒体语言的鲜活性,要求新闻评论写作用生动活泼的手法表述受众喜闻乐见的事实,加强与受众的贴近性,从而增强新闻评论的说服性与可读性。

---

① 郭庆光.传播学教程[M].北京:中国人民大学出版社,2011.

4. 坚持自身立场，保持理性态度

随着移动互联网的高速发展，手机作为移动信息载体的终端已成功渗透到人们的日常生活中，对人们生活方式、思想观念产生了巨大影响。中国互联网中心发布的报告显示，截至2017年6月，中国网民规模达到7.51亿，其中手机网民规模达到7.24亿，手机已经成为网民获取信息的第一入口。在全媒体环境下，新闻评论的形态得到进一步的拓展，由原来的社论、评论员文章、短评、编者按、专栏评论等类型逐渐发展为包括网站评论、论坛评论、跟帖评论等多种形式在内的言论集合体。随着媒体传播环境的变化，新兴的社交媒体逐渐成为新的舆论场，各类观点汇合到这里，碰撞、交织，有的遭到反对，有的赢得支持。

社交平台为意见的表达提供了便利，但观点的无限表达和言论约束机制的缺乏也导致舆论场一片混乱，意见强势传播的一方会对整个舆论的走向形成影响，甚至是干扰。这在另一个方面也背离了舆论监督的初衷，不利于社会和谐稳定发展。此类事例不胜枚举，以2016年巴西里约奥运会中国游泳运动员孙杨被澳大利亚运动员霍顿嘲讽事件为例，舆论一边倒地支持孙杨，斥责霍顿"阴险狡诈"，在网民评论中更是出现许多人身攻击的词汇。在舆论群情激奋地声讨霍顿的同时，也有部分媒体保持冷静客观的态度，从事实本身出发，对事件细节做出梳理。如网易新闻就推出相关评论，对该事件的前因后果进行分析，从孙杨在2014年比赛中药检呈阳性到今日被澳洲选手言语嘲讽，将前因后果全部呈现于读者面前，并从全局出发表达出自身态度观点，为群情激奋的群众降了温。

在当今全媒体融合的时代，互联网给新闻评论的写作带来了一些新的特点，而这个平台本身的双面性也使得民众处在嘈杂的信息或言论中难辨真假。一篇好的新闻评论应该是在忠实真相的同时坚持自身立场，由浅入深，由表及里，透过现象进入本质，不被普通大众的声音左右，不随波逐流，始终保持理性的态度进行评论，这样才能获得受众的认可。

（二）全媒体评论写作的特点

新闻评论由于评论主体的不同，有社论、编辑部意见、短评、编者按、专栏评论、新闻时评、署名评论、小言论等之分。全媒体时代，新闻评论的形式更加多样化，新闻评论写作也表现出新的特点。

1. 评论富有时效性

真实性与时效性是衡量新闻报道价值的基本准则，这在新闻评论中仍然适用。新闻评论的写作要快速，紧跟事件报道，及时发声，在舆论场中掌握主动地位。重大新闻事件发生的背后，原因往往是多元且复杂的，而作为专业知识储备不足及视野不够宏观的受众，此时就仿佛处在一片广袤的舆论场中，仅凭自身判断无法对一个事件做出结论，这就需要媒体的观点引导。

全媒体环境下，信息传播及舆论发酵极为迅速，而众多网民在不清楚事实的情况下通常极易被舆论左右。以2016年4月初刷遍社交网络媒体的公共事件"和颐酒店女生遇袭"一案为例，事件发生后，凤凰网及时跟进并发文《北京和颐酒店女生遇袭追踪：为什么旁观者会视若无睹》，对事件发生过程进行梳理，而搜狐网也在第一时间发文《女子酒店遇袭，传播击中社会痛点》，对此事件做出评论。由此可见，当前环境中，对一个新闻事件快速有效地做出评论不仅是新闻评论时效性的要求，更是媒体引导舆论、掌握主动权的关键。

2.评论富有深度性

新闻评论是一门说理的艺术,不论篇幅长短,一定要把道理评出来,否则,无论观点多么标新立异,都是不合格的评论。在媒介高度融合的当下,无论是受众还是媒体都在快速更迭的信息空间中随波逐流,对许多事件或是现象的认识都停留在表面,并未进行深入的调查研究。所以,作为专业的新闻工作者应该正确发挥新闻评论在舆论引导方面的作用,运用正确的观点和方法对社会生活的种种现象、事件、问题进行评析议论,透过现象揭示事物的本质,帮助受众分清是非曲直、优劣美丑,正确看待社会问题,传播正能量。

全媒体评论写作在注重时效性的同时,也要加强深度性。新闻工作者通过对新近发生的事实进行深入挖掘与解读,及时发声表达立场,为受众提供参考与建议。以《新京报(电子报)》2016年5月1日发表的社论《取消高考录取批次应加大步伐》为例,《新京报(电子报)》该社论在对"取消高考录取批次"所带来的影响进行分析的基础上辅以专家观点进行解读,这对社会观念的转变及考生心理的疏导都起到十分重要的作用。

3.评论富有导向性

新闻报道要提高传播力、公信力和引导力,坚持正确的导向是关键。"事业性质,企业管理"是我国新闻事业的外在表现形式,这意味着新闻行业的性质决定它不能像一般企业那样可以自由出入市场,而是必须服从党和政府的领导。[①] 因此,在新闻评论的写作中既要坚持正确的舆论导向,也要符合党的路线及方针政策,符合事业和工作的大局。

我国的权威主流媒体,如新华社、人民日报、中央电视台等,其所发出的评论面向全国最广泛的受众,作为党和政府的权威媒体代表,评论必须坚持正确的导向,这也是新闻媒体发展壮大的因素之一。全媒体环境下,评论的导向性仍然具有非常重要的地位。由于媒体形态更加丰富,传播范围更加广泛,对受众的影响更加明显,所以,全媒体新闻报道的评论写作要以鲜明的主题、明确的导向,提高受众明辨是非的能力,指导受众的日常行为和社会实践。

4.评论富有受众参与性

传统媒体时代,新闻评论往往是专业的新闻机构和新闻工作者的专利,随着传播技术的发展,媒介渠道愈来愈丰富,进入全媒体时代,自媒体大量涌现,"人人都有麦克风",受众对于媒体的可接近性和可利用性达到了空前的高度。在全媒体传播过程中,传受关系进一步平等,受众话语权大为增加,因此,新闻评论有了更加广泛的受众参与性。

对于当前一些重大新闻事件的报道,传播最快的社交媒体非微博、微信莫属。而微博中一些有影响力的网络意见领袖和主流媒体的官方认证微博也成为媒体及受众发表评论的主战场,受众可以轻松地参与到新闻事件的评论中。当前的舆论场中,新闻评论题材广泛,同时受众参与度高。公民意识的觉醒,受众表达欲望的增强及对社会公共生活的参与感上升,都使受众渴望对公共事件发表看法、提出建议、参与决策。因此,全媒体新闻评论写作不仅要以真实性、时效性、深度性为准则,也要注意对事件进程进行持续跟进,在评论中与受众及时进行互动,最终达到良性引导舆论的目的。

---

① 李良荣.新闻学概论:第5版[M].上海:复旦大学出版社,2013.

三、全媒体深度报道写作

深度报道是一种深入揭示"新闻背后的新闻"的新闻报道,是运用解释、分析、预测等方法,从历史渊源、因果关系、矛盾演变、影响作用、发展趋势等方面对新闻进行报道的一种形式。[1] 深度报道以追求报道的深刻性为理念,较之其他文体内容更为全面,文体结构及思维方式也更加立体。一篇合格的深度报道除去新闻基本的五要素以外,还应包括以下要素:事件背景、事件分析及预测建议等。在我国,深度报道出现于20世纪80年代,美国学者尼尔·高普鲁等人的"深度报道论"被介绍到中国后引起了新闻界的注意。深度报道的深刻性、全面性、系统性使得新闻界开始意识到新闻报道可以用更独特的方式来反映社会现实。

深度报道在我国兴起后,在媒体新闻报道实践中逐渐发挥出重要的作用,以不同于消息、评论、通讯等新闻报道的方式向人们展示社会生活中"新近发生的事实"。而传统媒体中又以报纸为甚,凭借观点独到或思想深刻的深度报道,提高了广大受众的分辨能力。在对事实进行剖析和对事件进行深入挖掘探讨的过程中引导受众对众多社会现象及事件加以反思。

(一)全媒体深度报道写作的要求

一般而言,深度报道反映的社会事件和现象都比较复杂,需要在前期做许多包括采访、调查在内的准备,而很多时候因为深度报道要反映出对一个事物或事件的原因、本质、意义及发展趋势等的认识,这就需要一个过程。因此,在时效性上,深度报道与其他形式的新闻报道不同。全媒体背景下,传播渠道和传播方式发生嬗变,因此对深度报道的写作也在原来的基础上提出了新的要求。

1.报道内容具有可读性

新闻的可读性是指新闻报道适合受众阅读的程度,是随着西方报业竞争而兴起的一种吸引读者、扩大报纸发行量的手段。著名的罗伯特·根宁公式提出了新闻可读性的衡量标准:一是句子形成,句子越简单,可读性越强;二是迷雾系数(Fog Index),指词汇抽象程度及难易程度,迷雾系数越大,可读性越小;三是人情味成分,人情味与可读性成正比。总的来说,可读性包括内容和形式两个方面。

随着全媒体时代的到来,处于"信息爆炸"中的受众每天获得的都是碎片化信息,深度报道以其深刻性和全面性在当前媒介的激烈竞争中赢得了一席之地。此外,相对于普通新闻报道而言,深度报道对时效性要求较少,这也成为诸多媒体提升影响力的手段之一。随着受众在媒介使用习惯及心理态度等方面发生变化,深度报道的形式及用语内容等都发生了一些新的改变。而其中不变的,就是对新闻可读性的要求。

无论是传统媒体还是当今概念不断延伸的新兴媒体,也不管受众怎样阅读,用何种方式阅读,新闻报道的最终目的都是为了供人阅读,因此内容可读性应成为深度报道写作最为重要的标准之一。新闻工作者在进行深度报道选题时,除了围绕重大事件、热点话题

---

[1]许颖.新闻采访与写作[M].北京:中国传媒大学出版社,2011.

等,还应围绕贴近受众生活的、对其实际生活有指导或帮助意义的话题,在写作过程中努力提升深度报道的可读性。

2.表达方式不能过于深刻

深度报道相较于其他新闻报道形式的优势在于内容深入具体,但是深度与深刻是有所差别的。深刻指透彻、深入、苛刻、严峻,比如思想、观点要求深刻,这是新闻评论写作的要求。深度强调的是程度深浅,触及事物本质的程度。深度报道写作要求虽然比一般新闻报道要高一些,然而其仍然是借助于大众传播媒介来进行传播,大众传播媒介的特征决定了受众接受信息的方式。处于全媒体时代的很多受众都是伴随着互联网、电子产品成长起来的,大部分受众并未养成深度阅读的习惯,因此在面对大众的深度报道中,作者应尽量做到语言通俗易懂,深入浅出,明白晓畅,令受众在阅读过程中没有障碍。

深度报道写作贵在通过深入细致的调查,弄明白新闻事实发生的来龙去脉,而不是表达记者的思想、观点的深刻。所以新闻报道写作切忌为呈现事件的深刻性和分析的条理性,使用一些过分抽象深奥、难以理解的词汇,使报道的可读性大大降低,在全媒体时代尤其如此,这也是新闻信息被受众接受的前提。深度报道只有在受众理解接受以后,才能达到影响受众的目的。

3.写作用语切忌文学化

最近几年频出的虚假新闻和"反转新闻"吸引了人们的注意,时至今日,在一个受众喜爱猎奇、媒体频繁被曝出为吸引受众眼球而竞相迎合的传播环境中,一些新闻报道逐渐偏离了真实性这一首要原则。全媒体传播环境下,各种社交媒体每天都在生产输出着海量信息,播报着成千上万的新闻事件,这些纵横交织的事件,每一个背后都有丰富的故事。而在深度报道的写作中,以讲故事的手法来写新闻报道本来无可厚非,但是也出现了一些过分注重故事性,用文学叙事的方式进行写作的新闻报道,这是不可取的,会导致新闻报道文学化的现象。

新闻报道与文学作品最大的不同之处在于"真实客观",作者为了增加深度报道的可读性适当运用一些叙事手法加以渲染,在新闻通讯和深度报道中也较为常见,关键是要掌握好"度"。深度报道写作在揭示原因、做出预测、表达看法时应站在理性客观的角度,不过多从主观出发进行评价,以免影响新闻报道的真实性。为刻意追求可读性或是独树一帜的见解,忽略了新闻本身的事实依据,就会背离深度报道的初衷,就会使深度报道失去其基本价值,使得新闻报道作品毫无意义。

4.写作篇幅不宜过长

深度报道通过系统的科学材料和客观的解释、分析,全面深入地展开新闻内涵[1],注重从宏观角度,多方位、立体化呈现事件前因后果,对某一事件的把握比一般消息要复杂细致,这种报道形式决定了深度报道内容更丰富,细节更完整,说理更深刻,逻辑更清晰,而不可避免地也会出现报道篇幅过长的问题。在深度报道选题的写作上,事件的复杂程度决定了报道的信息含量,有时长篇幅是必要的。然而如果深度报道作品只是为了追求篇

---

[1] 刘建明.宣传舆论学大辞典[M].北京:经济日报出版社,1992.

幅,写作动辄几千上万字,不仅会让读者读起来费时费力,而且也不能让读者获取有价值的观点,从而失去了深度报道的意义;而一些简短明确的深度报道在既保证了受众阅读体验的同时,也不影响其深刻性。

深度报道比起消息、评论等新闻体裁来说篇幅要长,但并非每一篇深度报道都是长篇大论,可长、中、短结合。尤其是在信息多元化、传播速度快的全媒体环境下,保证受众的阅读体验是赢得受众的重要因素之一。深度报道的精髓在"深",而不在"长",新闻工作者应该写出有深度、有厚度和有影响力的深度报道,而不是"假、大、空"的深度报道。总而言之,深度报道的篇幅长短、写作用语、表达方式都取决于报道内容,在保证新闻报道质量不打折扣的前提下尽量缩短报道篇幅,才能使读者易于接受,从而拉近与读者的距离。

(二)全媒体深度报道写作的特点

深度报道作为一种重要的新闻报道方式,在重大事件及社会现象的解读中颇受媒体及受众欢迎。深度报道的优势在于能够全方位、多角度、深层次地对事件加以阐述,在调查分析的基础上完整传递信息,为受众做出判断提供参考。深度报道的写作特点可归纳为以下几个方面。

1.题材重大性

深度报道的选题一般都是关系到国计民生的大问题,所涉及的题材大都是经济社会生活中比较重要的或是有重大影响的新闻事件,将这些新闻事件作为关注点,从多角度对事件进行剖析,可为读者提供更为清晰直观的解释。好的选题是一篇深度报道成功的关键因素,深度报道选题既要从大处着眼,挑选那些在全局上有重要作用或具有独特意义的事物,又要从小处着手,从现实生活的诸多具体事物中进行选题[①],即社会中的特点、工作中的重点、受众关注的焦点。深度报道的选题要摒弃背景单一、内容简单、不适宜深入探索的题材,这就要求新闻工作者敏锐、准确地判断经济社会发展进程中出现的问题,并进行深入的调查分析。

深度报道的最终目的是找到受众关心的问题。通过时机恰当的报道为政府对问题的决策提供参考,这也是新闻报道的目标之一。2016年2月23日中国青年报公开发布全媒体深度报道《剩下3000万——中国农村剩男现象调查之一》,该报道对当下中国农村剩男问题进行了全面调查和系统分析[②]。我国男女性别比例失衡的问题存在多年,已经引起了一些社会矛盾和问题,中国青年报的该篇深度报道以此作为选题,引发社会广泛关注,达到了预警社会,引起国家对这一问题更多关注的目的。

2.内容详尽性

深度报道以其内容翔实、背景全面区别于其他写作文体。新闻记者从宏观层面对事件进行把控,再从微观角度进行观察,全方位、多角度地采访调查才得以成文。深度报道在内容上可以达到追溯过往,甚至预测未来的目的。对于专业新闻工作者而言,一篇完整的深度报道除了必要的新闻要素之外,还应包括新闻背景、相关材料、事件分析、前景预测

[①] 蔡宁涛.新形势下做好深度报道的思考[J].青年记者,2014(2).
[②] 刘世昕等.剩下3000万——中国农村剩男现象调查之一[N].中国青年报,2016-2-23(1).

及建设意见在内的诸多部分。

深度报道写作不仅要报道现象,还要抓住现象背后的本质;不仅要叙述清楚事件本身,还要揭示事件的深层蕴含;不仅要确认事件的现状,还要预测事件的发展趋势。深度报道的写作要全面、完整、动态、立体地反映新闻事实,内容不局限于一事一议,要有开阔的新闻视野。以《新京报(电子报)》在2014年12月23日发表的深度报道《华山跳崖者的陡坠人生》一文为例①,媒体在报道中除了交代死者华山跳崖事件,还在探明死者身份、跳崖原因、经过等方面做了详尽的叙述还原。受众看到的不仅是单个事实,还有辅以具体情况的说明,这使得报道更加具有说服力和影响力。

3.表达立体化

深度报道所涉及的多是社会生活中的重大事件、热点问题,在写作过程中,新闻工作者必须运用全方位、多层级、多角度的立体化思维与表达方式。传统深度报道的写作中,受众通常需要一次阅读完事件全貌,报道形式主要以文字为主。

在全媒体环境中,传播过程由以往的一次传播转变为多次传播,深度报道多采用连续性的系列报道不断深入发掘新闻事实。全媒体环境下的深度报道在表现形式上往往以超文本方式对信息内容进行收集组织,对报道中的关键词通常都会以超链接形式加以说明阐释,这为受众进一步获取相关信息提供了便利。全媒体深度报道所采用的超链接文本方式打破了传统深度报道中单一维度的传播结构,使得新闻报道更加立体化,有利于受众对新闻内容进行全方位、多角度的把握。

4.形式综合性

深度报道要对新闻事件进行全方位的透视、多角度的考察,就需要运用多种表现形式,既有直接叙述,又有主观议论。也就是说,深度报道这种新闻报道形式具有很强的综合性。深度报道因其内容之多、视角之全、跨度之大而区别于其他新闻文体,而有时候深度报道所涉及的主题通常需要将诸多现象或是事件加以综合,因此报道形式上比之单纯的文字报道更加丰富多样。

随着传播技术的发展和媒介形式的丰富,全媒体时代的深度报道形式的综合性进一步加强,除了传统的文字、图片以外,音频、视频、动画等广泛应用在深度报道写作中。2015年7月22日,澎湃新闻在其上线一周年纪念日推出特别报道《三峡》。该篇深度报道历时一年,从坝、水、鱼、天、地、人以及水与路等多个角度,分为上中下三部分详细介绍了三峡大坝的现状。通篇报道数据翔实,信息全面丰富,采用图片、动画、视频、H5等多种方式呈现,给受众提供了全新的体验。澎湃新闻此次选择使用H5的形式呈现报道内容,是全媒体环境下媒介技术为报道方式带来的新的进步,同时也表明未来深度报道的表现形式将会更趋于综合。

四、全媒体特稿写作

2003年6月19日,《南方周末》刊发了一篇报道《举重冠军之死》,被许多业内人士认

---

① 安钟汝,袁勇.华山跳崖者的陡坠人生[EB/OL].http://www.bjnews.com.cn/inside/2014/12/23/346966.html.

为是国内第一篇特稿。随后的几年间被称为中国特稿写作的黄金时期,涌现出杨瑞春、张恩超、李海鹏等一大批优秀的特稿记者,《中国青年报》的《冰点周刊》《冰点人物》等栏目也相继成为众所周知的特稿媒体。

新兴媒体的碎片化阅读挤压了特稿的生存空间,在新兴媒体的压迫之下,特稿写作在一味地"赶时间"中压缩了许多原本用来深入了解事实的时间,这就导致报道质量有所下降。此外,特稿选题空泛化、写作模式化等问题也造成目前特稿的发展困境。全媒体时代,复杂的传播环境对于特稿写作提出了更高的要求。

(一)全媒体特稿写作的要求

特稿是一种借用文学描写的各种技法,更加生动、更加详细、更加深入地报道新闻事件的新闻报道体裁。[①] 特稿属于西方新闻学的分类,相当于国内的通讯,但与通讯不完全相同,它注重调查分析,讲究文章有深度,因而在短篇幅内难以展开,篇幅较长,属于新闻报道中重要的手段之一。特稿写作对时效性要求比一般消息写作低一些,但也需紧跟社会热点,事件选择不能过分久远。

进入全媒体时代,随着传播技术的高度发展,特稿写作中出现了诸如报道空间狭小、呈现形式过时、写作人才青黄不接等诸多困境,但是新技术也为特稿写作带来诸多便利。新闻工作者要抓住全媒体发展的机遇,根据传播环境和受众媒介接触行为的变化,适应全媒体时代特稿写作的新要求。

1. 多样的表现方式

全媒体环境下多样化的传播技术手段为特稿写作带来更多样的叙述方式。在传播技术日益发展的今天,特稿的写作不再仅仅局限于文字,媒体充分利用照片、视频或是虚拟技术等多种手段来进行特稿写作,为受众呈现更多样化、更丰富的作品。以2013年普利策获奖作品《雪崩:特纳尔溪事故》为例,媒体在写作过程中运用了视频、音频及交互图片等数字化手段来呈现事故全貌,这比单纯的文字描述更加鲜活且易于理解。

2. 出色的资料运用

全媒体环境下,依托新兴的社交媒体平台,各种自媒体如雨后春笋层出不穷。大量的新闻线索和资料来源为特稿写作提供了极大的便利。新闻工作者面对一大堆通过采访、调查等方式收集到的资料,需要解决怎样才能加工成一篇完整的特稿,哪些材料对写作主题有价值,哪些材料没有意义,这些资料之间是什么关系,又有什么关联等问题。因此,新闻工作者需要具备出色的资料运用能力,理清这些材料的头绪,对材料进行"去粗取精,去伪存真"的删减和"由表及里,由此及彼"的推理,才能写出优秀的特稿报道。

3. 创新的内容表达

技术手段只能辅助新闻报道更好地传播和便于受众理解接受,对于一篇好的特稿而言,核心的竞争力仍然是内容。在所有媒体享有相同的渠道便利的前提下,专注于高质量内容的媒体往往能处于不败之地。全媒体环境下特稿写作要改变传播观念,创新表达内容。特稿写作要设法让更多的受众接受,不能固守于"阳春白雪"式的报道内容。全媒体

---

① 高钢.新闻报道教程:新闻采访写作的方法与技术[M].北京:高等教育出版社,2010.

时代,受众的自主性和选择性越来越大,特稿写作不能只是选择"高、大、上"的报道内容,而是更需要接地气的报道内容,选择普通受众关心的题材,比如在健康、民生等领域的话题。如《南方日报》对于广东省如何阻击地中海贫血病等跟老百姓生活有重大关联的报道,就切中受众的关注焦点。全媒体时代的特稿写作应该结合传播环境的变化和受众需求的特点,这样才能实现既能吸引受众,增加阅读量,又能使特稿在全媒体时代仍旧保持竞争力的双重目的。

(二)全媒体特稿写作的特点

特稿作为一种特殊的新闻报道体裁,写作特点与消息、评论均有很大的差别。随着全媒体新闻报道手段及技术的发展,传统特稿写作只注重信息综合的方式不再能满足受众日益增长的求知欲,与全面丰富的信息相比,受众更倾向于看到有情节和充满故事性的作品。作为一种独特的新闻文体,特稿以其故事化的叙事手法和生动活泼的语言风格受到众多读者的喜爱。从早期只注重社会事件的报道发展到关注社会个体及价值观,特稿的写作对象与方式都在向纵深化发展。归纳起来,处于全媒体环境中的特稿写作呈现出以下特点。

1.内容客观真实

特稿虽然以故事化的叙事手法和充满文学性的写作方式受到许多读者的喜爱,但其本质仍属于新闻报道,因此报道内容的客观真实是其最大的写作特点。这要求新闻工作者在写作过程中做到客观公正,真实准确,抛开个人偏见及主观臆断等系列因素,用事实说话,只做事实的陈述者。

新闻特稿写作需要富有文学性和创造性,但是必须以真实性为前提,是对已经发生的新闻事实通过文学性的描述和修辞手法的运用加以延伸,生产出让人喜闻乐见的特稿作品,而不是无中生有,捏造事实,虚构情节。以2009年2月《南方周末》刊发的特稿《灾难与人心:灾后北川残酷一面》为例,记者通过对地震背景的描写,对多方人物采访加以文学性的平实叙述,将北川的灾后全貌呈现在读者面前,真实性与文学性结合得恰到好处。

2.叙事手法故事化

特稿与消息写作最为明显的区别在于其借鉴了文学创作中的故事描绘手法,使得原本枯燥的新闻变得富有趣味性和吸引力。《南方周末》特稿记者李海鹏认为,特稿写作就是用一个个充满张力的小故事来指出社会中的问题。一个好故事让人震撼,而讲好一个故事则可以吸引更多的人,可以让人经久难忘。在人们的日常生活中,感人的故事、生动的人物形象到处都有,但是如何把这些故事写进特稿中,传播出去,却不是件容易的事情。

特稿是一种新闻事实的报道,叙述具体详细,需要报道事件的全过程,不但要告诉受众发生了一件什么事,还要告诉受众事情是怎样发生的,有什么价值和意义。作为一种颇具文学色彩的新闻报道,特稿通过类似于小说的叙事手法及文学中的修辞手法来写作,并在文中加以细节描述,从细微之处表现人物个性及情感,引发读者共鸣。2004年李海鹏撰写的特别报道《无情戒毒术》,以故事化的叙述方式讲述了广东某医院通过开颅手术帮患者戒毒的事情,吸引了受众的目光,同时也引发了一系列的社会讨论,无疑是一篇成功的特稿作品。

3.表现形式多样

特稿的写作形式灵活多样，要综合运用叙事、描写、抒情、议论等手法。在坚持新闻事实准确真实的前提下，特稿可运用多种表现形式与元素。全媒体环境下，各种新的传播手段与媒介呈现方式，为特稿写作提供了良好的基础。多媒体技术在新闻报道中的运用为特稿写作注入了新鲜的活力，对一些已经发生的事件可以进行还原，也可以通过一些特效手段使受众产生身临其境的感觉，增强受众的体验。

2012年12月20日，《纽约时报》又推出一篇特别报道《雪崩：特纳尔溪事故》，引发全球广泛关注，并成为2013年普利策新闻奖的获奖作品之一。该篇报道是完全诞生在新媒体技术中的新闻作品，以视频播放积雪滚落的画面为开始，将文字、视频、图片等多种元素进行穿插组合，最终达到令人震撼的报道效果。作品对于遇难人物的表现和对雪崩的科学解释使得新闻内容充实饱满，而多媒体的合理运用则使报道效果更上一层楼。整个作品视频观看与文字阅读交互进行，在逐步深入事件的过程中吸引读者完成将近一万八千字的长篇报道阅读。由此可见，在特稿写作中除了流畅的文笔与叙事手法，全媒体环境下多媒体技术所支撑的"立体特稿"是未来特稿写作的发展方向。

五、全媒体新闻专题写作

2016年11月13日，京华时报社官方微博发布消息称，《京华时报》将于2017年1月1日休刊。至此，自2001年5月28日创刊起走过风雨十五载的又一家纸媒凋零。除此以外，《中国青年报》也减少发行期数，从日报改为周五报（周六、周日休刊）。纸媒连年衰败的背后是新兴社交媒体的繁荣发展，近年来伴随着数字传播技术的发展，新兴的社交媒体数量急剧增长。从早期的手机报到后来的电子报再到如雨后春笋般崛起的新闻客户端，互联网技术、计算机技术及通信技术的高度发展促使媒介形式的不断更新，同时也改变了受众的阅读方式与习惯。全媒体时代，新闻报道与写作已不再拘泥于固有的写作和表达形式，媒介形态的融合为新闻写作提供了更多样的表现形式、更完整的报道内容、更全面的解读视角以及更深层的内容挖掘，网络新闻专题报道应运而生。网络新闻专题通过对社会重大突发事件、某种显著的社会现象或可预知事件的新闻信息加以整合说明，以独特的视角深入挖掘，为互联网时代的广大受众"烹制"出深度阅读的大餐。以2016年11月16日在乌镇召开的第三届世界互联网大会为例，新华网推出包含文字报道、图片新闻及直播报道在内的多种形式的互联网专题报道，引起社会各方的广泛关注，为受众带来丰富全面的信息，获得了极佳的传播效果。

（一）全媒体新闻专题写作的要求

互联网将受众带入信息的汪洋大海中，人们求知的欲望会得到有效满足，却也极易在缺乏辨别力的情况下迷失其中。全媒体新闻专题报道以互联网为平台，运用多样化的媒介技术手段，针对当前社会中人们所关心的热点话题或是国家大事及社会现象等，以组合或连续的形式进行报道。这符合全媒体时代多种方式呈现新闻的要求，也在更大程度上顺应了受众需求，贴近了受众的心理。新闻专题写作内容丰富，且表达形式多样，在写作方式及制作要求上比之单一传播媒介要求自然不同，具体写作要求归纳如下。

1. 新闻标题要有吸引力

俗话说"标题是新闻的眼睛",无论是一篇独立的新闻报道还是一个集纳诸多信息的新闻专题,好的标题总是能第一时间抓住受众心理,吸引他们点击并深入阅读。传统媒体报道由于版面有限,受众在阅读时注意力更为集中,对从新闻标题到主题内容都能有较为良好的把握。而在全媒体环境中,海量信息和五花八门的新闻令受众眼花缭乱,目不暇接,这就需要有一个既贴近新闻内容又能吸引受众的新闻标题。

标题拟定首先需要做到真实准确。任何时候真实都是新闻报道的第一要义。这是新闻写作的基本准则,也是必然要求。其次要做到主题突出。新闻专题的内容围绕一个现象或事件展开,因此拟定标题要注意语言凝练概括,突出专题报道主题。再次要做到简洁明快。全媒体传播环境下,信息千变万化,新闻专题在推出时也仅能在有效时间内被受众接收,而冗长烦琐、不能明确点出新闻要素的标题则会令受众心生厌倦,不愿再去深入了解。因此,依据新闻内容来选择标题拟定的长度及表述方式,是新闻专题写作的重要一环。最后不做"标题党"。全媒体时代,媒体之间竞争激烈,近几年为吸引受众眼球,哗众取宠,"标题党"现象层出不穷。标题华而不实,夸大其词,与报道内容关联不大。这样的标题能在一定程度上吸引受众的注意,也会加剧读者对网络新闻严谨性及可靠性的怀疑,长此以往必将得不偿失。

2. 报道内容要有深度

全媒体新闻报道是媒介融合发展的产物。媒介融合不仅给传媒产业发展带来了一定的冲击,也对受众的阅读方式产生了深远影响。媒介融合背景下新闻报道的采写、编辑、发布等环节与传统新闻报道有着显著的差异。新闻专题很好地体现了全媒体新闻报道的特点,信息容量大、延伸范围广、表现方式多样立体,可以从多维度、多视角及多层面对事件或现象做出解读,能够满足受众对于新闻事实在深度及广度上的阅读需求。

全媒体新闻专题还可看作是一种新闻整合方式,集纳各种新闻报道方式。不同于传统新闻报道中要推陈出新,写出特色新意,新闻专题更注重于新闻信息的有效整合。全媒体新闻报道的海量内容,各种各样的链接让读者迷失,这就需要媒体以新闻专题的形式,从大量的相关事件信息中找到内在的逻辑联系,并加以整合排列,为受众提供从事件全貌到细节的详尽解释。新闻专题还可以通过比较同类新闻事件,寻找它们之间的关联,也可以突出新闻事件某一因素。

3. 表现方式要新颖多样

在新闻专题的写作中,要注重运用全媒体时代赋予新闻报道的多种便利,除传统的文字、图片等新闻报道形式外,对当前引发业界广泛热议或已经普遍使用的新技术手段也要有所运用,比如视频直播、数据图解、H5等新颖的表现方式在专题新闻报道中大量使用,丰富了新闻专题的呈现方式。

以人民日报 2016 年推出的全国两会新闻专题报道为例,其首页充分运用大数据技术支持,通过对当日两会特刊重点关注的话题和被提及的省份加以抓取,最终通过 H5 页面呈现,给受众更为直观清晰的感受,较之单纯的文字或是图片新闻更具说服力。此外,视频直播也成为当前新闻专题报道不可或缺的重要手段。2016 年 11 月 16 日第三届世界互联网大会开幕,习近平发表视频讲话成为本届互联网大会开幕式中的一个亮点。此外,新华网也推出专题报道,运用图片、音频、视频、网络直播等形式,通过与前两届大会的比较,从大会议题、会议亮点、参会主体等多个方面进行分析解读,在全面呈现中不乏细节展示。

4.新闻编排应合理有序

全媒体环境下,新闻专题报道主要呈现在新闻门户网站或是手机客户端上,因此把握好页面编排以及内容分布,对于提升受众体验非常关键。如何有效凸显报道内容的亮点或是关键要素,以何种方式加以补充说明等都是新闻专题排版中需要注意的问题。

网页新闻专题的排版布局方式主要有综合式、列举式及整合重构等方式。早期新闻门户网站对信息进行简单分类,将同类信息的新闻标题罗列到一起,便于受众浏览,已经具有新闻专题报道的雏形。这种相同主题汇集的方式为受众带来大量信息,但无法让受众进行更为深入的解读。后来,新闻专题报道向深度化发展,新闻媒体对同一主题下的多篇内容进行罗列串联,并运用超链接技术,丰富新闻报道的内容,补充背景资料。目前,新闻专题报道技术手段运用更为成熟,可以用大数据技术生成直观清晰的图表,利用视频直播、VR还原新闻事实场景等,与原来单一的文字叙述和图片显示相比,编排方式更加合理有序。

新闻专题报道不仅要求页面编排合理,还应对标题加以突出显示,页面色调与主题内容格调统一,新闻导语写作凸显事实、精简概括,最终无论是从整体还是细节都要做到精益求精,才能在激烈的全媒体竞争中胜出。

(二)全媒体新闻专题写作的特点

与其说新闻专题是一种新闻报道方式,不如说是新闻报道的一种组织形式,是新闻工作者围绕某一报道主题,组织人力物力进行新闻采写,并进行合理编排。新闻专题是一种高度集纳式的新闻报道组织方式,以报道内容丰富翔实、表现类型多种多样等特点区别于其他新闻报道形式。

1.内容高度集纳性

新闻专题将各类媒体对同一事件的报道进行综合,这其中包括消息、评论,也包括深度报道,通过对诸多报道加以整合重构,从中找出新的视角切入,有时会出现意想不到的报道效果。全媒体新闻专题的内容集纳方式可通过超链接技术来实现,超链接技术将不同时间、不同媒介的同一新闻报道汇聚在一起,这其中既有背景资料的解释说明,也有不同视角的解说,对受众全面理解报道事件有着非常重要的作用。此外,内容集纳还可以是对同一事件连续式、动态式的报道,累积更多地信息,达到良好的传播效果。

2.呈现方式动静结合

报纸以文字、图片呈现新闻,广播以音频传递消息,电视则兼具以上几种,达到声画结合传递新闻的目的。全媒体新闻专题的呈现方式动静结合,包含所有媒介呈现方式,即通过文字、声音、数据、图片、视频、动画、直播等形式来报道新闻。以2016年新华网针对G20峰会推出的新闻专题为例,围绕主题从纵观全景到特色视角解读,几乎囊括了现有的所有常规媒介种类。内容板块分别为:动态新闻、特别策划、高清大图、视频、互动板块等,呈现形式上包括了文字、动态图片、视频、音频、直播回放等,不仅对包括领导人讲话和峰会议程在内的会议概况做了详尽报道,也对会议中产生的亮点和议题进行了深度剖析,同时不忘增加与网民的互动交流。专题内容丰富详尽,报道形式动静结合,呈现方式多种多样,全媒体的特性在这里体现得淋漓尽致。

3.报道手段的高科技化

技术的变革给社会发展带来无限可能,新闻报道借助科技发展不断革新,无论是早期的新闻门户网站、手机报,还是2016年备受关注的网络直播和"虚拟现实",都是技术创新带给新闻报道的改变与进步。在数字传播技术的推动下,新闻报道的技术含量越来越大。超链接技术、数据挖掘与分析技术、机器人写作技术以及VR技术等广泛在新闻报道中使用,新闻专题报道更是综合运用了这些高科技报道手段。在2016年全国两会专题报道中,记者们就佩戴了乐视VR研发的LeVR COOL1头盔对两会进行报道。此外,乐视VR与乐视视频开设两会专题栏目《全视角·看两会》,通过与国内媒体及乐视VR拍客群体合作报道两会的方式,为用户营造亲身参与两会的现场感。

全媒体时代下,无论是新闻工作者还是受众对新闻报道都有了新的理解与要求,新闻报道只有借力不断革新的技术手段,才能在写作的趣味性、受众的接近性以及报道的时效性上抢占先机。技术支撑新闻报道写作,无论写作形式是消息还是深度报道抑或是专题报道,都需要在内容和形式上不断创新,融合发展,只有这样才能在竞争激烈的全媒体时代立于不败之地。

第三节　全媒体新闻报道写作中背景资料的运用

媒介技术的不断革新及受众需求日益多样性的今天,新闻写作的新形式、新形态正在发生重大变化。在以往写作方式沿革的基础上,全媒体环境下的新闻报道写作更具包容性、灵活性、实用性,与媒介本身的传播特性结合起来,提供更为精准有效的信息。为了适应媒介技术发展的新形势,新闻工作者需要借助全媒体提供的技术平台,学会科学合理运用背景资料,生产出具有极强创新意识和极新报道形式的新闻内容,提高新闻报道的质量。

一、全媒体新闻报道中的背景资料

新闻背景资料是指与新闻事件和人物等有联系的材料,是新闻事实存在与发展的必然要素。解释事件背景是新闻报道与写作中的基本要求和不可或缺的环节之一,也是新闻报道之所以能够取信于人的重要佐证。任何事物的产生发展都是在特定的历史条件及社会环境下进行的,每个新闻事件总有它产生的历史条件、自然环境,背景资料的交代有助于受众了解新闻事件发生的前因后果、来龙去脉。在一般新闻写作要素中,背景材料不作为硬性要求,添加背景资料不会违反新闻写作的基本原则,但会对新闻整体的传播效果有一定影响。一篇恰如其分地运用了背景材料的新闻报道,可以在烘托主题、点明主旨、明确揭示报道内容和性质、提高新闻价值等方面起到重要作用,有助于突出新闻蕴含的意义,暗示作者的观点,增加知识的传播,增强新闻报道的可读性。

全媒体时代,各种搜索引擎和资料查找方式为新闻背景资料的搜索带来极大便利,需要翻阅大量资料才能找到需要的背景材料的时代已经过去,而现在新闻报道的写作在技术的支持下变得简单起来,各种手段的有效运用使得新闻报道从选题到成稿都可以在短时间内完成。在浩如烟海的资料中,现在要做的只是打开电脑进入搜索引擎或是相关资料库,输入自己想要的资料,立刻会有成千上万条搜索结果跳出,以这些背景资料作为对新闻事件和新闻人物的补充报道,丰富了新闻报道的内涵。

虽然数字传播技术为新闻背景材料的使用提供了以上诸多便利,但部分媒体和新闻工作者在海量信息中缺乏辨别能力,以至将一些与报道主题无关的背景资料进行堆砌,造成受众在阅读时无法分清主次,不能有效获取新闻事实。此外,由于互联网的开放性,部分媒体在新闻报道中引入背景资料时不注意保护当事人隐私,造成了信息泄露或者是侵权行为。新闻工作者应该认识到,新闻背景资料永远服务于新闻主题,无论背景资料多么重要,都不能超越主题甚至掩盖主题。

二、全媒体新闻报道中背景资料运用的注意事项

在一篇报道中,背景资料的合理运用会起到锦上添花的效果,反之,与主题无关的资料堆砌会使人感觉牵强附会、生拉硬扯。因此,在全媒体新闻报道的写作中,使用背景资料应注意以下几点。

(一)背景资料选用应紧扣主题

全媒体环境下新闻报道中背景资料的运用更加便捷,但是背景资料的运用要和新闻报道的主题密切相关,切忌盲目使用。背景资料的作用主要是对新闻报道的主题进行辅助说明,因此在写作过程中若选用过多与新闻事实无关的背景资料,就会给受众造成主次不分的阅读感受。前期搜集资料还需要花费时间精力,不符合新闻报道的时效性与新闻写作的简洁性要求。对部分新闻报道而言,媒体只需要简单交代背景材料,说明事件产生的原因、历史条件及环境因素,能够使受众对新闻报道的主题内容有简单明了的掌握,在不影响受众理解整体事实的基础上,使报道内容更加丰富而有深度。在新闻报道结构中,对整篇报道起决定作用的还是"主体"部分,在新闻报道中适当穿插背景资料,只是为了让新闻报道更加饱满生动,有说服力。

背景资料在新闻报道中的位置并没有明确规定,穿插其中或是自成一段取决于报道形式和内容特点。但应该注意的是在运用背景资料时,应简明扼要,紧扣主题加以阐述,无须长篇大论去叙述。新闻背景是新闻的从属部分,应当避免无关紧要的资料进入其中,背景资料的使用应根据新闻报道的文体和主题而定,对于选题较大、关系较复杂、专业性较强的新闻报道应多一些背景介绍以帮助受众更好地理解,而简单的事实报道或是常识性的背景,则只需几句话概括即可,避免浪费时间精力。

(二)背景资料选用应客观真实

近年来,关于新闻真实性的讨论不绝于耳,是新闻工作者关注的焦点。虚假新闻频出不止的部分原因是媒体为吸引受众眼球而采取了夸大其词的报道方式,或是媒体急于将未加核实的新闻素材呈现到受众面前,其背后反映出的是全媒体时代媒体竞争的激烈程

度。真实与客观作为新闻写作和报道的基本原则,是媒体公信力的保证,也是新闻生命力的体现。因此在背景资料的运用中,真实性和客观性也应当作为首要原则受到媒体重视。全媒体时代的传播环境更为复杂,在背景资料选用上要更加审慎,做到客观真实。

背景资料被称为"新闻背后的新闻",如若其真实性都得不到保证,那新闻报道的真实性就无从谈起了。有些媒体为了抢发新闻,对搜集到的材料不加以鉴别核实,结果造成虚假新闻的传播。全媒体时代,新闻报道的"一次采集,多次发布"模式会加剧虚假新闻的传播,媒体之间的转载或者引用更容易造成虚假新闻的二次传播,误导受众的同时也会使媒体公信力受到影响。以2016年年初刷爆社交媒体的假新闻"江西九江地震"为例,从澎湃新闻客户端发出的这条假消息在1月4日下午被各大主流媒体争相转载,而权威代表中国地震台网却没有相关消息发出,后澎湃发出致歉声明,称该消息是由系统后台通过自动抓取数据生成,后台数据有误从而生成不实结果,未经人工核实就发送出去,成为巨大的"乌龙事件"。由此可见,媒体在新闻写作过程中,对信源到背景材料的真实性都应进行严格把关,以免出现不实报道。

(三)背景资料选用应把握分寸

在新闻报道写作中,背景资料运用固然重要,但应当注意运用要有度,在写作的过程中要有所取舍,合理利用。背景资料服务于新闻主题但不应超越主题,对于一些重大事件,在写作中可对背景加以适当延伸,使背景资料在新闻报道中起到锦上添花的作用。新闻工作者可根据新闻事实、报道主题及报道形式等加以正确运用。

比如涉及国家机密和军事机密的相关背景介绍就只能是点到为止,而对于一些距离目前较为久远的事件报道则需稍加详细地介绍以帮助受众回忆。[①] 新华网推出的关于中国南海归属权的报道《学者撰文梳理南海诸岛属于中国的历史与法理依据》一文中,运用了较多的文献资料来阐述南海归属中国的历史依据,为受众提供了翔实的背景解说,以便受众对当前南海局势及历史问题由来有更清楚直观的掌握。

除此之外,对于常识性的新闻,背景材料可以简略介绍,而对于专业性较强的报道,则需普及基础知识。如新浪网在转基因食品的系列报道中,从什么是转基因到转基因标识等方面运用了大量背景材料说明,为新闻报道主体写作提供了有力辅助。[②]

(四)背景资料选用因题而异

在新闻报道中,同一个新闻事件,媒体的立场不同或者新闻工作者选取的视角不同,所写出的新闻报道也有所差别,甚至截然不同。全媒体环境下,无论是传播渠道还是受众需求都呈现出多样化的特点,因此,新闻报道也需要多角度、全方位对新闻事实进行解读。在不同视角和不同重点的新闻报道中,背景材料的选取和使用也应根据新闻报道主题的不同而有所侧重,背景材料的运用要与新闻报道内容深度融合。

以国内媒体对2015年"天津滨海新区大爆炸事件"的报道为例,可以看出不同视角的新闻报道中背景资料的选用也有所差异。2015年8月12日晚23点30分左右,天津滨海新区塘沽开发区发生爆炸,国内媒体迅速反应,对此事做出报道,其中几大门户网站所选

[①] 黄亚琳.新闻背景材料的恰当运用[J].新闻前哨,2014(4).
[②] 新浪网.转基因食品,你接受吗?[EB/OL].http://news.sina.com.cn/w/z/gmf/.

取的角度各有不同。网易通过整理世界各大主流媒体的头版报道,制作出了近年来特大事故报道的完整表格,搭配旗下深度栏目进行分析,信息呈现更为清晰直观;凤凰网除普通报道外还以图文、漫画等形式制作出事件背景材料和周边信息,事件报道范围进一步延伸;澎湃新闻在事故原因调查上对政府检查不力、企业违规操作等问题进行追问。媒体从多方位、多角度对事件展开追击,在保证全局视野的同时多条线索同时开展,不同的背景资料的运用为报道事实和细节的进一步挖掘添彩无数。由此可见,背景资料也是要根据不同事件不同角度来斟酌使用的,合理的使用会让新闻报道锦上添花,反之则是牵强附会。

优秀的新闻报道善用背景资料去突出报道的重点,表达作者的观点,增强新闻报道的可读性。如何更好地将背景资料与报道主题相结合,使新闻报道内容更加丰富,取决于新闻工作者的学识修养、专业能力等。全媒体时代,媒体竞争日趋激烈,受众媒介素养也不断提高,对新闻报道的写作要求将会越来越高。受众的信息需求是永无止境的,新闻报道作为社会知识生产的一种重要方式,一直在满足受众需求的道路上前行。在新闻报道中,背景资料的加入能够加深受众对新闻事实的理解,使受众增长知识。在媒介竞争激烈的全媒体时代,赢得受众就是赢得一切,新闻报道写作必定是与时代发展连在一起的,不断调整进步,才能吸引受众,增强竞争力,实现良好的传播效果。

【知识回顾】

新闻报道写作要适应媒体形态的变化,全媒体时代对新闻报道写作提出了新的挑战。大数据技术、超链接技术、机器人写作技术、无人机拍摄技术等新的技术手段在全媒体新闻报道写作中广泛运用。全媒体对传统新闻报道写作提出了新的要求,消息、评论、特稿、专题新闻等传统新闻报道写作形式在全媒体时代呈现出新的特点。充分利用背景资料有助于丰富新闻报道的内容,提升新闻报道的水平,全媒体时代新闻报道写作中背景资料运用应注意紧扣主题、客观真实、把握分寸、因题而异。

【思考题】

1. 全媒体时代新闻报道写作的新技术有哪些?
2. 简述全媒体新闻报道中消息写作的要求与特点。
3. 简述全媒体新闻报道中评论写作的要求与特点。
4. 简述全媒体新闻报道中深度报道写作的要求与特点。
5. 简述全媒体新闻报道中特稿写作的要求与特点。
6. 简述全媒体新闻报道中新闻专题写作的要求与特点。
7. 全媒体环境下新闻写作中背景资料运用需要注意哪些事项?

第七章
全媒体新闻报道的编辑

【知识目标】
☆ 了解全媒体新闻报道的编辑技巧
☆ 了解全媒体新闻报道的编辑原则
☆ 熟悉全媒体新闻报道的编辑技术

【能力目标】
1. 掌握全媒体新闻报道的素材处理技术
2. 掌握全媒体新闻报道的可视化呈现技术
3. 能够运用多媒体编辑技术进行全媒体新闻报道的编辑

【案例导入】

2016年里约奥运会期间，央视网在传统电视报道的基础上，打造了"一云、一微、一平台"，形成全媒体报道矩阵——V你，赴约奥运。"一云"聚合了本届奥运会新增的一系列独特视角，如风景信号、电视直播不能完全涉及的新闻发布会信号以及VR等新媒体专属信号源，实现立体多维的奥运云直播；"一微""V奥运"独家微视频，与电视形成差异互补的传播；"一平台"，连通电视、手机大小屏，连通观众与用户的深度互动平台。

央视网在保证赛事直播的基础上，还进一步突显了视频的特色，以"V奥运"、"奥运头条"、H5动态交互等多种形式推出——《我的赛场 我的奥运》《我在赛场 见证风云》《赛场央视人》《现场·有料》等系列原创报道系列作品，选取运动员、教练员、媒体人、志愿者中的代表，讲述他们自己的奥运故事，讲述微故事，开聊微话题，以"第一视角"和"第三视角"带着大家走近赛场、还原赛场、再现赛场；同时结合微话题互动推出"奥运微表情"，充分利用微博舆论效应、微信发酵式分享，以期"透过面孔读懂体育、透过面孔走近奥运"，让广大网友第一时间认识里约赛场上的中国健儿，记住奥运征程上的中国骄傲，并一起传扬奥运健儿的体育精神。

除此之外，央视网还推出了《编辑精选》栏目，在此栏目下编辑了数篇可视化报道，通过对奥运数据的获取、收集、整理和分析，将数据集进行可视化呈现。在这些报道中有时间线的呈现形式，如：将英国、美国、俄罗斯、中国、澳大利亚和德国等国家团队在2012伦敦奥运会所获奖牌与2016年在里约奥运会所获奖牌进行了对比，并且随着奥运会的进展每天对奖牌数据进行更新。在这个栏目里，编辑对每一位运动员的年龄、体重和身高都进行可视化设计。报道还从互动指南、60秒指导等方面对里约奥运会进行全方位客观的数据分析处理和呈现。这种可视化呈现的优点就在于有力地展现了文字难以描述的东西，可随着奥运会的进行而及时更新相应数据信息,并更加立体、直观、生动形象地对奥运会加以充分地展示。从对 2016 年里约奥运会的新闻编辑可以看出,在全媒体编辑中有多样性的呈现形式,这些形式清晰明了,易于了解。通过数据编辑,央视网将庞大的数据信息进行了全新的梳理,使繁杂的事件变得简练;通过对数据的分析,对交互图表、数据地图、时间线等可视化形式的选择,更加准确地向受众展现了新闻进程,并能揭示新闻要点,穿透一个复杂的新闻事件,直抵问题的核心。

第一节 全媒体新闻报道的编辑技术

全媒体时代的新闻编辑,除了具备传统媒体所必需的新闻专业技能,成为采稿、编稿能手之外,还需要掌握一定的数字传播技术,能够进行各种页面编辑和数据可视化图标编辑。一个优秀的全媒体新闻报道编辑,是一个能熟练地编排文本、照片、图表、动画、音频、视频等材料的复合型人才。全媒体新闻报道的编辑技术主要包括图形处理技术、图像处理技术、动画编辑技术、音视频编辑技术等。

一、图形和图像编辑软件与技术

在全媒体新闻的报道中,图形和图像信息一般需要进行专门的处理,必要时还需要用专门的技术进行一些特殊的效果处理。在新闻报道中无论运用哪种编辑处理方法,都需要使用图形与图像的编辑工具,例如:Photoshop、CorelDRAW、AutoCAD 等软件。在全媒体新闻报道中,用图片的呈现形式展示与报道新闻,可以让受众对新闻事件有更直观的、形象的认识,在报道中起到增加美感和可信任度的作用,有句流行语叫"有图有真相"。在全媒体新闻报道编辑中,可以将一幅图片剪辑出不同的场景,也可以将不同景别的图片组合成一组新闻来报道,这样既可以活跃视觉效果,又能给读者带来更多的信息,提供更为丰富的、有趣的新闻报道作品。

在全媒体新闻报道编辑中,PS 的用途非常广泛。Adobe Photoshop,简称为"PS"。PS 是目前应用范围最广的一款专门对图像进行处理的软件,由 Adobe Systems 公司开发设计,主要用于处理数字图像,对图像处理有非常强大与完善的功能,其应用的主要领域涉及图形设计、文字处理和出版印刷等方面。随着 PS 版本的不断升级,其功能越来越完善,操作越来越方便简单,运行的速度加快,使用者运用起来更加轻松。PS 还有非常完善的图像修饰和加工功能,可以快速有效地处理一些拍摄效果不够理想的照片和修复一些破旧的新闻图片,也可以去除新闻照片中人脸上的斑点、痘印,对照片加以美化。新闻照片处理是一种对视觉效果要求非常严格的工作,一幅完美的新闻照片一般都要通过 PS 软件的反复修改,才能得到满意的效果。

影像创意是 PS 最具典型优势的一个方面。通过 PS 的合理加工处理,可以将不同的对象巧妙地组合在一起,形成新的图片。利用 PS 不仅可以让人物与景物搭配,场景颜色重新配置等,还可以根据新闻报道的需要增加内容,获得全新的作品效果。PS 还可以对文字和图像进行混合编排,并且在图像输出方面的操作也简单方便。

PS 软件在全媒体新闻报道中的广泛运用,已经大大改变了新闻图片的效果,丰富了新闻报道的表现形式,使得新闻报道作品更具艺术性和观赏性,增强了新闻报道对受众的吸引力。PS 软件的滤镜功能可以对图像进行各种特效处理,新闻图像经过滤镜加工,能给受众带来新颖、独特的体验,增加新闻报道作品的艺术感染力。

　　PS 软件强大的处理及修饰功能可以对新闻图片进行二次加工,尤其适于处理一些时间久远的旧照片和有污迹、破损的残存照片。PS 软件的修饰功能够快速修复一张破损的旧照片,操作起来也非常简单,利用软件中的橡皮擦、图章工具、复制功能等,能很轻松地覆盖划痕和污迹,然后通过笔刷柔化就可以了。PS 软件运用得当,可以使图片恢复得很好,甚至达到比原照片更好的效果。

　　简而言之,全媒体新闻报道编辑中,PS 软件是图片处理最理想的工具,它融合不同相互补充的元素,让新闻报道看起来更加有趣、更具有吸引力。

二、动画编辑软件与技术

　　动画编辑技术是全媒体新闻报道的一种主要形式,最能体现新媒体的特性。在全媒体时代,动画具有形象直观、灵活多变等特点,成为全媒体新闻报道呈现的主流形式。动画编辑是全媒体时代数字技术与艺术设计相结合的产物,动画新闻报道编辑常用的软件与技术主要有 Flash、3D Studio Max 等。

　　Flash 软件作为动画新闻报道的一种编辑工具,在全媒体新闻报道中的地位日益上升,承担起了整合全媒体新闻报道的重任,无论是微博、微信还是新闻客户端,Flash 动画新闻都深受欢迎。在目前的全媒体环境下,与视频新闻报道相比,Flash 软件制作的动态图片新闻报道在采集上更方便,具有更强的趣味性和视觉冲击力,也更易于传输。

　　Flash 动画制作软件功能强大,易学易做,已经成为全媒体新闻报道中不可缺少的编辑技术。在 2008 年 5 月 12 日汶川大地震发生后,中国网络电视台(简称 CNTV)在当天 15 时许就播发了第一条与灾情相关的新闻,并进行 24 小时无间断直播,这篇新闻报道就是运用现有的 Flash 技术和其他全媒体技术制作的。该报道分成 6 个片断,每个片断可以独立点播,也可以连续播放,充分地运用电影与电视化的思维与手段,进行图像画面的动画处理,将静态画面演绎得栩栩如生,整个幻灯片节奏变换非常分明,把每个新闻的情节交代得既很简洁又非常清晰,具有强大的震撼力,极好地达到了信息传达、情绪渲染等表达效果。

　　Flash 动画设计软件已经成为世界上应用较为广泛的软件之一,并在全媒体新闻编辑技术中得以广泛应用,提高了新闻报道的传播效果。Flash 动画技术可将各种媒体信息组合在一起,构成连续影像,并可使用菜单形式组成可以连续播放的信息单元,因此,比单纯的视频影片的表现方式更为丰富与灵活,具有更好的交互性。

　　Flash 动画技术在全媒体新闻报道中的应用主要通过动画页面设计来体现。Flash 动画页面设计主要可以分为三种形式:全部动画设计、动画的静态形式、静态页面中插入部分动态设计。在页面动画设计过程中,既需要从全局上把握动态画面与静态形式的关系,以取得整体效果,还要将静态特征和动态设计进行完美的融合,呈现出较高水准的制作效果。

Flash动画具有较好的视觉冲击力,能够有效吸引受众的注意力,但是大量动画并存的现象也会导致页面无法有效打开,影响页面传输的速度。如果受众所使用的宽带网络传输速度较慢,就会造成页面传输速度下降,影响新闻报道加载,带给受众糟糕的观赏体验。

Flash动画设计软件在全媒体新闻报道编辑中的广泛应用,不仅能够有效地传递新闻信息,还能给受众带来愉悦的审美体验,增强新闻报道作品的视觉传播效果,使新闻报道的界面更具艺术特征。比如,有的新闻网站在进行动画特效设计过程中,页面编辑依据Flash动画设计软件的特点,对不同的报道主题选择相应的页面风格,将不同的新闻报道整合到统一的页面形式上,使新闻报道更具艺术的美感,提高受众的浏览体验,为受众留下深刻的印象。

三、音视频编辑软件与技术

基于媒体融合的全媒体表现形式多样,新闻报道的表现形式也丰富多彩,其中新闻视频是最为重要的新闻报道形式之一。在近年来的新闻报道中,文字使用越来越少,相反,视频信息因可以用易于理解的方式展示烦琐的过程,成为全媒体新闻报道的主角。全媒体新闻报道编辑需要各种音频、视频处理软件作为录制、编辑、播放影像的工具。常用的音频编辑软件有SoundEdit、WaveStudio、Midisoft等。SoundEdit是一种较为常用的音频编辑软件,广泛运用在全媒体新闻报道编辑中,它可以进行声波编辑、剪裁、混音等工作,还有完整的录音功能,可以从CD、麦克风、立体混音装置、信号线来源、影片来源等录音。

网络视频新闻是全媒体新闻报道的主力军,随着网络的普及与网民数量的不断扩张,通过网络获取新闻信息成为人们,尤其是年轻人的首选。在全媒体新闻报道中使用视频采集卡从录像机或电视等视频源上捕获视频信号,然后用视频编辑软件进行编辑或处理,可生产出高质量的视频新闻报道作品。全媒体新闻报道常用的视频编辑软件有Corel VideoStudio(会声会影)、Adobe Premiere、Media Studio Pro等。

Corel VideoStudio(会声会影):会声会影是一种简单的视频编辑、剪辑、制作软件,具有灵活易用、清晰简明等特点。会声会影视频编辑软件简单易学,我们可以在软件的引导下,一步一步地轻松制作出优秀的视频作品。新闻工作者运用会声会影不但可以捕获、截取视频片段,还可以根据新闻报道的需要进行编辑加工,更为难得的是会声会影还具有分享的功能,可以方便快捷地将视频分享到社交媒体上,非常适合全媒体新闻报道。会声会影拥有上百种视频转场特效、视频滤镜、覆叠效果和标题样式,新闻编辑可以依据新闻报道内容和主题的需要进行修饰,使新闻报道作品表现更加丰富,达到生动、完美的艺术效果。对于需要处理大量视频新闻的编辑来说,简单易于操作的会声会影是一个不错的选择。

Corel VideoStudio(会声会影)视频编辑软件对新闻视频的处理主要包含两种方式:一种是剪辑转换;另一种是直接剪辑,不进行转换。

直接剪辑。行业通俗地称之为"切豆腐",新闻编辑人员对片源不进行任何数据处理,只是根据新闻报道需要,对视频进行搜索,找到需要的视频进行直接剪辑。直接剪辑的优点在于剪辑编辑的速度较快,因为不对视频进行处理,不需要复杂的数据运算,而只需找准视频分割点。但是这种剪辑方式也存在缺点：视频兼容性低，只能支持传输流格式播放，譬如 RMVB（一种视频文件格式）、WMV（媒体视频格式）、FLV（流媒体格式）等可以使用，但是需要有完整数据才能播放的程序流格式，如 DVD 却无法支持播放。同时，由于直接剪辑不进行数据处理，剪辑过的视频不存在质的改变，移植到手机等移动设备时会因为格式不兼容，无法满足多种媒介呈现形式的需求，对于全媒体新闻报道来说这一缺陷是致命的。

剪辑转换。剪辑转换实质上有一个解码再编码的过程，编辑人员可以根据新闻报道需要对视频进行剪辑转换。在视频编辑过程中，会声会影可以根据分割点自动停止编辑解码。相比于直接剪辑，剪辑转换的速度相对要慢一些，但是兼容性高。经过剪辑转换的视频已经重新编码为完整视频，发生了质的改变，有了更高的兼容性，可以使用多种格式播放，特别是能够在移动设备上播放，为全媒体新闻报道的视频编辑提供了重要的帮助。新闻编辑人员可以根据媒介形态和播放要求对新闻视频进行分割和转换，满足全媒体时代不同媒介呈现的需求。

第二节　全媒体新闻报道的编辑原则

全媒体时代新闻报道所面对的传播环境日益复杂，对编辑的综合素质要求越来越高。新闻编辑作为信息传播的把关人，要坚持一定的原则才能够保证全媒体新闻报道的质量，促进新闻事业健康有效地发展。传统媒体在长期的新闻报道实践中已经摸索出一套较为成熟的编辑原则和方法，管理也较为规范。新兴媒体由于发展迅速，缺乏全面的管理条例，其新闻报道从业人员往往没有经过专业知识和业务培训，理论素质也相应缺乏，导致虚假新闻泛滥。因此，要加强全媒体新闻报道的编辑工作，必须坚持一定的原则。全媒体新闻报道的编辑原则主要包括真实性原则、创新性原则、政治性原则、公平性原则和道德性原则。

一、真实性原则

无论新闻报道的技术和手段如何改变，真实性永远是新闻报道的生命。全媒体新闻报道编辑必须坚持发扬实事求是的作风，深入群众、深入实际、深入基层，加强调查研究。弄虚作假是新闻道德的沦丧，会使新闻媒体丧失公信力和权威性。

在全媒体新闻报道编辑中坚持真实性原则，要求新闻工作者必须坚持用事实说话，完全真实地把新闻信息提供给受众。信息的作用是消除不确定性，我们周围存在太多的不确定性，所以受众才有信息的需求。受众在日常生活中是依靠信息来做出决策和采取行动，进而认识世界和改造世界的。如果新闻媒体的编辑确保所提供的信息是正确、真实的，就会帮助受众进行日常行为决策。

新闻报道反映的是现实生活中的真实事情，新闻编辑只是新闻报道的记录者。因此，在新闻报道的编辑中应该时刻记住自己记录者的身份，为读者提供真实准确的新闻信息。美国著名新闻人普利策反复告诫新闻工作者，新闻报道要"准确、准确、准确"。美国报业编辑协会把真实作为编辑必须遵守的法则写进《新闻工作准则》,把真实看作是"忠诚于读者",是"一切新闻工作"的基础。

全媒体环境下,新闻编辑人员面对的传播环境更为复杂,海量信息真假难辨,尤其是随着大数据的崛起,传统的数据和信息处理技术手段不再有用武之地,新闻编辑人员要不断学习新的知识,掌握新的技能,为受众提供高质量的新闻报道。全媒体时代,新闻编辑人员应该对新闻传播过程进行严格的把关,使用可靠的信息源和新闻资料,认真揣摩每一个细节,力求保证新闻报道的客观真实。

二、创新性原则

这是一个科技飞速发展的时代,新技术、新发明层出不穷,科技革命推动着产业的发展。在数字传播技术的推动下,传媒产业正在发生巨大的变革,新闻报道生产和传播方式都出现了创造性的变化。新闻编辑人员必须要坚持创新的原则,才能适应全媒体的传播环境。

全媒体新闻报道的编辑的创新性原则主要体现在编辑技术的创新、模式的创新、表现的创新等几个方面。技术的创新是指新的技术在新闻报道编辑中的运用。如图片处理技术、视频编辑技术、数据新闻技术、H5页面编辑技术等。在2016年全国两会报道中,人民日报客户端灵活运用视频、图片、数字来独家解读政府工作报告,《最关心的来了!总理报告中的这些政策将改变你的生活》《9张图,带你读懂政府工作报告》等新闻报道都是利用数据新闻、图解新闻等编辑技术,形象生动地解读政府工作报告,受众易于接受。

模式创新是指全媒体新闻报道中编辑和记者没有明确的分工,甚至受众也可以参与到新闻信息的生产和加工之中,新闻编辑人员要注重和受众的互动与交流。同样以2016年的全国两会新闻报道为例,央视新闻在两会的报道中,首次运用微信"摇一摇"的功能,实现电视新闻节目与手机客户端24小时绑定、跨屏实时互动交流。人民日报推出的H5新闻报道《你有一份来自总理的神秘快递》在朋友圈疯狂转载,刷新了新闻报道的编辑方式。

全媒体新闻报道编辑的创新性原则的突出表现就是新闻呈现形式的创新。数字传播技术催生了多种媒介形态,新闻报道的编辑方式也多种多样。

2016年3月7日的全国两会报道现场,华龙网运用VR技术进行现场播报,360度全景展现两会现场、重庆代表团驻地,独特的新闻编辑方式,具有很强的现实感,取得了良好的传播效果。2016年3月9日,"南方+"新闻客户端推出一篇新闻报道《一支"神曲"领你认识广东创新的样儿!》,新闻编辑人员以视频和歌曲相结合的方式来编辑这篇新闻报道,轻松、愉悦地诠释了在创新驱动下广东地区的面貌,这种新闻编辑方式深受受众喜爱。

此外,全媒体新闻报道的创新性原则还反映在语言风格的创新上。新闻报道要求语言准确、规范,特别是会议新闻和政治新闻,一般新闻编辑用语比较严肃。伴随着互联网成长起来的一代受众,习惯了网络语言的生动、活泼。近年来,一些网络流行语不断出现在新闻报道中,比如"任性""萌萌哒"等。2017年习近平在新年贺词中提到,"努力奋斗才能梦想成真","大家撸起袖子加油干"。随后各大媒体纷纷以"撸起袖子加油干"为标题进行报道,可见全媒体新闻编辑的语言风格也在随着时代的步伐而不断变化。

三、政治性原则

新闻报道要讲政治，新闻编辑必须要坚持政治性原则。"党的新闻舆论工作是党的一项重要工作，是治国理政、定国安邦的大事"。新闻编辑人员能否把编辑工作做好，最为重要的一点就是自觉地从党的宗旨上、行动上毫不含糊地、忠实地、实事求是地坚持政治性原则。新闻编辑在实际组稿、编辑稿件和刊发稿件时要严格把好政治关，时刻用质量标准衡量自己的新闻作品，旗帜鲜明地在政治上与国家政策保持一致，这是编辑工作不可动摇的政治素质和社会职责。

坚持政治性原则要求在实际编辑工作中必须坚持正确的舆论导向。新闻报道具有重要的导向作用，提高舆论引导力，传递正能量，必须坚持政治性原则。在全媒体新闻编辑工作中，新闻编辑人员必须做到：一是不可为了吸引眼球而违反相关法律法规的规定，不可随意发表对党和国家政事的评论，避免出现片面评论误导广大人民群众；二是不可为了独家新闻而泄露国家机密，做出危害国家安全、煽动群众的事。

习近平总书记在党的新闻舆论工作座谈会上做出的重要讲话中指出，坚持正确舆论导向，唱响时代主旋律；坚持正确方向，创新方法手段，提高新闻舆论传播力引导力；新闻舆论工作各个方面、各个环节都要坚持正确舆论导向。这些都是对新闻编辑在坚持政治性原则上的更高要求。因此，全媒体时代，新闻编辑仍然需要不断增强政治意识、责任意识，要从党性出发，在工作中坚持政治性原则，切忌不要掉到业务堆里而迷失自己的政治方向，给党和国家造成不应有的影响和损失。

四、公平性原则

媒体是社会公器，新闻工作者是社会的瞭望者。新闻报道必须抱着对社会认真负责的态度，用事实说话，公平公正地报道新闻事件。新闻报道编辑一定要做到客观公正地传播信息，全面准确地提供新闻事实，并且为新闻事件中冲突的双方提供平等的发表意见的机会。全媒体时代，受众对于媒体的利用空前提高，媒体平台为受众发表真实意见与主张提供了坚实的基础。各媒体平台要坚持公平性原则，特别是对于弱势群体要给予充分的关注，避免造成强势者的话语霸权。

新闻编辑人员在编辑工作中，要敢于面对各种困难，遇到矛盾、冲突、不同观点，一定要进行深入的调查研究，认真核实，仔细听取双方的意见，做到公开、公平、公正，确保所编辑的新闻报道经得起事实和时间的检验。

五、道德性原则

道德是一种社会意识形态，是调整人与人之间以及人与社会之间关系的行为规范的总和。道德不具有强制性，但是对全社会成员都具有一定的约束力，是非曲直、善恶美丑、诚实虚伪、公正偏私等词汇都是用来形容人们的道德的。各行各业都有一套职业道德标准来衡量从业人员行为规范，新闻行业在长期的新闻报道实践中也形成了具有一定约束力的职业行为准则和道德规范。

随着数字传播技术的发展,新兴媒体发展如火如荼,然而,目前新兴媒体平台的新闻报道却出现了一定的道德问题。新的技术为新闻报道编辑提供了诸多便利,但是也造成"把关"不严的困扰。网络暴力、信息泄露、数据安全等问题严重影响着全媒体新闻报道的发展。全媒体新闻编辑人员在利用新的编辑技术与手段时,一定不要忽视新技术所引发的道德问题。在日常的编辑工作中严格把关,恪守新闻职业伦理,始终坚持道德性原则。

第三节　全媒体新闻报道编辑的特征与技巧

近几年来,随着计算机数字技术、网络技术和通信技术不断发展,媒介融合的步伐逐步加快。全媒体传播环境下,新的编辑技术和媒介形态给传统新闻报道的编辑工作带来了新的挑战。新闻编辑人员必须掌握一定的全媒体编辑手段和技巧,才能做好新时代的编辑工作。

一、全媒体新闻报道编辑的特征

推动全媒体的发展,就必须坚持传统媒体与新兴媒体的优势互补,扬长避短,坚持以先进的科学技术为支撑,以内容建设为根本。在媒介融合的背景下,全媒体新闻报道的编辑也越来越复杂,表现出不同的特征。

(一)技术创新,精美呈现

全媒体新闻报道中的新闻内容与新闻呈现的形式都是以计算机信息处理技术、网络技术为基础的,互联网、卫星网络、通信等技术已经成为全媒体新闻报道的主要手段。全媒体新闻报道的编辑要以文字、图片、声音、图像、表格等多种形式来呈现新闻,因此,具有很高的科学技术含量。全媒体新闻报道可以进行跨时间和空间的传播,信息传播快速,这是传统媒体新闻报道编辑无法比拟的。

(二)灵活多变,形式多样

数字传播技术的发展带来传播媒介的变革,媒介的功能和作用进一步拓展,媒介的覆盖范围也进一步扩大,新闻报道不再受时间和空间的限制。与此同时,受众接受新闻报道的方式也可以做到随时随地,不会受地点和场所的限制,受众可以通过手机、iPad等数字终端24小时接收任何信息,而且还可以全天候进行互动与交流。在这样的传播环境下,新闻报道的编辑呈现出灵活多变、形式多样的特征。

(三)全面融合,内容丰富

全媒体的新闻内容生产与编辑的典型特征就是在数字化的基础上实现了各种媒介形态的融合与创新。媒介融合是新闻传播业的发展趋势,融合后的海量信息、快捷的传播速度、不受时间地点的限制等特点,都是传统媒体无法比拟的。目前,网络媒体——论坛、博客、门户网站等,数字媒体——互动电视、网络电视、数字电视等,无线移动媒体——手机电视、手机新闻客户端等媒体之间形成了很好的互动融合的趋势,全媒体新闻报道的编辑进入全面融合的时代。

二、全媒体新闻报道编辑的技巧

在全媒体新闻报道中,优质的传播内容诚然很重要,但是要想抓住受众的眼球,传播形式也是非常关键的因素。一名出色的新闻工作者,在具备了全媒体新闻报道采写能力之后,还要掌握一定的编辑技巧,才能生产出受众青睐的新闻作品。

(一)把握首因效应,营造第一印象

首因效应指交往双方形成的第一次印象对今后交往关系的影响,是心理学上的一个概念,强调"先入为主"、第一印象的重要性。虽然第一印象并非总是正确的,但却是最鲜明、最牢固的。新闻报道的编辑中也存在首因效应,无论是新闻报道的标题编辑还是新闻页面编排,都要给受众留下深刻的第一印象。也就是说首先要引起受众的注意,才会吸引受众去阅读或观看。在全媒体环境中,新闻信息浩如烟海,能够引起受众注意是不容易的。如果想要给受众留下良好的第一印象,新闻编辑人员应该在标题上下功夫。新闻标题是否吸引人,是否具有故事性,是否有悬念,是否应该浓墨重彩,这些都是新闻报道编辑时要考虑的问题。

另外,全媒体新闻报道编辑还要在主页上下功夫,就像报纸的头版一样,新闻网站、新闻客户端的主页编排一定要给受众很强的视觉冲击力,使其过目难忘。不仅内容编排上要做到醒目,一目了然,而且还要做到操作方便,令受众有更好的用户体验,这样才能在大量同质化的新闻页面中脱颖而出,赢得受众的青睐。首因效应告诉我们,第一印象很重要,受众每天要接触那么多的媒体信息,如果你报道的信息没有第一时间被人注意到,恐怕以后也不会受到关注了。因此,全媒体新闻报道的编辑要把握好首因效应,给受众营造良好的第一印象。

(二)运用多种编辑手段,注重推陈出新

传统新闻报道的改版是多年不遇的大事,且需要提出多种方案,反复权衡比较,花费较长时间才能最后拍板。比如《人民日报》自1948年创刊以来只经历过十几次改版。但在全媒体时代,新技术、新手段、新功能不断涌现,如果一种页面设计保持一两年不变,就会显得陈旧过时,所以新兴媒体报道中必须要有推陈出新的观念,才能给受众提供生动鲜活的内容。

在传统印刷报纸上,常用的编辑手段分别有语言、图片、色彩、字体、字号、版面位置、空间、大小等,并且都规定了一套明确要求。在全媒体新闻报道的编辑中,这些编辑手段仍然在起作用,另外,新的编辑手段也不断出现,比如Flash动画编辑、短视频编辑、数据可视化编辑等。全媒体新闻编辑人员要学会运用多种编辑手段,尤其是依托新技术产生的新媒体编辑手段,不断推陈出新,牢牢抓住受众的眼球。

新闻报道的标题是吸引受众注意力最为有效的方式,因为受众往往通过新闻标题决定是否继续阅读新闻内容。传统媒体时代新闻编辑就非常注重标题的制作,针对全媒

时代受众碎片化的阅读习惯,新闻编辑更应该加强标题的编辑和制作。全媒体新闻报道的编辑应该特别注意提高标题的准确性、趣味性、新闻性,设置悬念,使标题能一针见血地体现内容的重要性是非常有必要的,但是不能做"标题党"。

(三)创新表现形式,做到美观大方

为了吸引受众的注意力,全媒体新闻报道编辑要做到设计优美与有趣。比如新闻网站主页的设计应以精简美观为导向,切勿堆砌太多不必要的细节,使画面过于烦琐和复杂。这在新媒体技术条件下是完全可以做到的。虽然互联网赋予了版面海量的存储量,但长篇大论的文字读起来很费神、费眼、费力,编辑可以把它们分开放在各个网页中,在每页建立指向其他各页的链接,这样查找起来较方便。空间与位置的因素在全媒体新闻报道的编辑中也具有一定作用。根据视觉原理,人们的注意力一般是先上后下,先左后右,所以,重要的新闻要放置在新闻页面左上方,因为它们最先跃入受众眼帘。全媒体时代基本失效的编辑手段包括字符的大小、字体、色彩、线条,这是因为数字页面的版式设计与印刷媒介的版式有着显著的不同,为方便读者更好地阅读,以及不使读者产生视觉上的过度疲劳,页面设计在字符、线条、色彩的编排和运用上都应该尽量简单统一。全媒体的页面编辑是一种无声的语言,应讲究整体编排与布局,既要形式新颖,又要外表靓丽。

(四)使用统一风格,布局井然有序

全媒体新闻报道在整体风格的设计上应该始终保持一致,保持统一的编排风格,这样会给读者一种严谨、清晰、有条理和专业化的感觉。全媒体新闻报道编辑人员常犯的毛病是喜欢在同一网站设计风格中尝试不同的配色方案,这样做往往把网页变得五颜六色、五花八门,不但不能使网页有整体设计的风格,过多的变化反而常常让读者晕头转向。

全媒体新闻报道网页制作的版式设计应在布局上做到整体统一,层次分明,井然有序。如果内容较多,可以在主页页面顶部放置条理清晰、语言简练的提纲,再把提纲和相关内容用书签链接,使受众可以非常方便地随意跳转。在页面的分割上不要太零碎,一般不要超过四块,并且做到主次分明,要确保至少有一个主框,有60%以上的浏览窗口面积。栏目层次不要超过三层,尽量让导航条和回到主页的标志始终清晰可见,导航条上的栏目名称也要简明扼要,一目了然。

(五)掌握注意原理,引导受众关注

注意是人的心理或意识活动对特定对象的指向和集中。所谓指向就是心理活动有选择地指向某一特定对象,而同时离开其他对象;所谓集中就是心理活动离开其他与被注意事物无关的一切东西,集中精力使心理活动深入下去。新闻报道是一种吸引受众关注的活动,吸引注意力是新闻报道成功的第一步,尤其是在海量信息传播的全媒体时代。因此,新闻报道编辑人员要掌握注意原理,引导受众阅读行为。

对于一些希望能够引起受众关注的重要信息,传统媒体新闻编辑人员可以利用一些编辑技巧进行引导。比如报纸头条可运用字体、报眼、图片、设置专栏、加框加栏线等手段吸引受众注意力,这种版面的表现力是很强的,也是报纸编辑优于广播和电视的地方。而于全媒体新闻编辑而言,引导受众阅读的手段就大相径庭了。

全媒体新闻报道的编辑在页面的设计上，呈现在主页上的大多是主要新闻的内容提要，详细内容则需要通过超链接到达。针对这种情况，当有重大新闻发生时，网站可用字条滚动、闪烁或"new"来标记新闻的重要性，吸引受众的注意力，引导阅读，还可以在建立超文本链接时，运用全媒体（声音、图像、动画）的编排方法对要重点推出的稿件进行特殊处理，做得醒目而有吸引力。

全媒体新闻报道要在浩如烟海的站点中吸引"冲浪者"的目光，必须保持内容的新颖，设计出高品位、实用且符合美学原则的新闻网页站点，以丰富的信息、精良的制作、常新的面孔、方便的检索、互动的服务、全新的视野等特点体现自己的优势，向广大受众提供应知和欲知而未知的新闻内容。

第四节 全媒体新闻报道编辑的素材处理

新闻素材是新闻报道的重要内容，全媒体时代新闻素材呈现出新的特点，类型多样、信息量大的新闻素材给全媒体新闻报道提出了新的挑战。全媒体时代数据可视化呈现出的各种信息及其技术处理手段，在新闻素材处理中加以应用，有助于提升新闻报道编辑的质量。

一、素材的新特点

近年来，移动互联网、大数据的深入发展给全媒体新闻报道带来新的变化，已经成为一个热点课题。全媒体时代的新闻编辑改变了传统的新闻编排手段和方法，首先表现在全媒体新闻报道的素材处理上。结合全媒体时代新闻报道的变化，新闻素材出现了以下几方面的新特点。

（一）素材种类繁多，信息量大

随着互联网的出现，我们处在海量信息的包围中，各媒体平台也借助数字传播技术向广大受众推送出更多的信息资料，毫无疑问我们已进入信息爆炸的全媒体时代。海量信息为新闻报道提供了大量素材，新闻编辑人员想要什么新闻素材信息，只需通过谷歌或者百度等搜索引擎，输入相关的关键词，就可立即获得想知道的信息。

全媒体时代，新闻素材不仅量大，而且类型也多种多样。传统媒体时代的新闻素材主要以文字、图片为主，而全媒体环境下，新闻素材的种类越来越丰富，比如动画、视频、数据等。物联网和大数据技术的出现，又为新闻素材的利用提供了有力的工具，运用数据挖掘分析技术即可以对现有素材进行整理，也可以进行深度挖掘，从中找到对新闻报道有价值的信息。

（二）受众贡献素材的比例越来越高

全媒体时代是信息交互、交流的媒体时代，广泛的互动性是全媒体信息时代另一个非常显著的特征。随着新兴媒体的出现，传者与受者的关系渐趋平等。新媒体最大的特点在于其强大的互动性，在新兴的社交媒体平台上，受众不仅是新闻报道的接受者，也是新闻报道的评论者、发布者和直接参与者。

当今,用户原创内容(User Generated Content,简称 UGC),伴随着社交媒体的兴起越来越突出,受众将自己原创的内容通过社交媒体平台进行展示,为新闻报道提供了大量的素材。由此可见,全媒体时代,社交媒体的开放性和互动性在不断延伸,每个人都可以将自己获得的信息上传到网络媒体上,使网络信息越来越丰富。全媒体新闻报道的新闻素材中,来自于受众贡献的比例越来越高。

(三)素材收集渠道多样,获取便捷

全媒体时代,在素材收集的过程中,获取信息的快速及便捷化是另一个重要特点。在传统媒体时代,编辑获取新闻素材的渠道较为单一,主要依靠编辑个人的采访调查和文献资料的记载,并且素材的收集方式也不太方便,且不说编辑的亲自采访和实地考察,就是在汗牛充栋的文献资料中,使用传统的文献查找方式查找所需的信息也不是一件简单的事情。

由于计算机技术、互联网技术的成熟,信息的发布与传播的速度不断提升,受众可以随时在网络上发布自己想发布的信息,同时也可以获取自己感兴趣的信息的第一手资料。全媒体环境下,素材的收集渠道更为多样化,既可通过编辑个人的调查采访等传统方式获取,也可以使用搜索引擎快速检索,因为现在的大部分素材都是以数字化方式保存的。此外,移动互联网快速发展,智能手机等移动终端的不断出现,为记者编辑提供了获取素材更加便捷的条件。

二、素材的处理方法

全媒体时代,新闻报道素材呈现出多种多样的形态。在新旧媒体传播媒介形态不断融合的背景下,新闻编辑工作中的信息采集和编辑工作也渐趋融合。因此,为了更好地促进全媒体时代的新闻报道优质发展,新闻编辑者必须不断增强计算机应用能力、网络编辑能力,更要提升素材采集、整理以及呈现的能力。

(一)根据报道内容需要筛选新闻素材

全媒体时代为新闻编辑人员提供了大量的信息和素材,但是这些信息和素材并不都是有新闻价值的,新闻编辑人员应具有一定的鉴别、分析、判断能力,对复杂且数量庞大的信息进行筛选,为广大受众提供有价值的新闻信息。新闻编辑人员进行素材处理时必须擦亮眼睛,辨别真伪,根据新闻报道的内容选择合适的新闻素材。

互联网的发展一方面为我们的生活提供了便利,另一方面也带来泥沙俱下的海量信息。如今互联网已经深度融合人们的社会生活和生产劳动,每天出现的各色人等,上演的各种故事,都可以成为新闻报道素材。全媒体新闻编辑人员面对这些新闻素材,要具备透过表面现象看内在本质的能力,不要被假象所迷惑,以免新闻素材使用不当,造成新闻报道失真或是其他编辑工作的失误。

在全媒体新闻报道中,被新闻事件表面的假象所迷惑的事情时有发生。例如中央电视台、中国教育报、中国青年报等多家媒体都曾被邵阳市隆回县岩口乡一个普通的农村教师陈某人编造的假象所骗,先后对其"先进事迹"进行了报道。报道称陈某人拿出全家积蓄办起一所不收费的学校,并且还全年提供学生衣食住行。为了办好这所"特困助残希望

之星学校",他不仅用光了自己所有的积蓄,还负债累累,不惜通过卖血、卖房的手段筹钱。后来才发现这些感人事迹是编造的,但是他编造的故事却被众多编辑信以为真,以至出现不实新闻报道。

全媒体新闻报道的新闻"一次生成,多次传播",如果新闻编辑不去认真核实新闻素材的真实性,就会导致不少以讹传讹的事情发生。2017年2月19日,微信朋友圈传出一个索道断裂的视频,有人说是江西一景区的索道断裂,有人说是青城山索道断裂,还有人说索道是巴基斯坦的……实际上,这个视频是2014年发生在越南的一起吊桥断裂事件。如果新闻编辑不去认真核实就报道,就会产生虚假新闻。新闻编辑在处理素材的过程中,需要时刻保持高度的新闻责任感,关注新闻事实,为受众提供全面、真实、多样化的新闻报道。

(二) 在与受众互动中处理新闻素材

交流与互动是全媒体时代媒体竞争的重要法宝,交流与互动也是媒体洞察受众动态的重要武器。全媒体报道中出现了多种互动形式,有电话、微信、微博、受众调查、电子邮件反馈、网络聊天室、即时聊天、搜索引擎、留言评论、投票、点播、论坛、贴吧等。通过这些形式可让来自不同地域、不同种族、不同身份、不同职业的网民"聚集"到一起,发表对新闻事件的看法和意见。

全媒体新闻报道中,新闻编辑通过与受众的交流与互动,可以广泛地搜集大众的意见,获知受众的需求,从而调整报道方向或者内容。随着互联网的普及与发展,各种社交媒体平台无疑成为受众发布各种消息,并进行交流与互动的平台。全媒体新闻报道编辑人员应及时关注受众关于某一事件的最新动态,并第一时间做出反应,在交流与互动中对新闻素材进行处理。

(三) 利用先进技术手段处理新闻素材

不断发展的数字传播技术,为全媒体新闻报道编辑进行素材处理提供了新的技术手段。在传统的新闻报道编辑中,新闻编辑人员主要对文字进行编排,而不涉猎美术设计、编程等专业领域。但是全媒体传播环境下,新闻编辑人员面临向全能型编辑转型。新闻编辑人员只是掌握一些文字、图片编辑手段是远远不够的,还需要学会数据新闻处理、视频剪辑、动画编辑、编排设计、程序设计等多项编辑技能。

全媒体时代的新闻报道要求编辑人员必须是全能型编辑,能利用各种先进手段处理日常工作,包括文字编排、图片编辑、图表设计、网页设计、视频剪辑、数据处理等。编辑人员还应该具备整合能力,根据不同报道内容,邀请相关的文字、图片、视频、技术人员参与合作,共同完成新闻素材的处理。

由此可见,只与文字打交道的"文字编辑时代"已经一去不复返了,新闻报道正在进入"全能编辑时代"。全媒体时代,新闻编辑如何利用先进的编辑技术与手段,向全能型编辑转型,是一个十分迫切而紧要的问题。

第五节　全媒体新闻报道的可视化呈现

数据可视化是大数据技术的一个重要组成部分，大数据的崛起给新闻报道带来的显著变化就是数据新闻的出现。数据新闻是一种基于数据的抓取、挖掘、统计、分析和可视化呈现的新型新闻报道形态。数据新闻不能简单地理解为在新闻报道中添加一些数据、图表等内容，它与传统新闻报道一样仍然是在传递新闻事实，讲述数据背后的故事。全媒体新闻报道大量使用数据可视化来呈现新闻报道。

一、可视化呈现的特点

全媒体新闻的可视化呈现是在大数据技术背景下产生的，是基于对新闻数据的处理，包括数据整理、数据挖掘与分析、数据可视化等过程，使新闻报道简洁、直观、鲜活，富有趣味性与可读性。

（一）新闻呈现方式简洁直观

全媒体新闻报道的可视化呈现实际上是一系列数据处理的过程。新闻编辑首先需要从大量数据中筛选出有用的信息，也就是数据的清洗，然后对这些有用的数据进行分门别类的整理，接下来对数据进行挖掘分析，最后通过数据可视化形成新闻报道。在编辑过程中，庞杂的信息不断被精简，文字被转换成简洁的图片，烦琐的逻辑推断被直接明了的数据图表、幻灯片或动画形式所替代。新闻报道直观形象地呈现在受众面前，更加有利于受众接受与理解新闻信息。

中国新闻网曾推出一篇报道《国家工商总局：天猫1号店等部分电商平台仍存售假》，采用数据可视化方式详细列举了"双11"打假战绩，利用图标列举了抽检行动中发现的假冒商品清单，把一系列枯燥的数据直观形象地表达出来，让受众一目了然，非常清晰。由此可见，图表与图解的数据可视化呈现能带来清晰而又简洁的传播效果。

2012年，由"全球编辑网络"发起和组织了国际上第一个表彰数据新闻领域中优秀作品的"全球数据新闻奖"（Data Journalism Awards，简称DJA）。从获奖的8个数据新闻报道中可以看出，无论是政治角度、经济角度的新闻报道，还是文化艺术角度的新闻报道，都是依托大数据技术对新闻数据进行处理，综合运用多种数据可视化呈现方式所做的新闻报道，这些获奖新闻报道都是数据新闻内涵与理念的具体体现。由此可以看出，数据可视化新闻是未来新闻报道的必然趋势。全媒体时代的新闻编辑要充分运用数据可视化手段对新闻信息进行处理，为受众创造出内涵丰富、表现力强、形式新颖、便于理解的新闻报道。

（二）报道内容可读性强

在新闻报道的编辑中，无论新闻编辑人员采用什么样的方式都是为了增强报道对受众的吸引力。早期的文字编辑时代，新闻编辑人员利用标题制作和版式设计吸引受众的注意；进入读图时代，则利用大幅图片代替文字报道，后来新闻报道采用视频和动画的形式亦具有同样的目的，可视化新闻报道更是为了增强新闻的可读性。这一点也得到了众多研究者的认可。哈佛大学工程与应用科学学院博士生米歇尔·博尔金等多位学者通过对大规模的数据可视化研究认为：图像更容易被人记住，含有多样元素的图片更容易扎根在广大受众的脑海里。《泰晤士报》的办报实践也证明，人脑对图形信息的处理可以在瞬间完成，对文字的处理则需按照线性顺序，其处理速度会比对图形信息的处理慢很多。

全媒体新闻报道的可视化呈现不仅仅是技术发展的结果，也符合人类认知的科学规律。新闻报道作为信息传播活动的一种显要形式，只有用最简洁、易理解的信息内容，才能对受众产生影响；受众也只有真正理解了新闻，并在觉得其有价值的情况下，才会分享、传播出去，达成一次采集、多次传播的全媒体新闻报道的目标。

二、可视化呈现的主要形式

进入读图时代，新闻报道越来越多地使用大幅新闻图片，增强新闻的表现力和可读性，这可以说是新闻报道可视化呈现的初级形态。但是，新闻报道的可视化呈现并不只限于新闻图片的运用。随着数字传播技术的发展，新闻报道的可视化呈现方式更加丰富，图表、Flash动图、秒拍短视频、地图等纷纷应用在全媒体新闻报道中，可实现纸媒、电视、电脑以及各种移动终端的同时呈现。

（一）图表与图解可视化

图表与图解是全媒体新闻报道最为常见的可视化形式。图表可以将繁复的文字信息转化为直观的数据信息，再现过去的新闻情景，提升新闻报道的传播效果。在新闻报道中合理运用图表与图解，通过数据处理技术对新闻数据进行分类、归纳、梳理，不仅美观好看，起到美化版面的作用，而且易于受众理解与接受。

传统的新闻报道中，一些数字、人名等重要信息往往被淹没在枯燥的文字信息中，经常会对读者的阅读理解造成一定的障碍，还可能致使读者错误理解。如果将烦琐的文字信息加以提炼，用图表与图解的方式来呈现，就可以让读者清晰直观地了解报道主旨和意图。特别是在文字报道中，或者加有图片报道，但是单独用新闻照片又无法充分表达主题时，图表与图解的优势就凸显出来了。如人民日报2015年11月使用各类图表与图解共50幅，在11月12日社会版《我国流动人口达2.53亿》一文中，配发各种流动的人员图表，加上1000多字的文字报道，使整篇报道生动具体，内容丰富。

从受众接受的角度来看，全媒体传播环境下，受众被大量的新闻信息所包围，如果受众仅从文字报道中去寻找、理解新闻报道，显然非常费时费力，用图表的形式对新闻信息进行整合、梳理后，不仅使受众对枯燥的数据有了直观的认识，而且还能够使受众加深理解，让单调的文字报道变得简洁、易懂、易记。

图表与图解的呈现方式除了能方便受众解读数据信息之外，还能对一些复杂的流程进行很好的展示。2015年11月20日《人民日报》经济版中有一篇报道《一件定制西装的大数据之旅》，该报道用了两千多字讲述了美国经销商的定制西装生产过程，如果只看文字报道，受众阅读后对定制西装生产流程仍然不是非常清楚，对这种定制方式与传统西服定制方式之间的区别也理解不透彻。好在新闻编辑为该篇报道配发了图表,受众浏览图表后,对定制西装的生产流程就有了很好的理解。

全媒体新闻报道越来越注重贴近性,其表现之一就是民生问题成为新闻报道主角。民生新闻关系到受众的切身利益,信息对受众来说非常重要,但是民生新闻往往又是一些琐碎的新闻事件,关系到受众日常生活的方方面面,如果新闻编辑处理得不好,就无法引起受众的兴趣。例如,2015年11月28日《人民日报》第9版刊登的一篇报道《算算你的碳足迹》,记者编辑向广大读者讲述了低碳生活的重要性,倡议做一个"低碳达人"应对全球气候变化。在如何做才能成为"低碳达人"方面,编辑从民间环保组织"自然之友"制作的《绿色选择手册》中,精选了一些重要信息制作成图表——节能减碳小妙招,告诉受众一些低碳生活方式。报道简洁生动,具有很强的可读性。

全媒体新闻报道编辑利用图表与图解来呈现新闻,内涵丰富、表现力强、形式新颖、便于理解,能有效地增强新闻报道的可读性与影响力。图表与图解作为当前可视化报道的重要手段,还只是处在发展的初级阶段,其潜力与优势尚待继续挖掘。

（二）数据表格与列表可视化

传统的新闻报道对于数据的解读常采用的方式是用文字叙述,并进行比较,偶尔采用表格来展现数据,报道方式千篇一律,缺乏变化及美感。运用数据可视化很好地解决了上述问题,全媒体新闻报道通过多种形式来处理数据,得益于大数据技术的发展和应用,相对于传统报道来讲是一种技术上的创新和突破。

在全媒体新闻报道编辑中,运用表格来呈现新闻信息,既简洁美观,不落俗套,又能让受众产生愉悦的阅读体验,而不是产生一看到枯燥的数据就想跳过不看的感觉。新闻报道中利用表格对数据信息进行整理,使数据与文字、图片等内容融为一体,越来越受到受众的欢迎,显示了较好的传播效果。

网易新闻曾经针对十一黄金周期间的旅游情况,推出一篇名为《失宠的中国旅游业：境外游客减少、旅游逆差》的报道,用数据可视化的形式来解读旅游业发展的情况,把中国旅游业收入与支出情况的数据列表呈现,直观形象地将2004年至2013年这10年来外国游客在中国的消费,与中国游客在海外的消费金额进行了详细的对比,受众可以一目了然地看到中国旅游业近10年来收支逆差的现实情况。

（三）地图可视化

地图可视化是计算机科学、地图学、认知科学相结合的产物,以屏幕为载体,直观、动图、多维显示空间地理信息。地图可视化是近年来新闻报道的新宠,特别是在对不同地域之间进行比较时最为重要。

百度是国内大数据领域的代表,也是数据可视化应用的先锋。百度地图已经成为家喻户晓的常用工具,帮助人们出行。百度地图推出的"春节人口迁徙大数据"是基于百度LBS(基于位置的服务)大数据开发的数据产品。百度通过对后台每天数十亿的LBS定位数据进行计算分析,从空间和时间两个维度直观、即时、动态、全程地展现中国传统春节前后人口迁徙和流动的轨迹与分布特点,方便人们迅速地了解不同地点、不同人员的移动轨迹与状况,查看春节期间最热、最拥挤的线路与流动人口最多的城市。

中央电视台与百度合作,把这一产品推向全国电视观众。春节期间,央视在《晚间新闻》中启用百度地图定位可视化大数据,向全国观众简练而精确地播报春节期间人口迁徙的轨迹和方向,引起了受众的巨大关注,这是地图可视化与新闻报道相结合的一次可贵尝试。地图可视化在新闻报道中的应用,丰富了全媒体新闻报道的形式,也是未来新闻报道发展的一个突破方向。

(四)信息整合可视化

全媒体时代受众阅读呈现碎片化的发展趋势,信息的过载、传播速度快速多变等诸多原因很难让受众慢下来进行深阅读。然而经济社会发展出现的一些重大新闻事件又需要媒体进行深度报道或者专题报道,长篇幅、多文字的深度报道与受众的碎片化阅读习惯之间不可避免会产生一定的冲突。Flash 等一些可视化编辑软件为我们解决这一问题提供了帮助。

Flash 可以对新闻报道内容进行编辑,通过添加图片、声音、视频,将不同时间、不同来源的信息、内容进行有机的组合,整合起来制作成简单的动画、视频等,生成一篇可视化的新闻报道,方便受众阅读、掌握与理解。凤凰资讯为纪念毛主席诞辰 120 周年,以"《人民日报》上的毛泽东"为主题推出一期专题报道,把 1949 年 10 月 1 日至 1976 年 10 月 22 日《人民日报》上所有与毛主席相关的新闻报道全部整理出来,按时间先后顺序进行了详细的梳理。鼠标经过之处,右方就会出现当时《人民日报》的报道,并加以少量文字解释说明。这一报道方式可以称之为信息整合可视化,报道跨越历史时空,将 27 年的资料进行了一次梳理与总结,生动再现了不同历史时期个人、国家、社会所经历的事情和发生的变化。

另外,局部信息的可视化也经常在新闻报道中出现,在新闻事件发生过程中总有关键性的时间节点,或者关键性的人物,或者关键性事件,通过对新闻报道的关键之处进行可视化处理,可有效地提示新闻报道中的重要内容,帮助受众理解分析新闻事件发生的整个过程。2013 年 2 月的"李天一强奸案"在网络上引起轩然大波,从案件开始到案件宣判结束持续近半年时间,无论是人们热议的"轮流发生性关系",还是李天一的母亲梦鸽的每一次言论和行动,都成为受众关注的焦点。腾讯新闻采用网页漫画和幻灯片提示整个事件,将案件发生的经过和最终结果中的关键点以动画的形式展示,还原出整个事件,成为全媒体新闻报道可视化呈现的一次有意义的尝试与创新。

【知识回顾】

全媒体时代,新闻报道的编辑技术与手段发生了重大的变化,对新闻编辑人员提出了新的要求。新兴媒体的发展要求新闻编辑的能力和知识结构都要不断地提升。本章从编辑技术、编辑原则、编辑技巧、素材处理和可视化呈现五个方面介绍了全媒体时代新闻报道的编辑工作。全媒体时代新闻编辑需要学会处理图形和图像、动画和音视频等新的编辑软件与技术,在编辑工作中遵循真实性原则、创新性原则、政治性原则、公平性原则和道德性原则,并且还要掌握一定的编辑技巧,才能胜任全媒体新闻报道的编辑工作。新闻素材在全媒体时代也有了新的特点，新闻编辑要相应地使用新的素材处理方法。可视化呈现是新闻报道的创新之处，全媒体新闻报道的可视化呈现具有简洁直观、可读性强等特点，新闻编辑要学会运用可视化呈现进行新闻报道编辑。

【思考题】

1. 全媒体新闻报道的编辑技术有哪些？
2. 全媒体新闻报道的编辑原则与传统媒体的编辑原则有什么不同？
3. 全媒体新闻报道有哪些编辑技巧？
4. 全媒体新闻报道的素材有什么特点，如何进行编辑处理？
5. 全媒体新闻报道的可视化呈现形式有哪些？

第八章
全媒体新闻报道的管理

【知识目标】
☆ 熟悉全媒体新闻报道生产方式及发展趋势
☆ 掌握全媒体新闻报道的生产流程管理
☆ 了解全媒体新闻报道的规约与伦理

【能力目标】
1. 具备全媒体新闻报道的生产流程管理能力
2. 能够遵守全媒体新闻报道的规约与伦理

【案例导入】

人民日报全媒体平台"中央厨房"运营管理

2016年两会期间,一个名为《人大新闻发布群 傅莹邀请你加入群聊》的HTML5(简称H5)互动产品把人大新闻发言人傅莹答记者问的现场用微信群聊的形式生动展示出来,24小时内点击量超过300万次。这个产品是出自人民日报全媒体平台"中央厨房"的"美味佳肴"。

一、三大平台共筑"中央厨房"

人民日报社2014年启动"全媒体平台"项目建设。"人民媒体方阵"拥有报纸、杂志、网站、电视、广播、电子屏、手机报、微博、微信、客户端等10多种载体,数百个终端的媒体集群。经过将近两年的实践和探索,人民日报"中央厨房"已经形成了较为成熟的模式和架构,一个传统媒体与新兴媒体并举的舆论引导格局初步形成。

二、各"员"有效分工,实现全媒体联动

"中央厨房"将传统意义上的采编人员重新定义为:指挥员、信息员、采集员、加工员、推销员、技术员等。指挥员针对重大选题进行策划与指导,其他各"员"有效分工合作,从而实现重大报道"一体策划、一次采集、多种生成、多元传播、全天滚动、全球覆盖",实现新兴媒体与传统媒体、网上与网下、母媒与子媒、国内媒体与国外媒体的四个"联动"。

三、完善的技术体系,成就内容的互通共享

作为技术平台,"中央厨房"的1.0版由六个功能模块组成:内部用户管理系统、互联网用户管理系统、传播效果评估系统、可视化产品制作工具、新媒体内容发布管理系统、报纸版面智能化设计系统。技术体系打通人民日报社体系内的所有媒体和终端,可以实现各媒体的稿件共享和网页、客户端、微博、微信的同平台发布。

四、全媒体新闻大厅,新闻采编运营管理

全媒体大厅成为新闻采编与运营管理的指挥中枢和中控平台,报社领导可以在此调控、指挥旗下所有媒体,传统媒体和新兴媒体的工作人员协同作业,高效实现全媒体产品的采集、制作与发布。

五、新闻深加工管理,满足不同读者需求

从产品形态来说,"中央厨房"对于同一个新闻现场、新闻事件,会提供三个波次的产品推送,分别求快(快讯消息全网首发)、求全(历史资料和政策要点梳理、全面呈现新闻背景)、求深(对新闻进行深度解读)。

第一节 全媒体时代新闻报道生产的变革

新兴技术发展和受众媒体接触行为习惯的转变促使新旧媒体融合的步伐加快。2014年8月,中央全面深化改革领导小组第四次会议审议通过了《关于推动传统媒体和新兴媒体融合发展的指导意见》。2014年被称为"中国媒体融合发展元年",传统媒体与新兴媒体在发展中碰撞激荡,融合发展,全媒体时代已经悄然来临。2015年7月新华社"全媒报道平台"正式启动。全媒体新闻报道发展应该抓住国家媒体融合战略契机,从内容融合、技术融合、渠道融合、平台融合、经营融合、生产管理融合等方面探索全媒体发展新模式。

一、基于大数据的数据新闻成为新闻报道生产的主力军

在数字传播技术的影响下,新闻报道生产方式发生了翻天覆地的变化,数据新闻作为一种新兴的跨学科、跨领域的新闻生产方式,正在改变着人们阅读和认识世界的方式。传统媒体单一线性的生产方式已经不能为受众提供视听读全方位一体化的新闻体验,运用大数据嵌入式、自动化、规模化、定制化生产成为新闻报道的主要形式。

(一)大数据催生数据新闻报道

全球知名咨询公司麦肯锡关于大数据时代的描述向我们揭示,数据已经渗透到现时代各个行业领域,成为至关重要的生产构成要素。人们对于大数据的深度撷取和广泛运用,揭示着新一轮生产率增长和利润盈余浪潮的来袭。[1] 如今,传媒产业的各大媒体都在对巨量化、非结构性数据进行挖掘、管理、存储并提取有价值的信息用于新闻报道。2004年的百度、谷歌新闻频道就开始尝试利用数据搜索、数据处理和数据呈现生产新闻。

近年来,大数据技术的广泛应用更是深刻改变了传媒产业的整个生产流程和模式。比如,2016年5月16日,广东省广播电视台在全国广电行业率先推出第一档电视《新闻大数据》栏目。对不同领域、不同层面的大数据经过专业化数据收集、分析处理后,通过视听化和叙事化的制作手段,创作出一种新形态的电视新闻报道。2015年9月,酷云互动和阿里云联合推出大数据产品"酷云 EYE Pro",双方创新性地打通了互联网数据与广电数据,广电新闻产品至此跨入大数据时代,实现了合作共赢。

---

[1]迈尔—舍恩伯格,库克耶.大数据时代[M].盛杨燕,周涛,译.杭州:浙江人民出版社.2013.

大数据改变了人们的思维方式,对社会各行各业发生着深远的影响,催生出数据新闻这一创新的新闻报道方式。大数据的核心功能在于预测,全球复杂网络研究权威、约翰·冯·诺依曼奖获得者艾伯特·拉斯洛·巴拉巴西曾指出：人类的行为并不是互不关联的孤立事件,而是相互关联的大数据信息网络中的一个个节点,在大数据帷幕之中,诸多事件的关联性与规律性变得有迹可循。[1]

传统新闻报道主要考虑新闻事件的因果关系,横向关联和纵向关联由于技术限制较少考量。而数据新闻报道通过在纵向关联上寻找事件发生的时间脉络和发展规律,进而预测即将发生的类似新闻事件,在横向关联上将新闻事件作为一个定位点,搜索其他相关联的行业领域所发生的有关事件,运用大数据多角度、全方位地诠释新闻事件。

数据新闻创新了新闻生产的叙事形式,传统新闻叙事方式展现的是文字为主、数据为辅或是数据与文字相辅相成的表达形式。数据新闻则是数据优先、文字为辅,数据不仅是重要构成因素,本身亦成为一种新闻表现形式。数据新闻丰富了交互式新闻的形式,为受众提供了大量新闻信息,同时鼓励受众参与新闻内容生产,搜集采纳受众提供的数据资料。这种全新的新闻生产方式改变了传统的新闻生产流程。通过数据交互流动,新闻表达方式更具有个性化和参与性。

(二)数据新闻成为新闻报道的主要形式

"互联网之父"蒂姆·伯纳斯·李对新闻未来的趋势这样描述:"新闻的未来是分析数据。"数据新闻是在大数据背景下,深度挖掘新闻数据、整合新闻资源创造出的一种全新的新闻生产方式。数据新闻可以简单理解为数据驱动新闻报道,以数据为中心,以数据为主线组织新闻报道,通过数据收集、数据整理、数据挖掘与分析、数据可视化等数据处理过程,从海量数据中发现新闻事实,围绕新闻主题对新闻事实进行深入分析,最后依靠可视化技术,将经过分析加工后的新闻事实进行融合重组,生动、形象、直观地呈现在各类媒体上,从而为受众提供全面、真实、精确、系统的新闻报道,带给受众一目了然、条理清晰的阅读体验。

从数据新闻表达形式来看,数据新闻的核心优势是数据可视化。数据可视化实质上是一种以图形和数据为主要表现元素的新闻呈现形式。这种新闻呈现形式运用计算机技术,结合图形学的知识,将抽象数据和概念以具象化、形象化方式表达,从而达到吸引受众注意的目的,提高新闻报道的影响力和传播力。

2016年各媒体关于全国两会的新闻报道就利用了大数据报道的形式,两会TOP热点话题大数据显示28.1%的公众高度关注政府反腐问题,17.9%的公众关注司法改革进程问题。网易新闻推出《再出发》大型两会新闻专题报道,发布《媒体总结总理记者会的"料":李克强朱镕基批腐败》,通过大数据纵向时间轴抓取历届总理对腐败的惩处观点、举措和实效,深度报道了政府对于整治腐败问题的决心和力度,强调了中央政府法制反腐的一贯立场和决策。通过大数据真实、精准抓取热点新闻信息并进行实时深度新闻生产,这就是数据新闻的价值。

---

[1] 巴拉巴西.爆发:大数据时代预见未来的新思维[M].马慧,译.北京:中国人民大学出版社,2012.

二、基于UGC的"众包"和"众筹"颠覆传统新闻报道的生产模式

UGC是"User-generated Content"的缩写,中文可译作:用户原创内容。UGC是互联网领域的新概念,即用户可将自己的原创内容通过互联网平台进行发布或者分享给其他用户。[①] YouTube、MySpace等网站都是UGC模式的代表,用户通过社交网络、博客和播客等平台生产传播内容。这种基于UGC的众包模式在融媒体时代给新闻传媒行业的生产方式带来了深刻变革。

(一)众包模式与新闻报道

近年,国际上一些新型的众包新闻聚合网站应运而生,以新闻众包模式开辟了媒体先河的赫芬顿邮报CEO梅曼认为:"人们都有权利通过众包平台获取想得到的东西,但是他们也希望通过众包平台得到跟上亿人交流的机会。"比如Grasswire众包新闻网站,它倡导新闻用户质疑甚至反驳当下的新闻热点,用户可以自由进入感兴趣的"实时新闻话题房间",这些聊天室都是按照行业领域、新闻话题热度等进行分类的,比如美国总统竞选、英国脱欧公投、叙利亚难民问题等等。公众发表自己的观点或质疑反驳一些新闻内容,点击率高的新闻将在网站首页置顶。

来自纽约的新闻众包工具Fresco更是把智能手机变成了一台随时待命的新闻采集器,所有公众可以随时随地通过Fresco手机客户端制作新闻,甚至为当地电视台和媒体提供新闻素材。芝加哥公共广播电台(WEBZ)开设了一个名为"好奇城市"(Curious City)的平台,该平台旨在通过"公众报道"拓宽新闻素材和资讯来源。芝加哥市民可以在线提交他们希望WEBZ研究的问题,在投票表决和报道过程中,他们都积极参与。Curious City是一个与公众联系的崭新平台,它能使那些原本无法进入传统新闻选题程序的报道线索被发现和采纳。[②]

基于UGC模式的众包新闻紧跟互联网、移动通信和大数据的发展,适应民主、平等、公开、共享新闻资讯的发展趋势。它改变了以传统媒体为中心的闭环式生产模式,建立了以受众为中心的开放互享的新闻生产模式。众包新闻报道的生产需要满足四个条件:一是业余新闻爱好者阶层的涌现;二是新闻报道的生产方式由单向封闭向开放共享转变;三是新闻报道的生产工具普及化;四是有效的生产组织模式——众包平台。

(二)众筹模式与新闻报道

众筹(crowdfunding)即大众筹资或群众筹资,由发起人、跟投人、平台构成。众筹具有低门槛、多元性、大众性、创新性等特征,是指一种向受众、用户募资,以支持发起的个人或组织的行为。[③] 众筹新闻是众筹模式在新闻报道领域的运用,指的是发起者在众筹类网站公布新闻报道计划并发起用户募资,如在设定期限内,筹集款累计达到预期金额,资金将

[①]格里尔.众包[M].肖江波,译.北京:人民邮电出版社,2015.
[②]众包新闻已被玩坏!BBC竟出动房车办公[EB/OL].http://news.qq.com/original/quanmeipai/crowdsource.html.
[③]程宣梅等.以农业众筹带动农村包容性创业[J].浙江经济,2015(1).

用于策划选题的新闻报道。

众筹新闻模式在全球已经如火如荼发展起来,皮尤研究"杰出新闻项目"网站发布了关于美国众筹新闻7年来的发展状况调查报告。报告显示,从2009年4月28日至2015年9月15日,有658个众筹新闻项目通过众筹平台Kickstarter筹得全部甚至高于预期的资助,全部项目共计筹资630万美元,且众筹项目数量、资助金额和资助人同步上升。其中调查性报道获得资助的比例最高,占受资助项目总量的65%,另外16%的国际热点深度报道成为众筹新闻项目的重要组成部分。

众筹新闻开辟了公众参与新闻项目创新、资助、传播的有效途径,也探索了一种崭新的盈利路径。众筹新闻需要三个要素构成,即发起者、众筹平台和资助者。发起者一般由记者、自由媒体人、新闻机构等组成,他们发起新闻计划和决定选题范围,多为时下公众关注的热点话题。苏格兰的第一个调查性众筹新闻平台The Ferret发布,它邀请广大民众通过投票和捐款资助报道等方式决定报道内容。在这个众筹平台上,公众和资助者拥有新闻报道生产的决定权。在国内,南方都市报推出业界首创的"众筹新闻",旨在让普通市民参与新闻的生产过程并享受新闻分红。

三、VR/AR技术改变传统新闻报道的生产方式

近年来,虚拟现实(简称VR)和增强现实(简称AR)概念成为热词,这两项前沿技术因其强大的复现功能、互动的操作方式、独特的传播体验,被国内外新闻媒体竞相采用,从而引发了新闻生产方式的深刻变革与创新探索。

(一)VR/AR技术的兴起

VR与AR在技术逻辑上是相通和关联的,即通过计算机技术构建三维场景,通过创新性设备载体让用户感知,并支持交互操作的一种全新视听体验。VR技术趋向虚幻和感性体验,娱乐领域是其发展的主要方向。为了更好地增强用户交互式体验,VR非常注重存在感或称临场感。

基于光学+3D重构的AR技术主要是对现实世界的模拟再现,AR技术需要计算机分析数据,重建场景模型,自动识别场景数据,并且能够表达出预先设定的虚拟元素和场景。AR技术还支持人机交互,但是对计算机和传播载体具有更高的要求,因为加上交互式数据信息,AR的运算量更加庞大。AR技术更趋于现实和理性,适合于理性严谨的应用方向。

新闻媒体行业运用虚拟现实(VR)和增强现实(AR),对新闻报道有什么影响呢?根据VR和AR的技术特点,我们可以想象,不久的未来,人们收看新闻时,智能穿戴设备可以帮助你随意在增强与虚拟现实中切换,当你想更清楚地了解新闻事件的发生现场时,你可以迅速切换到虚拟现实模式,获得全方位的完全沉浸式体验。

(二)VR/AR技术影响新闻报道的方式

新闻报道是一种叙事方式,围绕新闻事实通过文字、图片等方式展开对新闻事件的叙述。VR与AR技术的兴起改变了或者说丰富了新闻报道的叙事方式。1999年哥伦比亚大学开发的AR系统"情境纪录片"(Situated Documentary)是最早的AR技术尝试,这是一种基于图层叠加理论产生的一种"沉浸式"叙事系统。这种叙事系统让用户头戴"透视

型"设备,并结合地理信息系统,让用户全方位立体化进入到3D环境中去,从而深刻感知当时当地发生的新闻事件。

一直以来,新闻媒体的宗旨就是尽可能完备地为受众提供最接近真实的新闻报道信息。传统媒体由于技术上的限制只能为受众提供"局部真相"和"间接体验",而VR和AR的技术将实现新闻报道的深度渗透和互动参与,让受众产生身临其境的"代入感"。受众借助于VR设备,仿佛亲身走入新闻现场,感受新闻事件的真相,捕捉新闻发生的细节,进而深刻了解新闻事实和深入思考事件本质。VR技术向人们展现了360度全方位虚拟环境,新闻报道的广度和深度得以延伸。

纽约时报2015年推出的VR新闻纪录片《无家可归者》向我们"复现"了叙利亚、乌克兰东部、南苏丹的三位流浪儿童眼中真实而残酷的战乱场景。受众借助VR技术,运用谷歌公司的硬纸眼镜观看到一间因战火而塌陷的教室全景。受众仿佛身临其境,可以360度体验到战争遗留下的场景,如果想更细致地观察,还可以点击放大进行互动体验。这部VR新闻纪录片最大程度利用图层叠加和3D生成技术,处理大量数据信息,重现了满目疮痍、触目惊心的战争破坏场景。

增强现实的AR技术则更倾向于现实和理性,AR技术的原理是把超大规模数字化信息"叠加"到有限的浅层叙事上,再用沉浸式与互动式的全媒体多形态呈现模式来进行"深度体验"和"互动参与",从而延伸和强化用户的"感官体验"。受众接收AR新闻产品时,如果想了解相关联事件的内容详情,只需要轻点屏幕,深度内容便会以文字、图像、数据、音视频等多种形式被"加载",配合全方位感官体验和空间延伸,实现感性与理性的完美现实体验。

以AR技术运用于纽约时报奥巴马国会演讲新闻报道为例,受众只需扫描纽约时报上奥巴马国会演讲的照片,就可以通过移动设备全方位、立体化观看到奥巴马国会演讲的真实场景,同时仿佛身处国会现场,现场的每一个细节都可以被关注和仔细观看。随着AR云端服务器存储的增容,不仅有国会现场的虚拟场景再现,还有更多关于奥巴马演讲的相关主题数据、场景信息超强链接,让受众可以"深度探索"和"深度体验"。

第二节 全媒体新闻报道的生产流程管理

全媒体时代新闻报道的生产模式发生了巨大变化,其表现为从粗放单一型的新闻生产到精准集约化型的全媒体新闻生产,从封闭独立的新闻生产到开放互动的全媒体融合新闻生产,从专业从业者的新闻生产到全民参与的新闻生产。在全媒体生产模式的影响下,全媒体时代新闻报道的生产流程也相应地发生了重大变化。

一、新闻采集管理

全媒体新闻报道管理的目标是搭建全媒体融合新闻报道生产平台,以全媒体融合编辑中心为枢纽,以协同管理为主导,以一次采集、多次加工、多元发布为核心,重塑采编组织结构,再造新闻生产流程,创新组织管理机制,构建多元发布体系。其中新闻采集流程是全媒体新闻报道生产的源头。

（一）全媒体新闻报道的信息采集机制

全媒体新闻生产的源头就是新闻采集。全媒体新闻工作者需要过硬的专业素养，传统媒体记者单一的采集技术不再适应媒体融合发展趋势。全媒体新闻采集管理最重要的是对全能记者素质的培养。全媒体记者需要具有四种必备技能。第一，来自不同媒体的新闻记者除了有一门特别精湛的技能，还要有胜任其他媒体新闻采集的本领，即一专多能。比如，新华社文字类记者在采集新闻素材时，要能同时进行拍照、摄像、录音等工作，以文字、图片、音频、视频等全媒体形式进行采集。第二，全媒体记者要具备过硬的新闻写作基本功，这是进行新闻报道的基础。第三，全媒体记者要具有对新技术的学习和适应能力，要具备驾驭新技术设备的能力。第四，全媒体记者需要具备跨平台人际交流与协作的能力，在全媒体融合编辑中心，全媒体记者需要与各编辑平台进行工作衔接与合作。

在全媒体新闻报道的所有技能中，新闻采集是新闻工作者最基础的技能。全媒体新闻报道的新闻采集不再是简单的记者个人行为，传播环境的复杂性使单个记者不可能完成各项新闻信息的采集，因此，需要建立一套规范的采集机制。英国广播公司（BBC）在全媒体新闻采集管理机制上组建了全媒体新闻采集小组，整合了传统媒体平台的专家型记者和BBC互动电视记者，他们同时为全媒体新闻编辑部和全媒体节目部工作，为其提供专业化新闻素材资源。BBC在采集运行机制上有以下特点：

第一，共享一体化采编系统。BBC统一了采编系统模式，各个设备端口都可以通过统一专业程序上传新闻素材并实现与其他部门共享。一线专业记者在现场通过各种类型设备获得的音频、视频信息，都上传到共享平台，所有采编人员都可以各取所需，同时共享系统会自动记录各部门采集的时间、地点、内容、人员等信息。因此，不管BBC采编人员身处全球哪个地方，只要他使用BBC采编共享系统，就能第一时间获悉信息并完全共享。

第二，跨媒体的沟通协调机制。全媒体新闻信息采集需要多个媒体部门合作，因此沟通协调机制很重要。BBC重组总编辑部，中上层管理者肩负主要的沟通协调工作。比如说，新闻采编部管理者可以直接和国际新闻部门负责人沟通期望得到哪些电视新闻类信息、网络新闻类信息和广播类信息等。BBC总编辑部的中上层管理者在全媒体新闻生产中发挥着重要的协调作用。

第三，素质和技术全面的全能记者。全媒体新闻报道催生全能记者的出现。BBC对一线记者的要求非常高，要求具备全能采编技能，不仅要会使用各种新闻采录设备，还要对各种新闻产品形态了如指掌。专业记者采访需要随身携带录音机、录音笔、摄像机、照相机、笔记本电脑等各种输入输出设备，保证随时进行数据信息的传输。这显示出全媒体新闻平台对专业记者的高要求。[①]

（二）全媒体新闻报道的信息资源库管理模式

基于大数据技术的信息资源管理平台诞生数据库生产模式，全媒体融合编辑中心的

[①] 创意未来，向全媒体战略转型[EB/OL].http://www.cctv.com/cctvsurvey/special/BBCquanmeiti/bbc/index.shtml.

信息资源库为整个平台提供海量的新闻资源,大数据技术对资源信息进行有效抓取、分析、整合、共享和优化配置。信息资源库采集管理将动态检测时下热点主题,横向和纵向撷取相关新闻素材,信息资源库采集平台就是一个新型内容资源增值平台。所有全媒体编辑将在这个平台上共享资源,进行梯次加工和多元化发布。信息资源库管理系统是一个集文字、图片、音频、视频、编目、存储管理、检索和发布于一体的大数据采集管理系统。

新华社依托遍布全球的新闻信息采集网络,全面整合自身多方资源和社会上有价值的新闻信息资源,成立"新华社多媒体数据库",为国内外用户提供新闻信息服务。新华社多媒体数据库汇集了新华社文字、图片、图表、视音频、报刊等各类新闻信息产品以及各类新闻、各类历史资料,并具有高效灵活、实用检索、浏览、个性化定制与推送服务等多种功能,用户可以通过全媒体数据库方便快捷、交互式地选择各自需要的新闻信息产品。新华社多媒体数据库提供多级分类查询功能,有全文检索,二次检索,中英文及图片、文字、音像全媒体混合检索以及分库和跨库联合检索等。

(三) 全媒体新闻报道的用户互动信息采集方式

全媒体融合编辑中心新闻采集的一个特色就是基于 UGC 模式的用户生产内容。在开放、互动、共享的社交媒体平台上,用户充当了记者的角色,他们及时、高效、全面地上传实时新闻素材,甚至比专业记者反应更迅速,更新更及时。布瑞恩·基冈(Brian Keegan)研究了维基百科报道的 7 个重大事件,包括美国枪击案、挪威枪击案等,结果发现这些事件的维基百科页面大都在事件发生后 1—2 小时内建立,1—2 天内就获得了数千次的编辑记录。事件发生几小时之内,部分事件每小时会被编辑数百次,前往维基百科编辑百科条目的用户数量非常惊人,但是 4 小时之后,人数开始下降。数据显示,起初编辑新闻的都是网友或者事件目击者,3—4 小时之后,专业编辑开始编辑整合百科条目,提供更为专业、翔实、深度的新闻报道。

全媒体融合编辑中心新闻采集的变革重心是从传统的自己采集生产内容转移到研究分析、筛选用户上传的新闻信息内容。传统媒体由之前的发现事实,转向发现掌握用户,全媒体融合编辑中心既为他们生产新闻内容,也从他们那里得到新鲜的新闻内容。全媒体融合编辑中心给受众提供了新闻报道的平台,但是在资格认证、采集标准、审核流程等方面需要制定科学有效的管理机制。

新华社全媒体客户端"我在现场"自发布起 9 个月的时间报道了 3245 个新闻现场,其报道频率和总数惊人,点击量超过 500 万的占 23 个,但 2/3 的新闻报道是由用户发布,新华社记者首发的占比不到 1/3。以哈尔滨大火新闻报道为例,全部 611 条新闻报道中,其中有 465 条是"我在现场"的注册用户实名发布的,占比高达 77%。新华社全媒体记者一线发稿 137 条,占比 23%。哈尔滨大火全媒体新闻报道实现了用户与专业记者的互动交流、合作共赢。在新闻报道中,对于一些重要信息比如死亡人数、受伤人数和财产损失等,需要做出准确的报道,新华社全媒体记者进行了专门的核实确定,保证了报道的权威性。而对事故现场的动态报道中,适时更新主要依赖现场用户,形成了记者和用户相互佐证、沟通合作,共同报道的模式。

全媒体新闻采集管理可以借鉴新华社采集生产标准,在资格认证、技术运用、审核流程上做到高效、科学、人性化。一是用户实名制认证,用户提供新闻素材资质认定需要提供本人手机号码和身份证信息,这大大降低了传播虚假、有害新闻信息的可能性。二是技术上把关,利用手机地理定位系统、大数据气象信息、卫星图像信息等客观信息甄别新闻信息真伪,利用专业技术甄别音频、视频、图像是否合成。三是人工核实。对于需要进一步确认的信息,全媒体编辑打电话核实用户身份和询问新闻详情,通过专业知识判断用户提供新闻内容的真实性。在新闻发布后期管理中对用户进行等级评分,将高风险用户予以除名和处理。例如云南涵洞塌方的新闻报道就是一名云南消防员首发的,他不仅进行了实名认证,而且给"我在现场"发过许多高质量真实有效的新闻稿件,无虚假报道记录。全媒体新闻采集管理可逐步建立起用户数据库,形成记者与用户良性互动,互为支持,合作共赢的报道模式。

在全媒体新闻报道竞争激烈的今天,"用户"代替了"受众",他们有更多的表达意识和参与意识,新闻媒体不仅要给用户提供满足求知需求的内容,还要让用户方便操作、积极参与和乐于分享与传播。媒体不仅要将新闻内容传播出去,重点还要把用户吸引进来。移动互联网的生存法则是用户规模体量上的优势,谁拥有更多忠实用户,谁就能在竞争中立于不败之地。

二、融合编辑管理

新闻编辑是新闻报道生产的重要环节,新闻编辑部好比新闻媒体的大脑,指挥新闻报道各个环节的运行。全媒体传播环境下,为了适应融合新闻报道,原有的编辑部门进行整合,向全媒体融合编辑中心转变。全媒体时代,需要构建以全媒体融合编辑为中心的协同管理机制,建立全方位互动的编辑管理平台。

(一)构建以全媒体融合编辑中心为主导的协同管理机制

传统新闻编辑部从组织策划、信息采集、内容生成到媒介发布只适应单一媒体介质,就好比"单一兵种",适合固定的媒体编辑流程。而全媒体融合编辑中心就好比"海陆空"特种部队,从任务的下达之初就统筹部署、团结合作、协同作战。国外媒体巨头英国广播公司(BBC)2007年就将电台、电视台和网络三大部门整合成两大"超级编辑部"——全媒体新闻编辑部和全媒体节目部,使从各个渠道采集的新闻素材在"超级编辑部"里进行最大化利用。过去BBC所有的频道和媒体平台都自行其是,采编流程重复,人员庞杂,多级管理,造成大量的资源内耗。"超级编辑部"重组后,形成了各部门之间的有效合作和良性循环。

全媒体编辑中心一般包括协同管理编辑、资源管理编辑、内容生成编辑、社交化编辑和音视频编辑等。当记者将采集到的新闻素材传回到全媒体融合新闻中心,平台上所有类别的编辑都将共享资源,并根据自身优势进行内容加工编辑。比如资源管理编辑会运用大数据技术并通过全媒体数据库检索、抓取、整合、分析相关新闻,横向列举多项相关资料,同时纵向以时间轴抓取相关数据和资讯,这些内容都将在平台上流动。内容生成编辑根据采集材料加工制作出适合不同媒体特征的新闻报道。协同管理编辑就像导演,统筹安排、协调分工、检测分流各个新闻信息流环节。全媒体融合编辑中心被形象地比喻成"中央厨房",打通了各种媒体形态之间的篱笆,把各种媒体的参与者(记者、编辑、受众)、资源、技术和需求放到同一个平台上进行分工和调配。"中央厨房"一般下设统筹规划组、内容生产组、信息可视化组、移动互联网组、社交化组等不同类别,通过各类编辑高效分工与协作,有效克服了多头管理、沟通不畅、多级发布的问题,实现了"一次采集、多级生成、多元传播"的目标。

全媒体编辑中心掌控着整个全媒体新闻生产的编辑流程管理,在全媒体编辑中心聚合了文字新闻类编辑、视频音频类编辑、信息数据类编辑,这就需要一个协同管理类编辑,宏观管理全媒体编辑中心的信息分流、重组、生成和多渠道发布。协同管理类编辑是全媒体融合编辑中心的指挥官,应具备多领域、多行业综合专业知识储备和技术技能。

资料:新华网超级编辑部

新华网构建"轮轴—轮辐"结构的超级编辑部,以全媒体融合编辑中心为枢纽,协同管理为主导的编辑流程管理模式,实现了全媒体深度融合变革。在物理介质层面上,新华网打破部门与部门之间的区域分割,构建"轮轴—轮辐"式全面一体化控制系统。以前新华网不同的编辑部门被分配到不同的区域,形成一个个行政辖区。超级编辑部打破传统格局,遵循自由、平等、开放、互助、共赢的理念。超级编辑部是没有空间区隔的开敞式办公区域,也没有明确的部门分割,而是以超级控制中心为核心,以素材采集、产品生产、多元发布、社交互动等为轴心由内向外辐射,初步构建覆盖全网各传媒形态的一体化全媒体融合编辑中心指挥系统。同时,超级编辑部将文字与图片、音频与视频、形式与内容、互联网与移动端融为一体,按照新闻产品属性逐级生成、批次排列。过去,新华网每一个部门的每一个编辑都要参与选稿、编辑、生产、发稿的全部流程,而且各自为政,互不交流,信息阻隔,重复劳动和重复新闻报道屡屡发生,同时新闻生产环节过多,容易引起安全隐患。新华网在此次构建超级编辑部的探索中,以超级编辑部为枢纽,协同管理为主导,将信息采集、产品加工、集成发布三个环节统筹管理、协同合作,初步实现了多源头采集,信息共享一体化,精耕创新各媒体形态新闻内容,按互联网内在法则,形成一次采集、多级生成与多元传播的生产编辑流程。

(二)建立全方位互动编辑管理平台

传统新闻编辑流程是单一线性管理模式,新闻选题、信息采集、编辑加工、排版校对和媒体发布呈现线性纵向特征。全媒体融合编辑流程再造不仅仅是简单的各部门融合,而是各种媒体生产要素、媒体资源的融合共通与平等共享,是对采编流程的重塑再造,是媒体深度融合的内在需求。

全媒体编辑中心的各类编辑之间的全方位互动是编辑流程管理的重要环节,其形式表现为全方位环形发散互动管理。全媒体协同管理编辑对于记者、受众提供的新闻信息,从中心传递匹配给各媒介类编辑,进行交互式多层级加工,梯次生成新闻产品,最后进行多元化媒介发布,从而实现全方位互动的编辑流程管理。全媒体时代,如果要想实现全天候的新闻生产,全媒体编辑流程需要在传统媒体和新兴媒体之间建立起科学、高效、通畅的沟通协调管理机制。其中关键一环就是要改变传统媒体与新媒体各自为政的单一线性编辑流程,建立一个对不同媒体生产发布进行统一指挥和协调的编辑流程管理平台。

全方位互动的编辑生产流程管理,通过机制创新,组织架构重组,媒体资源整合,实现了各媒体要素深度融合,各种资源互动共享,各种媒介相互转换。全媒体新闻编辑中心通过组建跨部门、跨媒体、跨行业、跨终端的开放式共享平台，有效提高了部门与部门、编辑部与记者、采编与技术人员、平台与终端、中心与用户之间的协作联动，彻底改变了部门之间资源不对称、独立封闭、终端分散无序的状态。全方位互动融合理念贯穿全媒体新闻报道生产全过程，有效促进了传统媒体与新兴媒体的深度融合。

在全媒体编辑管理改革中，中国国际广播电台打造的全媒体融合项目"中华云"是探索新闻采编流程再造的经典案例。"中华云"按照优先满足共性需求原则，围绕快速提升中国国际广播电台"采集、发布、运维"三方面业务能力进行规划，提供必要的计算、存储、网络资源服务和技术支持，进而支撑"中华"系列媒体品牌产品进行全球多渠道发布。"中华云"还具有中国国际广播电台整体媒体融合的功能，发挥"中央厨房"的作用，确保文字、音频、视频、移动客户端、微博、微信等各种传播方式的通畅无阻。在中国国际广播电台的新闻中心，平台汇集了包括文字、图片、音视频等形态的新闻资源，负责不同内容发布渠道的编辑在同一个平台工作，实现了对同一内容的一次采集、区别加工和多渠道发布。

三、多元发布管理

全媒体融合编辑中心既是采编一体化管理平台，也是多元化发布平台。全媒体融合编辑中心以新闻信息数字生产加工技术系统为依托，真正意义上实现了全媒体采集、生产、加工与发布。通过全媒体融合编辑中心，新闻编辑人员既可在同一系统即时编辑和发布多渠道采集的文字、图片、音频、视频、数据等各种形态的新闻稿件，同时也可以直接提供电视、网站、纸媒、移动端、公交楼宇、户外屏幕等不同媒介形态使用的新闻报道。

全媒体多元化发布管理要注重不同媒体形态的特性，协同管理编辑面对不同介质属性的分层加工、梯次生成的新闻报道。全媒体融合编辑中心要运筹帷幄，统筹管理，哪些优先发布，哪些同时发布，做到井然有序，多元布局，从而实现一次采集、多次加工、多元发布的全媒体生产流程。

在全媒体新闻报道发布管理中，新华网和中国网积极进行探索，分别建立了多元发布体系。面对全媒体传播环境，新华网坚持全媒体转型，整合内部资源，实现门户网站、"两微一端"同步发布战略。中国网以移动互联网为契机，打造移动端传播架构，形成"手机中国网""手机客户端"和"H5产品生成平台"为主体的新闻报道平台。

资料：新华网的全媒体生产管理

新华网的多元化渠道体系包括：一是在新华网互联网与手机客户端实现同步战略，采用瀑布流信息技术方式，用户通过手机等移动终端可以与新华网网站对接，还能通过二维码等接口直接访问新华网页面，无障碍实现互联网和移动社交平台的无缝交流和互动分享；二是实施移动互联网"矩阵产品战略"，打造"新华炫闻"、4G入口等移动媒体产品矩阵系列，积极抢占移动互联网可控性的专业入口，构建移动互联网媒体平台；三是建立"媒体＋智库"全民新闻数据平台，实现专业生产内容（PGC）与用户原创内容（UGC）联盟，建立媒体与用户共享的智库型新闻媒体平台；四是建立新型技术和创新性产品开发渠道。为顺应用户阅读逐渐向移动化、个性化、社交化、碎片化发展的趋势，新华网推出微视频、动新闻和时空新闻产品，并涉足国内无人机新闻报道领域实践，以全方位、多维度视角采集新闻，建立重大突发事件的无人机新闻采集、编辑和发布机制。

资料：中国网的移动端传播架构

在全媒体新闻报道趋势下，中国网迅速建立移动端传播架构，逐渐形成以"手机中国网""手机客户端"和"H5产品生成平台"为主的产品矩阵系列组合。在重大新闻报道活动中，中国网全媒体产品矩阵多元传播战略初显成效。2015年两会期间，中国网打出媒介组合拳，运用新闻网站、手机客户端、官方微博、微信等共同打造"声音处处有，报道时时新"的全媒体立体多元化传播新格局，实现了新闻信息一次采集、多次加工、逐级生成、多元发布的新模式。中国网两会新闻专题在中国网客户端和手机中国网同时上线发布，中国网官方微博、微信适时通过图片、文字、音频、视频、H5产品等多种形式与公众展开互动交流与讨论，用户仿佛"亲临"两会现场，第一时间了解到两会新闻动态和公众关注的热点。中国网在新浪微博发起的"点赞四个全面——来自人民大会堂的一封信"活动被置顶推荐，该微博总浏览量突破72万。同时中国网官方微信发布H5报道《直通两会》共23期，阅读总量达到123万。在中国网产品矩阵系列中，与网络电台蜻蜓FM合作推出的音频新闻产品"中国网新闻台"，让受众感受到独特的"听两会"新闻听觉盛宴，音频产品单日收听量高达100万次。

第三节 全媒体新闻报道的规约与伦理

新闻活动在长期发展过程中，逐渐形成了一系列法律规范和行为准则，新闻报道要遵循相关的法律和道德准则。随着传播环境的变化，新闻报道的管理规约也会相应地做出调整。全媒体时代新闻报道除了要遵循原有的法律规范和职业道德以外，还应构建新型的管理规约体系，以适应新的传播环境。

一、新闻报道管理规约

新闻法规用于调整新闻传播活动中所产生的各种关系，新闻报道活动要在法律规定的框架内进行。目前，已经有很多国家或地区针对新闻传播活动制定了法律法规，我国虽然没有专门的新闻法规，但是也有相关的法律法规对新闻报道进行了一些规定。

（一）国际新闻报道规约的发展

1766年，瑞典议会通过了《报业自由法案》，由此瑞典被认为是世界上第一个实行新闻道德自律的国家。1874年，瑞典政治家俱乐部针对报纸行业制定了职业守则规范，是当时比较全面正规的行业自律规范。最具影响力的新闻报道规约是美国颁布制定的一系列新闻行业规约。1911年密苏里大学新闻学院院长瓦尔特·威廉（Walter Williams）拟定的《报人守则》是第一个具有国际影响力的新闻职业道德规范。其内容包括：

1. 新闻事业是神圣的职业。
2. 凡与报纸所刊载文章有关的人，就其全部职责而言，均为公众所信赖的人。因此，不为公众服务而仅为私利驱使者，均为背信弃义之徒。

3.思想清晰、说理明白、正确而公允,是优良新闻事业的基础。

4.新闻记者,只须写出心目中认为真实的事物。

5.对新闻压制均属错误,除非为国家社会幸福而设想者。

6.出言不逊者,不适宜从事于新闻之写作。为本身偏见所左右,或被他人偏见所笼络,都应该避免;绝不能因威逼利诱而逃避本身之责任。

7.广告、新闻与评论,均为读者的最高利益服务。因此,一种有益的求真求实的观念高于一切。

8.新闻事业应该独立不挠,傲慢、权势均不能使其动摇。勇于打抱不平,但不为特权者的要求或群众的吵闹所惑。在法律、忠诚及互助的认识下,尽量给予人平等的机会。深爱我们的国家,又诚心促进国际善意,加强世界友谊。

《报人守则》被译成几十个国家的文字,在世界范围内得到认可,意义深远。1922年,美国报纸主编人协会制定了有关报纸行业管理的《报业信条》。《信条》1975年经过修订,主要有七条:责任;新闻自由;独立;诚信;公平;正直;庄重。《报业信条》广为传播,影响深远,被新闻行业人士和学者大量引用。

19世纪上半叶,随着世界工业化大革命的到来,"便士报"①运动兴起,报纸行业得到加速度发展,而与之相对应的新闻行业道德自律却相对滞后。新闻行业面临商业化的猛烈冲击和巨大诱惑,各类报纸为了抢占市场份额和广告利润,不惜杜撰光怪陆离、荒诞不经的虚假故事,甚至有违社会道德风尚。一些政党类报纸,已然成为党派之间唇枪舌剑、诽谤诋毁的舞台,新闻的庄严和威信变得岌岌可危。这一时期的美国新闻界,自由主义泛滥,职业道德沦丧,新闻行业形象受损,因此,加强新闻道德自律的呼声日益高涨,最终催生了大量成文的职业道德规范。美国报纸主编人协会委托菲利普·梅尔(Philip Meyer)教授1983年做的一项调查显示,美国有三分之二的报社制定了成文的新闻道德伦理规约。

1926年,第一届泛美报业协会通过一项规则,旨在协调美洲国家间的新闻传播活动,要求新闻人客观公正进行新闻报道,不得在报道中掺杂个人意见,不得以报道为名享受任何优惠。

1946年国际新闻工作者协会通过章程,提出既要保护新闻自由与新闻工作者的权利不受垄断和大财团的影响,又要保护人民获得自由、公正的权利。

1948年4月,联合国新闻自由会议通过《国际新闻自由公约草案》,提出限制新闻自由的滥用,防止虚构的和歪曲的新闻的传播。

1954年国际新闻工作者联合会研究了新闻工作者的职业道德问题,并在法国波尔多通过了《记者行为基本原则宣言》。

《宣言》明确规定了记者职业活动的八项行为准则。其中第一项准则是:尊重真理及尊重公众获得知识的权利,是新闻记者的首要责任。第二项准则是,为了履行这一责任,新闻记者要维护两项原则:忠实收集和发表新闻的自由及公正评论与批评的权利。准则的第七项指出,"严重的职业罪恶"包括:抄袭、剽窃;中伤、污蔑、诽谤和缺乏根据的指控;

---

①兴起于19世纪30年代美国,由《纽约太阳报》发起,与《先驱报》和《论坛报》并称三大便士报,即报纸以低廉的价格去争取大量的读者,使报纸完成了大众化、通俗化的飞跃。从此,价格低廉、以大众为读者对象的报刊大量出版印行。

因接受贿赂而发表消息或删除事实。①

1954年,第一个全球性的新闻职业道德规约《联合国国际新闻道德信条》正式颁行,之后该《信条》修订五次。

1954年联合国颁发的各会员国新闻工作者协会参照执行的《联合国国际新闻道德信条》,其规约的主要内容是:

1.不歪曲或隐瞒事实;

2.不挟私攻讦、诽谤、抄袭,不把谣言当事实,若有报道不确而损人名誉者,应立即更正;

3.不因为满足读者好奇心而揭私人隐私;

4.报道一个国家的状况,若要达到公正的程度,须先对这个国家有充分的认识;

5.规约由各国记者遵守,不能成为各国政府干涉管制新闻自由的理由。

1955年泛美广播人员协会利马会议上通过了一项道德原则宣言。

1971年11月,欧共体六国新闻人员的工会在慕尼黑通过了一项新闻人员的义务和权利宣言。

1973年11月,在联合国教科文组织的一次会议上,国际新闻工作者协会提出了一项有关职业道德守则的草案。

1977年8月,在阿拉伯联盟主持下,阿拉伯新闻人员起草了一项阿拉伯新闻工作者职业道德守则。

1978年颁行《关于宣传工具为加强和平与国际了解,为促进人权以及为反种族主义、种族隔离和反对煽动战争做出贡献的基本原则宣言》,强调信息与意见的自由传播对于相互了解与世界和平极为重要。

1981年颁行《塔卢瓦尔宣言》,强调自由传播对于相互了解与世界和平极为重要。

除上述新闻道德规约外,在联合国的倡导下,其他西方国家的新闻行业也都制定了适合本国国情的新闻道德自律规范。比如,1946年日本新闻协会制定了经典的《新闻伦理纲领》(1955年补正)。之后,日本新闻协会又制定了《广告伦理纲领》。1957年意大利全国报业新闻评议会宣布了10条职业道德自律信条。1963年英国新闻记者学会制定了著名的《英国报人道德规则》。1964年2月加拿大法人报人协会在蒙特利尔通过了新闻行业《报业廉政章程》。1966年法国全国新闻记者联合会修订职业道德信条。澳大利亚新闻记者协会也制定了新闻道德信条。

(二)中国新闻报道伦理规约的发展

新中国成立以来,国家非常重视新闻行业的职业道德问题,新闻道德规约能使新闻业健康良性发展,新闻职业道德规约是新闻条例管理法规的有益补充。

中国新闻道德规约的发展与国际新闻道德伦理规约发展相比而言出现较晚。著名的新闻工作者范长江曾提出了人民新闻工作者的四个职业信条:1.消息绝对真实,这样才能取得人民的信任;2.思想要正确,这样才能看清问题,指导现实;3.群众观点的建立,要紧密团结通讯员,走群众路线搜集新闻素材;4.建立自我批评。

---

①蓝鸿文.国外新闻界的道德自律信条[J].新闻与写作,2001(6).

社会主义新闻事业史上第一个成文的新闻职业道德规范条例是1981年由中宣部新闻局和中央新闻单位共同商拟制定的《记者守则》。守则主要内容有：

1. 同党中央保持政治一致。
2. 深入调查研究，充分掌握第一手资料。
3. 严格尊重事实，严禁弄虚作假。
4. 学习和掌握唯物辩证法，切忌主观主义、片面性和绝对化。
5. 工作严肃认真，一丝不苟。
6. 敢于支持符合党和人民利益的正确思想和行为，敢于与错误思想和行为作斗争。
7. 积极向领导机关反映情况。
8. 遵守宪法、法律、党纪和所在单位的制度，不泄密，不搞不正之风。
9. 谦虚谨慎，向群众学习，甘当人民的小学生。
10. 认真学习马克思列宁主义、毛泽东思想和党的路线、方针、政策，苦练采访、写作基本功。

1991年颁布的《中国新闻工作者职业道德准则》是新中国成立之后第一个正式的新闻工作者职业道德规范。该准则在中华全国新闻工作者协会第四届理事会第一次全体会议上通过审议。

1994年4月，中华全国新闻工作者协会对《中国新闻工作者职业道德准则》做出修改。准则包括八大条：全心全意为人民服务；以社会效益为最高准则；遵守法律和纪律；维护新闻的真实性；坚持客观公正的原则；保持廉洁奉公的作风；发扬团结协作精神；增进同各国新闻界的友谊和合作。

1997年1月中华全国新闻工作者协会又对《中国新闻工作者职业道德准则》进行了第二次修订，其主要内容由八条精简为六条：全心全意为人民服务；坚持正确的舆论导向；遵守宪法、法律和纪律；维护新闻的真实性；保证清正廉洁的作风；发扬团结协作精神。

（三）全媒体时代新闻报道的新规约

2009年11月，面对日益复杂的新闻传播环境，为了加强新闻工作者的职业道德建设，中华全国新闻工作者协会对《中国新闻工作者职业道德准则》进行了第三次详细修订，主要包括以下内容。

1. 全心全意为人民服务。

(1) 积极宣传党和政府的重大决策部署，及时传播国内外各领域的信息，保证人民群众的知情权、参与权、表达权、监督权；

(2) 牢固树立群众观点，把人民群众作为报道主体和服务对象，宣传群众典型，反映平凡人物的工作生活；

(3) 积极反映人民群众的正确意见和呼声。

2. 坚持正确舆论导向。要坚持团结稳定鼓劲、正面宣传为主。

(1) 始终坚持以经济建设为中心，服从服务于改革发展稳定大局不动摇，着力推动科学发展、促进社会和谐；

(2) 宣传科学理论、传播先进文化、塑造美好心灵、弘扬社会正气，增强社会责任感，坚决抵制格调低俗、有害人们身心健康的内容；

(3)加强和改进舆论监督,坚持准确、科学、依法监督;

(4)采访报道突发事件要坚持导向正确、及时准确、公开透明,全面客观报道事件动态及处置进程,推动事件妥善处理,维护社会稳定和人心安定。

3.坚持新闻真实性原则。报道做到真实、准确、全面、客观。

(1)通过合法途径和方式获取新闻素材,新闻采访要出示有效的记者证。认真核实新闻信息来源,确保新闻要素及情节准确;

(2)报道新闻不夸大不缩小不歪曲事实,不摆布采访对象,禁止虚构或制造新闻。刊播新闻报道要署作者的真名;

(3)摘转其他媒体的报道要把好事实关,不刊播违反科学和生活常识的内容;

(4)刊播失实报道要勇于承担责任,及时更正致歉,消除不良影响。

4.发扬优良作风。要树立正确的世界观、人生观、价值观,加强品德修养,提高综合素质,抑制不良风气,接受社会监督。

(1)提高政治和业务素质;

(2)贴近群众,在深入中了解社情民意,增进与群众的感情;

(3)坚决反对和抵制各种有偿新闻和有偿不闻行为,不利用职业之便谋取不正当利益,不利用新闻报道发泄私愤,不以任何名义索取、接受采访报道对象或利害关系人的财物或其他利益,不向采访报道对象提出工作以外的要求;

(4)尊重新闻同行,尊重他人著作权益,引用他人作品要注明出处,反对抄袭和剽窃行为;

(5)新闻报道与经营活动分开,不以新闻报道形式做任何广告性质的宣传,编辑记者不得从事经营性活动。

5.坚持改革创新。

(1)提高舆论引导能力和传播能力;

(2)增强新闻报道的亲和力、吸引力、感染力;

(3)善于利用新载体、新技术收集信息,发布新闻,提高时效性,扩大覆盖面。

6.遵纪守法。要增强法治观念,遵守宪法和法律法规,遵守党的新闻工作纪律,维护国家利益和安全,保守国家秘密。

(1)严格遵守和正确宣传国家政策,维护国家主权和社会稳定;

(2)维护采访报道对象的合法权益,尊重采访报道对象的正当要求,不揭个人隐私,不诽谤他人;

(3)维护未成年人、妇女、老年人和残疾人等特殊人群的合法权益;

(4)维护司法尊严,依法做好案件报道,不干预依法进行的司法审判活动,在法庭判决前不做定性、定罪的报道和评论;

(5)涉外报道要遵守我国涉外法律、对外政策和我国加入的国际条约。

7.促进国际新闻同行的交流与合作。要努力培养世界眼光和国际视野,积极搭建中国与世界交流沟通的桥梁。

(1)在国际交往中维护祖国尊严和国家利益,维护中国新闻工作者的形象;

(2)积极传播中华民族的优秀文化;

（3）尊重各国主权、民族传统、宗教信仰和文化多样性；

（4）积极参加有组织开展的与各国媒体和国际（区域）新闻组织的交流合作，增进了解、加深友谊、对推动建设持久和平、共同繁荣的和谐世界多做工作。

最新的《中国新闻工作者职业道德准则》强调了新闻媒体和新闻工作者的具体义务。与旧版准则相比，新版准则有以下几点变化：一是增强了法律意识，明确新闻工作者要通过合法合规手段和正当方式获取新闻素材，尊重采访人合法权益，要谨慎规范使用隐蔽摄像和录音；二是注重程序规范，公开采访要主动出示记者证，发布新闻报道要署真实姓名；三是严格新闻来源，要建立新闻采集规制，科学有效核实新闻信息来源真伪；四是加强转载管理，要严格把关转载类新闻报道，不发布反科学、反伦常、反社会的新闻报道；五是杜绝虚假新闻，不夸大、缩小或歪曲新闻事实，不虚构或捏造新闻事件，不威胁或诱导新闻采访对象；六是强调失实报道处理，一旦发现新闻报道违背事实，应立即更正、声明和致歉，尽最大可能减少伤害，清除社会不良影响。

二、全媒体新闻报道的管理规约体系

数字传播技术的发展带来传播渠道的多样化，但同时传播信息泥沙俱下，也给新闻报道管理带来了一定的困难。传统的新闻报道管理方式，比如管理制度、审读制度、监管措施等，都很难适应今天的媒介环境。全媒体时代新闻报道管理规约体系可以从管理制度、监管措施和伦理道德三个方面进行完善。

（一）全媒体新闻报道管理制度

2000年以来，互联网呈井喷式迅猛发展，政府为规范互联网的安全运营，密集出台了多项政策法规，比如2000年公布的《互联网信息服务管理办法》《中华人民共和国电信条例》《互联网电子公告服务管理规定》，2002年公布的《互联网出版管理暂行规定》，2003年公布的《互联网文化管理暂行规定》等。2005年之后，政府在互联网管理的职责分工和管理权限上思路逐渐明晰，出台了几部针对性强、完整度高、操作性强的法规，比如2005年出台的《非经营性互联网信息服务备案管理办法》和《互联网新闻信息服务管理规定》，2014年出台的《即时通信工具公众信息服务发展管理暂行规定》等，这些互联网新闻信息类法规为全媒体新闻报道提供了有效的制度规范和执行准则。

2005年9月发布的《互联网新闻信息服务管理规定》，距今已经超过10年，随着互联网的发展，出现了一些新的现象和问题，个别组织和个人在通过新媒体方式提供新闻信息服务时，存在肆意篡改、嫁接、虚构新闻信息等情况。为了规范互联网新闻信息传播，保障互联网新闻信息服务良性健康发展，切实保护公民、法人和其他组织的合法权益，维护国家安全和公共利益，根据《全国人民代表大会常务委员会关于加强网络信息保护的决定》《互联网信息服务管理办法》等法律法规，国家互联网信息办公室对《互联网新闻信息服务管理规定》进行了修订，并于2017年6月1日正式施行。

修订后的《互联网新闻信息服务管理规定》明确了互联网新闻信息服务的许可、运行、监督检查、法律责任等，并将各类新媒体纳入管理范畴。《规定》指出，通过互联网站、应用程序、论坛、博客、微博客、公众账号、即时通信工具、网络直播等形式向社会公众提供互联网新闻信息服务，应当取得互联网新闻信息服务许可，禁止未经许可或超越许可范围开展互联网新闻信息服务活动。未经许可或超越许可范围开展互联网新闻信息服务活动的，由国家和省、自治区、直辖市互联网信息办公室依据职责责令停止相关服务活动，处1万元以上3万元以下罚款。

新《规定》对互联网信息来源做出了明确的要求。互联网新闻信息服务提供者转载新闻信息，应当转载中央新闻单位或省、自治区、直辖市直属新闻单位等国家规定范围内的单位发布的新闻信息，注明新闻信息来源、原作者、原标题、编辑真实姓名等，不得歪曲、篡改标题原意和新闻信息内容，并保证新闻信息来源可追溯。

新《规定》强调互联网新闻信息服务提供者应当设立总编辑，总编辑对互联网新闻信息内容负总责。互联网新闻信息服务相关从业人员应当依法取得相应资质，接受专业培训、考核。互联网新闻信息服务相关从业人员从事新闻采编活动，应当具备新闻采编人员职业资格，持有国家新闻出版广电总局统一颁发的新闻记者证。

对公民和法人合法权益的保护也是新《规定》的主要内容之一。互联网新闻信息服务提供者对用户身份信息和日志信息负有保密的义务，不得泄露、篡改、毁损，不得出售或非法向他人提供。针对社会上出现的一些非法网络公关、水军等现象，《规定》明确予以禁止，要求互联网新闻信息服务提供者及其从业人员不得通过采编、发布、转载、删除新闻信息，干预新闻信息呈现或搜索结果等手段谋取不正当利益。

此外，新《规定》还要求互联网新闻信息服务提供者转载新闻信息时，应遵守著作权相关法律法规，保护著作权人的合法权益；并强化举报监督制度，要求互联网新闻信息服务提供者建立健全举报制度，公布举报途径和举报方式，实现全天候渠道畅通，及时处理公众举报。

（二）全媒体新闻报道的舆论监测

中央全面深化改革领导小组四次会议审议通过的《关于推动传统媒体和新兴媒体融合发展的指导意见》指出要"强化互联网思维"。在全媒体传播环境下，新闻媒体要认识和掌握全媒体时代互联网新闻传播的规律，运用互联网思维和方式处理新闻舆论事件，进行正确的舆论引导，积极回应社会公众关切的问题，提高新闻舆论事件应急处理水平，构建全媒体新闻报道舆论监测体系。

全媒体新闻报道具有全方位多元化渠道传播的特性，包括传统媒体、门户网站、社交网站、网络论坛、"两微一端"等，如何构建全媒体新闻报道的监管系统是有效加强新闻报道管理的重点。全媒体新闻报道可通过以下三个方面进行监管。

一是专门的舆论监测。通过专业舆论监测软件系统进行全面、精准、可控、自动化监测，依托舆情监测技术，新闻媒体可以设定舆论风险监测指标体系，确定新闻舆情风险监测的范围阈值，可实现系统的自动监测和管理。

二是自有传播渠道。全媒体传播环境下，新闻媒体拥有多元化传播渠道，比如网站、官方微博、官方微信、论坛等。在涉及政府、行政等公共机构的舆情风险信息时，往往会引发公众的热议和围观，形成新闻舆情触点，新闻媒体可以通过自有的媒体平台及时发现舆论的走向，进行有效管理。

三是第三方监测平台。舆论引导是新闻媒体的一项重要功能。目前社会上有不少舆情管理咨询机构推出了舆情监测全程服务系统，比如全媒体舆情监测服务商，提供包括电视、报刊、网络、微博、论坛、移动端的全媒体舆情监测服务。2015年中共中央办公厅、国务院办公厅联合下发《关于加强中国特色新型智库建设的意见》，鼓励第三方机构为政府、行政单位提供舆情监测服务系统。通过第三方监测平台，可以一定程度上降低舆论风险监测成本，使新闻媒体专注新闻报道的创新和生产。

在互联网新媒体蓬勃发展的今天，各级党政机关、企事业单位和社会团体越来越重视互联网新闻舆情的监测、研究、分析和引导，依托移动互联网加强社会管理已成为了党和政府治国理政的重要平台之一。

资料：人民网舆情监测

人民日报社自2006年起就开始探索智能搜索引擎和网络舆情研究，并于2008年正式组建人民网舆情监测室。人民网舆情监测室研发并完善了具备个性化、垂直性监测功能的互联网舆情监测系统。该系统基于网络舆情传播规律，及时、全面地监测境内外新闻网站、论坛、报刊、电视、广播和知名博客、微博，并在此基础上进行数据的抓取、挖掘、聚类、分析和研判，方便舆情工作人员迅速获取舆情，提高舆情管理和舆论引导的水平，为客户实现网络声誉管理、舆情监测、敏感信息预警、内部风险管理评估、突发事件实时追踪和宣传工作评估考核等功能。人民网舆情监测室成功研发了舆情应急指挥系统——在线通。这一系统通过专用保密通道，实现应急指挥即时通信、协同工作组、文件传输、短信、应急指挥电话调度、内部加密语音、高清视频通话、工作流等多方应急实时指挥功能，与舆情监测服务平台合二为一，无缝对接，实现了舆情监测、应急指挥一体化，为舆情工作最核心的处置环节提供了系统保障。

三、全媒体新闻报道的伦理道德

全媒体时代新闻工作者要做社会道德的守护者。随着社会和时代的发展，一些具有争议的社会现象或违反社会风尚的事件偶有发生，比如同性恋、艾滋病、安乐死以及"富人喝人奶""打工临时夫妻"等社会现象引发热议。如何把握好具有社会争议的话题的立场和导向，是对新闻工作者的一个严峻考验。对于一些有关法律法规的话题，新闻媒体只需客观报道新闻事实，留待法律途径解决；而对于一些违反社会道德风尚的话题，则需要旗帜鲜明地表达观点，引导社会舆论，传播正能量。新闻报道应避免滑向娱乐化、庸俗化、暴力化的泥沼，比如强奸、凶杀、抢劫等新闻案件，不宜细致地描写细节和夸大陈述。

（一）新闻伦理的含义

20世纪随着工业社会的快速发展，新闻媒体行业出现了一系列伦理道德问题，一些学者专家和新闻工作者分别从传播学、哲学、伦理学、心理学等方面对其进行了探讨。专家学者对新闻伦理学的研究对象是什么目前有两种代表观点。一种观点认为，新闻伦理学的研究对象是新闻从业者的职业道德。另一种观点认为，新闻伦理学的研究对象除了新闻从业者的职业道德外，还应该包括新闻媒体机构的道德功能范畴。其分歧是新闻个体和主体道德伦理界定。

一般而言，新闻从业者在新闻报道中的人生观、价值观、伦理取向、道德规范与其所属的新闻媒体机构的价值观、伦理取向、道德规范具有相关性，新闻媒体机构的伦理道德研究和新闻从业人员的伦理道德研究是主体与个体的属性关系,二者都属于新闻伦理学的范畴。新闻伦理应该全面、系统、科学、客观地研究新闻媒体机构与新闻从业者的价值取向、道德功能与伦理规范。

(二)新闻传播伦理多元主体责任

传播主体是指新闻报道的发布者,包括具有专业传播知识、技能,利用现代新闻传播工具进行新闻报道的个人、群体和新闻组织机构。传播主体伦理责任主要表现为新闻媒体机构主体的伦理责任和新闻从业者个体的职业道德责任。全媒体时代,由于传受双方的平等性,传者和受者界限的模糊,传播主体还应包括受众。

1. 新闻从业人员的伦理责任

新闻报道要以传播社会主义核心价值观,弘扬中华民族美德,传播社会正能量为主旋律,抵制低俗、暴力、黄色、猎奇类信息内容,不流于做"标题党",不做断章取义、以偏概全、耸人听闻、打擦边球的标题。全媒体时代对新闻工作者提出了更高的要求,"把关人"在新的时代面临更多的挑战。要给公众讲好故事,形成关注度高、凝聚力强的社会舆论场是新闻工作者的使命。

媒体融合的全媒体环境下,传播者的界定进一步扩大,除了专业的新闻工作者,网络媒体、社交媒体、移动客户端、自媒体等构建了一个庞大复杂的新闻生态圈。个人、群体、媒体人都在不同程度上充当了传播者。全媒体时代新闻从业人员除了践行真实、客观、全面、导向性等基本道德伦理责任外,还应该坚持公开、透明、人本与公平的原则。[①]

近年来,部分新闻工作者无视新闻从业者的道德底线,在商业利益的巨大诱惑下,违背新闻真实、客观、全面的准则,有偿、虚假、夸大新闻层出不穷。一些新闻工作者甚至为了一己私利,不惜铤而走险,以负面报道要挟企业实施敲诈,还有一些记者为违法违规企业大肆宣传,完全抛弃了新闻记者最基本的职业道德。

2. 新闻媒体机构伦理责任

近年来,随着媒体竞争格局的变化,一些媒体机构商业化转型和市场生存压力突显,出现了一些违背社会伦理道德的事件。比如 21 世纪报系涉嫌新闻敲诈案。21 世纪报系利用其新闻媒体的大众传播影响力和长期积累的关系网络,物色受害企业,进行非法牟利。他们以发布负面报道相要挟的方式,迫使一些知名企业和上市公司签订所谓的"合作协议",承诺签署协议后将保护其名誉,使受害企业承担了高额的费用。原 21 世纪传媒股份有限公司总裁沈颢等 30 余名犯罪嫌疑人被移送检察机关审查起诉,罪名涉及强迫交易罪、敲诈勒索罪及非国家工作人员受贿罪、职务侵占罪等多项个人犯罪,涉案金额上亿元。

像 21 世纪报系这样的行为不仅严重损害了当事企业的名誉形象,而且破坏了良性的市场经济秩序,同时新闻媒体机构也涉嫌违法违规,给整个新闻媒体行业的公信力带来极大的负面影响。最近,国家开始加强对有偿新闻的整顿和处罚,使得新闻媒体行业的乱象得以有效遏制。

---

① 曹漪那,杨珊.大数据时代的传播伦理责任多元论[J].新闻界,2016(3).

3.受众伦理责任

受众是信息的接收者和传播效果的反馈者。在全媒体传播环境下,受众不再是单向的信息接收者,受众同时具有接受和传播信息的双重属性。受众的伦理责任一方面是指受众作为信息接受者在传播过程中自身的道德伦理责任。受众作为新闻报道的接受者,不能断章取义、肆意捏造、盲目转发,要具有辨别、审视信息的能力,培养理性、本善的道德伦理素养。

随着数字传播技术的发展,受众对媒介的利用越来越多,受众不只是被动地接受信息,而是主动传播信息。面对技术发展带来的便利,受众在传播过程中应该学会理性思考、理性行为,不信谣、不传谣,不去做损害其他受众利益的行为。比如广东省陆丰市某中学学生遭受网民人肉搜索导致自杀事件。也许偷衣服这件事情可能是事实,那么她只应当受到法律有关盗窃行为的惩处,而不应该在人格上、在名誉上对她进行侮辱。加强受众伦理责任意识是在全媒体传播环境下急需重视的现实问题。

(三)全媒体新闻报道的伦理原则

新闻报道作为一种社会信息传播活动,媒体需要自觉遵守相关的职业道德和伦理规则。新闻媒体和新闻工作者的价值取向、伦理道德体现在具体的新闻报道作品上。全媒体新闻报道的伦理原则一般包括真实性原则、客观性原则、公正性原则、全面性原则。

1.真实性原则

真实是新闻报道的生命,也是记者不能逾越的职业道德底线。真实性原则适用于所有媒介形态的新闻报道。不歪曲或隐瞒事实是《联合国国际新闻道德信条》的第一条标准,即使是以正义的名义,捏造事实、欺骗公众也不被允许。我们身边时有发生有"摆拍"嫌疑的新闻报道。一些新闻记者利用自身专业知识和新闻资源,打着正义的旗号,肆意编造包装新闻故事,博得社会关注和同情心,甚至向社会爱心人士和机构募捐集资。虽然记者的目的是筹集善款救助贫弱,但其虚构、夸大、捏造新闻事实,严重违背了新闻真实性原则,最终会遭到公众舆论谴责,从而透支媒体公信力,阻碍社会慈善事业的长效发展。

例如艾滋病男童被驱逐新闻事件。2014年底,某权威媒体网站报道称,四川省西充县某村203位村民,集体上书"联名信",其中包括男孩爷爷,准备将村里一位携带艾滋病病毒的8岁男童驱离出村。新闻一经报道,舆论一片哗然,纷纷谴责这种违背基本人权的行为。乃至联合国就四川艾滋病儿童遭村民联名驱离事件发表声明,引起了国际社会的高度关注。然而事件跌宕起伏,扑朔迷离,新闻事件愈演愈烈,村民回应事件始末,剧情发生大逆转。村民告知公众"联名信"是为了配合两名"好心的记者",让男童获得更多的关注和医疗救治,从而一起上演了这起新闻闹剧。这次新闻事件虽然以"正义"的名义策划发布,但严重违背了新闻真实性原则,造成社会公众对媒体公信力的质疑和国际社会对中国国情的片面理解,影响十分恶劣。

2.客观性原则

客观性原则是新闻报道中重要的准则,新闻内容要做到科学客观,符合实际。新闻工作者对待新闻事件的态度应该不偏不倚、公正无私。遵守新闻客观性原则,要对新闻报道中的时间、地点、人物、言论、行为、事件的起因、经过和结果进行客观报道,详细核实,尽量不带主观诱导和色彩。虽然新闻客观性不可能做到自然科学实验条件下的绝对精确,但是新闻道德伦理要求新闻从业者应尽量不带个人情感和先入为主的观点进行新闻报道。

例如老外遭中国大妈讹钱的舆情反转事件。2013年12月,各大媒体网站、微博、微信滚动推出"扶起摔倒中年大妈,外国小伙疑遭讹诈"事件报道,之前社会舆论流传"扶不起"言论的影响还未消除,中国大妈讹诈外国小伙的新闻迅速成为公众新的关注点,社会公众对大妈"讹人"深信不疑,大众声讨日益高涨。然而事件跌宕起伏,迅速逆转,北京警方回应称,经调查,外籍男子因存在无证驾驶、驾驶无牌照摩托车及交通肇事行为,将被处罚。事后,新闻记者发表致歉:"本人看到中年妇女平躺在地,几分钟没有起身,并且情绪激动,我下意识主观认为是中年妇女想讹钱。"媒体记者应该详细了解事件始末,多方询问后再进行不偏不倚、公正无私和科学客观的媒体报道,而不是主观地先入为主地给大妈贴上"讹钱"标签。新闻客观性原则是全媒体新闻报道的重要准则。

3. 公正性原则

新闻媒体作为社会的公器,负有维护社会公正的使命,公正性原则是全媒体新闻报道的基本准则。随着社会民主化和法制化进程的发展,媒体作为舆论监督的工具对司法活动的监督和介入越来越深入,媒体在推动社会主义法制化进程上起到了有益的促进作用。媒体的关注和报道,使得极少数人知悉和参与的司法活动变得广为人知,让司法活动处于民众的视野之中,媒体积极主动与社会各界携起手来,从而构建了民主公正、宽松理性的法制环境。

但是媒体在对司法公正起到督促作用的同时也要注意对司法活动产生的一些负面影响。其中,社会关注和争议最大的就是"媒介审判"。在一些公众关注度高、社会影响力大的司法案件中,新闻媒体往往把握不好"度",带有片面的、有失公正的预设立场,主要体现在媒体为抢先发布新闻报道,在司法机关调查取证审判前主观臆测案件定性,误导社会公众对案件的判断和认知。媒体利用其强大的社会影响力和话语权代替司法审判和舆论监督的"未审先判",容易引起社会公众对相关事件的认识偏差和非理性情绪蔓延,给司法部门造成压力,容易干预司法独立,对社会主义法制进程造成阻碍。

4. 全面性原则

新闻媒体要为受众提供真实全面的新闻事件,不能片面地看待问题。新闻片面性问题是媒体新闻报道容易发生的倾向。近年来,一些片面的新闻报道让公众对媒体伦理责任和社会公信力产生了质疑。出现片面化问题主要是记者采访依靠单方面信息,听信当事一方言辞,造成信息链不对称、不全面。记者的片面化采访,容易掩盖和歪曲事件真相,错误引导社会公众对事件的认知和判断,极大地伤害公众感情,损害新闻媒体自身的公信力。

"标题党"行为是社会公众吐槽最厉害的媒体乱象之一。一些新闻媒体断章取义地运用刺激、庸俗的文字博人眼球,吸引公众。新闻标题往往与文章实际内容大相径庭,甚至背道而驰。一些记者片面化、极端化地解读文章内容,为了经济利益不惜违背文章原意,提取"有价值"概念创意标题,造成以偏概全、以奇造势、题文不符的新闻乱象。

例如"尿歪罚款"新闻报道。2013年9月,深圳市为提高市民素质和规范公民行为颁布《深圳市公共厕所管理办法》,其中规定"在便器外便溺"的行为将被处以100元罚款。

政府的本意是规范市民的行为,提高公民的文明素质,加强对公共厕所的管理,给大家创造卫生整洁的如厕环境,但却被一些媒体断章取义,片面化、娱乐化地解读为"尿歪罚款",继而引发社会公众的误解和热议。深圳相关负责人出面解释,出台《深圳市公共厕所管理办法》的目的是为了提倡市民文明如厕,在公共厕所随地大小便影响公共卫生环境会被处罚,尿歪是不会被处罚的。社会公众对媒体雷人的标题和片面错误的解读一片哗然。

(四)全媒体新闻报道与个人隐私保护

全媒体时代新闻媒体之间的竞争与日俱增。一些媒体为了先声夺人,抢占头条,博人眼球,甚至不惜挖掘新闻当事人的隐私,给当事人造成精神伤害。全媒体新闻报道的多元化矩阵式发布形成强大的舆论场,公众的激烈讨论和口诛笔伐在很短时间将形成强大的舆论压力,同时,缺乏对当事人隐私的保护,社会公众情绪失控后,甚至会引起一些过激网民的"人肉搜索",容易造成对当事人的再次伤害。

例如中国公民在埃及的卢克索神庙刻画"丁××到此一游"新闻事件被各大媒体曝光。2014年5月,南京15岁初中生"丁××"的名字通过网民多渠道挖掘和人肉搜索被锁定,社会公众对其展开了猛烈的谴责。此事被曝光后,其父母主动联系媒体致歉,"我们诚恳地向埃及方面道歉,也向全国关注此事的人们道歉!"丁××的父母表示,这件事是孩子小时候做的,父母有管教不严之责,现在孩子意识到所犯错误,恳请大家原谅。然而,"致歉"声明并没有得到一些网民的原谅,事态出现不可控状态,丁××曾就读的南京游府西街小学的官网被黑客入侵,各种口诛笔伐甚至人身攻击指向15岁少年。新闻媒体在进行新闻报道时,应注重保护个人隐私,特别是对未成年人隐私的保护,应尽量减少对新闻当事人的伤害。

(五)全媒体新闻报道与社会主义核心价值观

在日益复杂的社会环境和传播环境下,新闻工作者要做社会道德的守护者,要传播社会主义核心价值观和弘扬社会道德风尚。社会主义核心价值观倡导富强、民主、文明、和谐,倡导自由、平等、公正、法治,倡导爱国、敬业、诚信、友善。社会主义核心价值观包含三个层面。富强、民主、文明、和谐是国家层面的价值目标,弘扬主旋律就是要求全媒体新闻报道要与国家价值目标体系统一;自由、平等、公正、法治是社会层面的价值取向,全媒体新闻报道要传播正能量,与社会主流价值取向统一;爱国、敬业、诚信、友善是公民个人层面的价值准则,全媒体新闻报道的内容要与社会公众的内在需求统一。

全媒体新闻报道应该传播正能量,不做博人眼球、哗众取宠、断章取义、伤风败俗的新闻报道,而是应该站在国家、社会大局的高度上,弘扬中华民族优秀文化,树立优良社会道德风尚。新闻媒体要加强新闻道德伦理体制建设,提高新闻工作者的职业道德水平。新闻工作者应不断加强相关政策法律、条例法规的学习,增强政治意识、大局意识、责任意识,努力提高自身的专业水准和职业道德情操,传播社会主义核心价值观,弘扬优良的社会道德风尚,为构建富强、民主、文明、和谐、美丽的社会主义国家贡献一份力量。

【知识回顾】

科技进步带来新闻传播方式的变革,大数据、VR/AR、传感器、机器人等新技术对新闻报道生产方式产生重要影响。全媒体时代，新闻生产编辑流程呈现出以全媒体融合编辑中心为枢纽，协同管理为主导的一次采集、N次加工、梯次生成、多元发布的生产流程新模式。新闻报道生产方式的变化对新闻报道的管理提出了新的挑战。全媒体时代，传播渠道增多、传播信息庞杂，需要加强与完善新闻报道的管理规约与伦理道德建设。本章提出了从管理制度、监管措施和职业伦理道德三个方面构建全媒体新闻报道规约体系。在全媒体新闻报道管理中，法规管理是核心，新闻报道必须在法律的框架下进行。监管措施是新闻报道活动正常开展的基础，也是新闻报道管理的重要组成部分。职业伦理道德是新闻工作者日常行为规范，引导新闻工作者传递社会正能量。同时，新闻传播伦理多元主体论倡导传播主体、受众共同承担相应的新闻传播伦理责任，构建真实、客观、全面、公正、公开的全媒体新闻报道的职业伦理道德体系。

【思考题】

1. 全媒体新闻报道生产方式的发展趋势是什么？
2. 全媒体新闻报道编辑流程与传统编辑流程相比有何特点？
3. 全媒体新闻报道管理面临什么困境？如何有效进行管理？
4. 谈谈全媒体新闻报道的伦理责任。

参考文献

著作类

[1]蓝鸿文.新闻采访学:第3版.[M].北京:中国人民大学出版社,2011.

[2]王庚年.全媒体技术发展研究[M].北京:中国国际广播出版社,2013.

[3]徐亚平,丁小燕.新闻采访[M].北京:新华出版社,2005.

[4]徐国源.当代新闻采访与写作[M].苏州:苏州大学出版社,2006.

[5]梁一高.现代新闻采访学教程[M].北京:中国广播电视出版社,2001.

[6]刘海贵,尹德刚.新闻采访写作新编:第2版[M].上海:复旦大学出版社,1997.

[7]王春泉.新闻采访技巧:理论与实践[M].合肥:安徽人民出版社,2008.

[8]艾丰.新闻采访方法论[M].北京:人民日报出版社,1996.

[9]王忠义,史梁.当代新闻采访教程[M].合肥:合肥工业大学出版社,2004.

[10]刘善兴.新闻采访36式[M].北京:解放军出版社,2001.

[11]董广安.当代新闻采写方略[M].郑州:河南人民出版社,1997.

[12]张撰先.新闻采访实务[M].北京:北京大学出版社,2014.

[13]何国璋.新闻采访原理与方法[M].广州:暨南大学出版社,1992.

[14]蔡雯.新闻传播的策划与组织[M].北京:新华出版社,2001.

[15]史安斌.全媒体时代的新闻发布和媒体关系管理[M].北京:五洲传播出版社,2014

[16]蔡雯.新闻报道策划与新闻资源开发[M].北京:中国人民大学出版社,2004.

[17]徐国源.深度报道:理念与操作[M].苏州:苏州大学出版社,2004.

[18]李普涛.选题策划的理论与实践[M].开封:河南大学出版社,2004.

[19]林晖.新闻报道新教程:视角·范式与案例解析[M].上海:复旦大学出版社,2005.

[20]刘昆.话题新闻导论[M].桂林:广西师范大学出版社,2005.

[21]麦尚文.全媒体融合模式研究:中国报业转型的理论逻辑与现实选择[M].北京:中国人民大学出版社,2012.

[22]熊高.新闻采访[M].北京:中国传媒大学出版社,2006.

[23]刘建明.当代新闻学原理[M].北京:清华大学出版社,2003.

[24]赵振宇.新闻报道策划[M].武汉:武汉大学出版社,2008.

[25]岳山,杨明.全媒体采编与应用[M].合肥:合肥工业大学出版社,2012.

[26]杨秀国.新闻报道策划[M].北京:人民日报出版社,2012.

[27]张志安.深度报道:理论、实践与案例[M].北京:高等教育出版社,2015.

[28]吴飞,黄超.全媒体新闻编辑·案例教学[M].北京:中国传媒大学出版社,2015.

[29]钟央.电视新闻全媒体融合[M].北京:科学出版社,2016.

[30]刘滢.国际传播:全媒体生产链重构[M].北京:新华出版社,2016.

[31]刘小华,黄洪.互联网+新媒体:全方位解读新媒体运营模式[M].北京:中国经济出版社,2016.

[32]李良荣.新闻学概论:第5版[M].上海:复旦大学出版社,2013.

[33]丁法章.新闻评论教程[M].上海:复旦大学出版社,2002.

[34]周胜林,尹德刚,梅懿.当代新闻写作:第2版[M].上海:复旦大学出版社,2004.

[35]刘海贵.中国新闻采访写作教程[M].上海:复旦大学出版社,2008.
[36]刘坚.新闻报道现代方法[M].长春:吉林大学出版社,2009.
[37]许颖.新闻采访与写作[M].北京:中国传媒大学出版社,2011.
[38]高钢.新闻报道教程:新闻采访写作的方法与技术[M].北京:高等教育出版社,2010.
[39]陈祖继,刘彤,于宁.新闻采写实用教程[M].北京:中国传媒大学出版社,2015.
[40]吴晨光.超越门户:搜狐新媒体操作手册[M].北京:中国人民大学出版社,2015.
[41]窦丰昌.煤变:中国报纸全媒体新闻生产"零距离"观察[M].广州:中山大学出版社,2016.
[42]龚群.现代伦理学[M].北京:中国人民大学出版社,2010.
[43]马二伟.大数据时代广告产业发展研究:基于技术与市场的双重逻辑分析[M].郑州:河南人民出版社,2016.
[44]迈尔—舍恩伯格,库克耶.大数据时代[M].盛杨燕,周涛,译.杭州:浙江人民出版社,2013.
[45]艾瑞斯.大数据思维与决策[M].宫相真,译.北京:人民邮电出版社,2014.
[46]罗杰斯.数据新闻大趋势:释放可视化报道的力量[M].岳跃,译.北京:中国人民大学出版社,2015.
[47]门彻.新闻报道与写作[M].展江,译.北京:华夏出版社,2003.
[48]莱特尔.全能记者必备:新闻采集、写作和编辑的基本技能[M].宋铁军,译.北京:中国人民大学出版社,2010.

期刊类

[1]李斐等.全媒体内容服务平台的运营探索与实践[J].广播电视信息,2015(1).
[2]人民日报全媒体平台正式上线[J].新闻战线,2016(5).
[3]徐俭等.全媒体新闻融合生产与发布平台设计考虑要点[J].广播电视信息,2015(10).
[4]王雪.媒介融合背景下的融合新闻报道[J].西部学刊,2016(5).
[5]刘博智.全媒体时代呼唤"新闻工匠"[J].青年记者,2015(31).
[6]刘倩.论全媒体时代记者的职业素养[J].中国传媒科技,2013(4).
[7]刘驭.浅析全媒体时代传统媒体记者如何实现主动转型[J].新闻研究导刊,2015(9).
[8]本刊记者国际媒体专家谈"媒体融合":"2009媒体融合战略战术高级研讨班"观点概述.[J].中国记者.2009(9).
[9]欧阳霞.媒体融合环境下全媒体记者的素养[J].青年记者,2014(18).
[10]蔡雯,刘国良.纸媒转型与全媒体流程再造:以烟台日报传媒集团创建全媒体数字平台为例[J].今传媒,2009(5).
[11]闫肖锋.全能记者时代的到来[J].青年记者,2010(4).
[12]张碧红,雷天玥.探析全媒体时代的记者变迁——从"记者"到"把关人"的角色转变[J]今传媒,2014(9).
[13]滕岳.对全媒体报道运作方式的探索——烟台日报传媒集团的实践与思考[J].青年记者,2009(6).
[14]陈文丽,孙国红.浅谈全媒体战略下新闻报道模式转型[J].今传媒,2013(9).
[15]高铁军.从BBC的新媒体发展看中央电台的新媒体战略——兼论国家网络电台的创建及意义[J].中国广播,2010(9).
[16]唐莘.BBC的新媒体战略[J].视听界,2011(2).
[17]武艳珍.BBC全媒体:以用户为中心的变革——常怡如访谈录[J].新闻战线,2014(2).
[18]史杰蔚.无人机新闻——新闻采编新趋势[J].新闻研究导刊,2016(7).

[19]龙鸿祥.无人机新闻的特点与面临的困境[J].青年记者,2015(13).

[20]崔晓.无人机在新闻采访中的应用原则及规范[J].青年记者,2015(27).

[21]杨宗峰.浅谈电视新闻采访提问环节的失当与对策[J].新闻传播,2010(5).

[22]牛颜,王译梓.浅谈电视新闻主持的采访技巧[J].新闻传播,2012(6).

[23]张大伟.全媒体时代报纸的生存发展策略[J].青年记者,2010(24).

[24]徐恩华.新媒体背景下广播电视新闻采访的现状、应对策略和未来发展[J].新媒体研究,2016(5).

[25]刘允杰.Web2.0环境下报刊发展的出路[J].网络财富,2010(23).

[26]张利利.广播记者采录人物谈话时的提问技巧[J]沈阳教育学院学报,2009(3).

[27]林玉善.谈新闻采访提问(上)[J].新闻爱好者,1989(10).

[28]胡昕.论新闻采访权的概念界定[J].天府新论,2006(S1).

[29]曾祥敏,董小染.2016全国"两会"新闻报道信息可视化产品研究[J].传媒,2016(6).

[30]朱文龙.全媒体记者,是生存之道[J].青年记者,2015(31).

[31]凌常德.当代电视新闻采访面临的挑战与发展出路[J].视听,2015(7).

[32]刘文学.科技发展如何影响新闻采访[J].新闻前哨,2010(12).

[33]何鹏德.浅析VR新闻的发展态势[J].西部广播电视,2016(13).

[34]白杨青.网络新闻采访的基本特点和发展趋势[J].军事记者,2004(7).

[35]王凯峰.新媒体时代新闻采访的特点及其发展趋势探究[J].新闻传播,2015(9).

[36]马逸林.浅谈新闻采访艺术[J].新闻传播,2013(2).

[37]史安斌,张耀钟.虚拟/增强现实技术的兴起与传统新闻业的转向[J].新闻记者,2016(1).

[38]涂光晋,吴惠凡.表达·交流·争论·整合——新媒体时代新闻评论的变化与反思[J].国际新闻界,2011(5).

[39]赵丹丹.谈谈新媒体时代如何做好新闻消息写作[J].新闻传播,2015(22).

[40]黄亚琳.新闻背景材料的恰当运用[J].新闻前哨,2014(4).

[41]刘妍.互联网传播中新闻消息写作的逻辑[J].新媒体研究,2016(8).

[42]喻季欣,周文辉.更高、更快、更有立场——新媒体背景下的网络新闻评论写作[J].新闻与写作,2011(5).

[43]张博.全媒体背景下新闻写作的聚合形态[J].青年记者,2014(11).

[44]许芳.特稿写作对零度写作的遵循与超越[J].新闻爱好者,2011(16).

[45]程鑫.特稿写作的文学性探讨[J].中国报业,2014(2).

[46]储勇.浅谈如何提升深度报道的可读性[J].新闻世界,2014(10).

[47]牛天.全息多样全众的新型新闻生产模式——以新华社客户端"现场新闻"为例[J].青年记者,2016(34).

[48]姜立明.新的传播格局下新闻内容调整的方向[J].中国地市报人,2014(12).

[49]张晗.媒体人要坚守三种职业精神[J].中国地市报人,2016(12).

[50]黄俊华.大数据时代新闻生产的挑战及其应对策略[J].新闻传播,2014(12).

[51]栾轶玫."众筹新闻":新闻生产的新模式[J].新闻与写作,2014(2).

[52]伍新明,许浩.新媒体条件下群体性事件中危机传播的信息博弈[J].贵州社会科学,2010(10).

[53]党东耀.互联网进化路径与媒介融合模式的变迁[J].编辑之友,2015(11).

[54]褚安安.全媒体语境下融合新闻报道方式的传播策略与发展趋势[J].中国报业,2015(6).

[55]陈庆玲.浅析"媒介融合"与"融合新闻"[J].新闻研究导刊,2015(4).

[56]唐绪军,黄楚新,王丹.互联网思维下全球新闻编辑部转型与趋势[J].新闻与写作,2014(11).

[57]喻国明.大数据对于新闻业态重构的革命性改变[J].新闻与写作,2014(10).
[58]郑明,黄文君.新闻报道中多媒体技术的运用[J].新闻爱好者,2011(10).
[59]白祖偕.新媒体时代新闻编辑的创新之路探讨[J].科技传播,2015(18).
[60]戴安妮.浅谈新闻可视化的特点和对编辑的挑战[J].视听,2015(2).
[61]王明丽.多媒体技术中FLASH动画设计软件的应用研究[J].电脑知识与技术,2015(17).
[62]刘洋.传播进入"新媒体+"时代——2015全国两会新闻报道观察[J].青年记者,20015(20).
[63]张越男.多媒体技术中FLASH动画设计软件的应用[J].科学与财富,2015(zl).
[64]张任青子.大数据时代如何做好数据新闻[J].新闻研究导刊,2015(13).
[65]陈堂发.新闻素材处理应强调的几点意识[J].新闻界,2002(2).
[66]李秀华.新媒体时代广播新闻编辑应坚持的原则与技巧[J].新媒体研究,2015(4).
[67]管国忠.网络媒体编辑手法初探[J].新闻大学,2001(4).
[68]李骏.老牌《泰晤士报》的新媒体秘籍[J].传媒评论,2014(9).
[69]白玛央金.国内外数据新闻实践及对电视新闻记者的启示[J].新闻研究导刊,2015(15).
[70]刘辉.传统媒体的数字化转型从信息采集开始[J].今传媒,2013(2).
[71]夏冬梅.全媒体时代整合思维在新闻采写课程中的运用[J].今传媒,2013(11).
[72]罗永雄.新环境下传统媒体记者角色的拓展[J].青年记者,2013(19).
[73]倪震洲.全能型记者:融合报道模式下的新闻生产[J].传媒评论,2014(2).
[74]仲洁.媒介融合背景下全能型记者的培养[J].视听纵横,2011(2).

其他类

[1]柴焱、李玥,北京电视台基于云架构的全媒体节目生产平台[C],中国新闻技术工作者联合会第六次会员代表大会、2014年学术年会暨第七届《王选新闻科学技术奖》和优秀论文奖颁奖大会论文集.贵阳:贵州日报报业集团,2014.
[2]连振."全媒体记者"研究与实践[D].济南:山东大学,2014.
[3]雷颖俊.报业记者全媒体转型探析[D].湘潭:湘潭大学,2012.
[4]王律.大数据时代下可视化新闻研究[D].哈尔滨:黑龙江大学,2015.
[5]李希娟.大数据时代下的数据可视化研究[D].石家庄:河北大学,2014.
[6]蔡心轶.论新闻网站的整体情境编辑[D].南京:南京师范大学,2003.
[7]报纸新闻采访[EB/OL].(2016-08-26).http://www.cssyq.com/caifang/530055.html.
[8]人民日报中央厨房正式上线!如何烹制新闻大餐?[EB/OL].(2016-03-01).http://media.people.com.cn/n1/2016/0301/c192370-28161771.html.
[9]如何"变身"全媒体记者[EB/OL].(2016-03-25).http://media.people.com.cn/n1/2016/0325/c192374-28227568.html.
[10]李雪昆"技术流"引领2016全国两会报道[EB/OL].(2016-03-11).http://news.xinhuanet.com/zgjx/2016-03/11/c_135177887.htm.
[11]王钪钪.云南省测绘局启用无人机航拍元谋灾区影像[EB/OL].(2016-09-20).http://society.yunnan.cn/html/2016-09/20/content_4539710.htm.
[12]安宇.Drone Volt推无人机:搭载10部GoPro Hero相机[EB/OL].(2016-06-17).http://tech.huanqiu.com/original/2016-06/9051478.html.
[13]2016年,为何是万亿大数据产业元年[EB/OL].(2016-1-22).http://www.d1net.com/bigdata/news/394487.html.

[14] GitHub.Scrapy 入门教程[EB/OL].http://scrapy－chs.readthedocs.io/zh_CN/0.24/intro/tutorial.html.

[15] Edward Brian Duncan.Test out DocHive for data geeks and journalists[EB/OL].(2015－3－28).https://opensource.com/life/15/5/dochive－testing.

[16] 陈嘉慧.数据新闻可视化入门工具[EB/OL].(2016－01－01).http://www.rinterest.cn/topic/138.

[17] 李柯勇.新闻现场来了特殊记者——VR 君[EB/OL].(2015－12－30).http://news.xinhuanet.com/mrdx/2015－12/30/c_134962828.htm.

[18] 使用 DataWrapper 制作图表的几个简单步骤[EB/OL].(2014－09－03).http://ijnet.org/zh－hans/blog/256941.

后记

新闻传播学教育要面向行业实践需求,跟上时代发展的步伐。当前,传统媒体与新兴媒体的融合发展成为国家战略,全媒体转型摆在了几乎所有媒体的面前。在传统新闻报道向全媒体新闻报道转变的背景下,新闻传播专业人才培养需要顺应传媒行业实践变化进行改革,而课程建设是教学改革的基础。面对融合新闻与全媒体报道的兴起,一些院校相继开设了全媒体新闻报道之类的课程,但教材建设相对滞后,因此,急需一本相应的教材来满足全媒体新闻报道课程教学需求,这是本教材编写的初衷。

教材编写历时一年多的时间。在编写过程中,如何既能对传统的新闻报道知识体系有所传承,又能体现全媒体新闻报道的时代特征,是我们一直思考的核心问题,也是本教材力求要达到的目标。因为全媒体新闻报道是一个崭新的领域,没有多少现成的教材可资借鉴,教材编写之初就大纲的讨论与修订进行了多次商讨。我们曾经设想根据不同媒体类型设置章节,比如门户网站新闻报道、微博新闻报道、微信新闻报道、客户端新闻报道、视频直播新闻报道、H5新闻报道等,但是考虑到全媒体新闻报道不应该是各种媒介呈现形式的简单相加,并且媒介形式是不断发展的,虽能罗列众多,但是无法穷尽。最后,我们还是决定根据新闻报道的生产流程和规律去组织内容。

本教材是集体智慧的结晶,编写团队共有八位成员,具体编写情况如下:第一章,王江燕;第二章,王威娜;第三章,陈谣;第四章,郑笑眉;第五章,毛玉洁;第六章,梁玉翠;第七章,杨海燕;第八章,马丽。非常感谢团队成员的辛勤付出,正是由于你们的通力合作与理解支持,编写工作才能顺利进行。全书最后由马二伟修改定稿。研究生盛洁洁参与了部分章节的资料收集工作,在此一并表示感谢。

本教材的编写参阅吸收了大量的案例、书籍、文章、研究报告等已有研究成果。我们尽可能在参考文献中列出，但也可能会有一些遗漏，请原谅我们的疏忽，并再次对相关作者和研究机构表示诚挚的谢意。

非常感谢丛书主编周茂君先生的信任，把《全媒体新闻报道》的编写任务交给我，并在本书编写过程中给予耐心细致的指导与帮助。最后还要感谢西南师范大学出版社秦俭编辑认真负责的工作。

由于时间仓促和水平有限，教材中难免存在一些问题与缺陷，与当初的编写目标还有不少的差距，希望读者谅解，并恳请批评指正。

马二伟

2017年2月于学府苑